商务馆对外汉语专业本科系列教材

总主编　赵金铭　齐沪扬　范开泰　马箭飞

审　订　世界汉语教学学会

对外汉语教材通论

李　泉　著

商务印書館
创于1897　The Commercial Press

图书在版编目(CIP)数据

对外汉语教材通论/李泉著. —北京:商务印书馆,2012(2023.2 重印)
(商务馆对外汉语专业本科系列教材)
ISBN 978-7-100-08438-3

Ⅰ.①对… Ⅱ.①李… Ⅲ.①对外汉语教学—教学研究—高等学校—教材 Ⅳ.①H195.1

中国版本图书馆 CIP 数据核字(2011)第 126004 号

DUÌWÀI HÀNYǓ JIÀOCÁI TŌNGLÙN
对外汉语教材通论
李 泉 著

商 务 印 书 馆 出 版
(北京王府井大街 36 号 邮政编码 100710)
商 务 印 书 馆 发 行
北 京 冠 中 印 刷 厂 印 刷
ISBN 978-7-100-08438-3

2012 年 3 月第 1 版 开本 710×1000 1/16
2023 年 2 月北京第 3 次印刷 印张 20¼

定价:88.00 元

内容简介

本教材主要为对外汉语专业本科生编写，可供对外汉语教师、教材编写者和研究者以及语言学类其他专业对外汉语教学方向的研究生参考，亦可供英语等国内外语界本科生、研究生和教材编研者参用。

本教材以汉语作为外语或第二语言教学学科理论为依托，以对外汉语教学和教材编写研究成果为基础，借鉴国内外外语教学的相关理论和成果，探讨了对外汉语教材的基本问题、基本理论和基本原理。所谓基本问题，主要包括教材的含义和属性、功能与类型。所谓基本理论，包括教材与教学理论、教材与教学大纲、教材编写的基本原则、第二语言教材评估。所谓基本原理，主要指教材设计和编写的基本要求和基本程序。此外，还讨论了汉语教材编写理论与实践的其他相关问题：教材语言标准、教材的语体呈现、教材文化内容的取向和选择，以及专门用途汉语教学及教材编写等。

本教材试图将“史”和“论”结合起来，把对外汉语教学界和英语等国内外第二语言教学界的相关研究成果结合起来，把国内的对外汉语教学与海外的汉语教学结合起来，把对外汉语教材的理论问题与教材编写实践结合起来，把相关问题的历史研究、状况描述与前景展望联系起来，把前人的相关研究和个人的思考融合起来，力求使本教材体现出学术性、实用性和原创性。

中国人民大学科学研究基金项目
项目编号：2006000643

前　言

对外汉语教学专业的设立已经有二十多年的历史了。早在1983年经教育部批准北京语言学院在外语系内就设置了对外汉语教学专业，以培养对外汉语教师为主要目标。不久，北京外国语大学、上海外国语学院和华东师范大学也相继开设了类似的专业。

此后几年，该专业一直踽踽独行，没有名目。直至1988年，教育部颁布《普通高等学校本科专业目录》和《普通高等学校本科专业设置规定》，在一级学科中国语言文学类(学科代码0501)下，设"对外汉语"(学科代码050103)二级学科，这一专业才正式确立。

当初，设置这一专业，是为招收第一语言为汉语的中国学生，培养目标是将来能从事对外汉语教学及中外文化交流等工作。故该专业特点是，根据对外汉语教学对教师知识结构和能力的要求设计课程和确定教学内容。在1989年"对外汉语教学专业会议"(苏州)上，进一步明确了这个培养目标，并规定专业课程应分为三类：外语类、语言类和文学文化类。1997年召开"深化对外汉语专业建设座谈会"，会议认为，根据社会需要，培养目标可以适当拓宽，要培养一种复合型、外向型的人才，既要求具有汉语和外语的知识，又要求有中国文化的底蕴；既要求懂得外事政策和外交礼仪，又要求懂得教育规律和教学技巧。这一切只能靠本专业的独特的课程体系、有针对性的教材以及特定的教学方法才能完成。

近年来，世界风云变幻，中国和平崛起。随着汉语加快走向世界，对外汉语教学事业获得蓬勃发展。目前开设对外汉语专业的高等学校已有一百三十多所。大发展带来了丰富多彩，也伴随着不规范。对外汉语作为一个专业，既无统一的教学大纲，也无标准的课程设置，更无规范的教材。在业内对对外汉语教学的学科内涵，也还存在着不同的认识。目前，设立本专业的院校只能本着各自的理解，依据本单位的教学资源与教学条件设置课程，自编或选用一些现成的教材。

有鉴于此，在国家汉办的指导下，商务印书馆以其远见卓识，决定组织全国各高校对外汉语教学资深人士，跨校协商，通力合作，在初步制订专业课程大纲的基础上，编写一套对外汉语专业系列教材，以适应目前本专业对教材的迫切需求。

本教材以赵金铭、齐沪扬、范开泰、马箭飞为总主编，教材的编者经多次协商讨论，决定本着下列原则从事编写：

一、总结以往的经验，积成多年来对外汉语教学成果，以课程在教学计划中的地位、性质、任务和作用为依据，规定课程的基本内容，划定教学范围，确立教学要求。

二、密切关注语言学，特别是汉语语言学研究的最新进展，全面吸取汉语作为第二语言/外语教学研究的最新成果，着重体现语言规律、语言教学规律和语言学习规律。

三、教材的教学内容力求贯彻“基础宽厚，重点突出”的原则，注重基本理论、基本知识和基本技能，既要加强基础理论的教学，更要加强实践能力的培养。对课程的实践性教学环节应有明确、具体的要求，并有较强的可操作性。

四、教材要全面显示汉语作为第二语言/外语教学的性质、特点和规律，为加快汉语走向世界，为汉语国际推广，培养外向型、复合型的人才。

五、谨守本科系列教材的属性，注意教材容量与可能的课时量相协调，体现师范性，每一章、节之后，附有思考题或练习题。特别要注意知识的阶段性衔接，为本—硕连读奠定基础，留有空间。

基于上述考虑，我们对对外汉语专业的教学内容作了权衡与取舍。本着培养目标所要求的内涵，教材内容大致围绕着四个方面予以展开，即：基础知识、专业知识、教学技能和教师素质。我们把拟编的对外汉语专业本科系列教材组成五大板块，共22册。每个板块所辖课程及教材主编如下：

一、语言学、应用语言学和汉语

1.现代汉语　齐沪扬（上海师范大学）
2.古代汉语　张　博（北京语言大学）
3.语言学概论　崔希亮（北京语言大学）
4.应用语言学导论　陈昌来（上海师范大学）
5.汉英语言对比概论　潘文国（华东师范大学）

二、中国文学文化及跨文化交际

6.中国现当代文学　陈思和（复旦大学）
7.中国古代文学　王澧华（上海师范大学）
8.中国文化通论　陈光磊（复旦大学）
9.世界文化通论　马树德（北京语言大学）
10.跨文化交际概论　吴为善（上海师范大学）

三、汉语教学理论、第二语言习得理论与实践

11.对外汉语教学导论　周小兵（中山大学）
12.第二语言习得研究　王建勤（北京语言大学）
13.对外汉语本体教学概论　张旺熹（北京语言大学）
14.对外汉语教学课程论　孙德金（北京语言大学）
15.双语与双语教育概论　关辛秋（中央民族大学）
16.华文教学概论　郭　熙（暨南大学）
17.世界汉语教育史　张西平（北京外国语大学）

四、对外汉语教材、教学法与测试评估

18.对外汉语教学法　吴勇毅（华东师范大学）
19.对外汉语教材通论　李　泉（中国人民大学）
20.语言测试概论　张　凯（北京语言大学）
21.对外汉语教学模式概论　马箭飞（国家汉办）

五、现代教育技术在对外汉语教学中的应用

22.对外汉语教育技术概论　　　郑艳群(北京语言大学)

本系列教材主要是为对外汉语专业本科生编写,也可供其他对外汉语教学工作者、研究者参考,同时也可以作为大专院校语言文学类专业的课外参考书。

目前,汉语国际推广正如火如荼,汉语作为第二语言/外语教学也面临着巨大的机遇与空前的挑战。我们愿顺应时代洪流,为汉语国际推广尽绵薄之力。大规模、跨地区、跨学校地组织人力进行系列教材的编写,尚属首次,限于水平,疏忽和不妥之处在所难免,敬祈专家、读者不吝指正。

赵金铭　齐沪扬

2007 年 6 月 5 日

目　　录

第一章　教材含义与属性…… 1
第一节　第二语言教材的含义…… 1
第二节　第二语言教材的属性…… 4
小结与余言 …… 10

第二章　教材功能与分类 …… 13
第一节　第二语言教材的基本功能 …… 13
第二节　第二语言教材的分类 …… 22
小结与余言 …… 29

第三章　教材与教学理论 …… 35
第一节　教学理论与教材编写 …… 35
第二节　教学法与教材编写 …… 41
第三节　教学模式与教材编写 …… 46
小结与余言 …… 55

第四章　教材与教学大纲 …… 63
第一节　教学大纲的含义与种类 …… 63
第二节　主要外语教学大纲介评 …… 75
第三节　汉语教学大纲概述…… 108

第四节　教学大纲与教材编写…… 123
小结与余言…… 129

第五章　教材编写相关问题探讨…… 133
第一节　汉语教学与教材的语言标准…… 133
第二节　汉语教学与教材的语体问题…… 142
第三节　教材内容的文化取向…… 148
第四节　教材中文化偏误分析…… 155
第五节　专门用途汉语教学与教材编写…… 167
小结与余言…… 178

第六章　教材编写的基本原则…… 182
第一节　概说…… 182
第二节　针对性原则…… 185
第三节　科学性原则…… 196
第四节　实用性原则…… 209
第五节　趣味性原则…… 220
第六节　其他原则…… 233
小结与余言…… 239

第七章　教材编写的基本程序…… 246
第一节　概说…… 246
第二节　编写思想准备…… 249
第三节　编写理论准备…… 251
第四节　编写资料准备…… 254
第五节　编写方案制订…… 257
小结与余言…… 262

第八章 第二语言教材评估…… 266
第一节 评估的含义与用途…… 266
第二节 评估的类型与要求…… 269
第三节 评估的标准与体系…… 272
第四节 教材评估原则…… 279
小结与余言…… 281

参考文献…… 284

后记…… 303

第一章　教材含义与属性

第一节　第二语言教材的含义

一　教材与教科书

一提到教材，我们首先想到的是学校里使用的各种课本，这当然没有错。在过去的几十年中，课本（或称教科书）的确是典型的教材形式，是教材的主体。迄今，许多教师仍然是这样认为的，不少教师仍然把教科书作为唯一的教学材料来使用，这固然算不上什么错，至少算不上什么大错。因为即使在当今乃至可预见的未来，教科书仍将是学校教育中典型的教材形式、主要的教学资源。

然而，在教育观念、教育形式、教育手段都发生了深刻变化的今天，仍然把教材限定在教科书的范围内，仍然把教科书视为唯一的教学材料，则是不合时宜的，也是很不恰当的，更不利于教材特别是教学资源的开发和利用。实际上，即使是在以往的教育和教学中，教材也不仅限于教科书，只是教学条件和人们观念的限制，包括不少教师在内的许多人都自觉不自觉地把教材跟教科书等同起来，这是对教材认识上的一种偏误。

教材，通俗地理解就是教学的材料，而教学的材料不只限于教科书。教科书是教材的代表形式、典型形式，是教材的核心所指，但不是教材的全部。教材是教学的资源，有着更为宽泛的所指和内涵。

二 教材的一般定义

探讨汉语作为第二语言教学[①]的教材编写问题，首先应考察教材的基本内涵和属性，进而阐释汉语作为第二语言教学的教材内涵及相关问题。

有关教材的权威性定义可以如下论述为代表：

> 教材(subject matter)一般有两种解释：1)根据一定学科的任务，编选和组织具有一定范围和深度的知识和技能的体系。它一般以教科书的形式来具体反映。2)教师指导学生学习的一切教学材料。它包括教科书、讲义、讲授提纲、参考书刊、辅导材料以及教学辅助材料(如图表、教学影片、唱片、录音、录像磁带等)。教科书、讲义和讲授提纲是教材整体中的主体部分。[②]
>
> 教科书(textbook)亦称课本，根据教学大纲(或课程标准)编定的系统地反映学科内容的教学用书。教科书是教学内容的主要依据，是实现一定教育目的的重要工具，是师生教与学的主要材料，也是考核教学成绩的主要标准。[③]

以上是《中国大百科全书·教育》对教材内涵的定义式概括。可以看出，教材有广义和狭义之分，广义教材指一切用于教学和学习的材料，狭义教材指用于课堂教学的教科书。

三 外语教材的内涵

结合教材的一般定义和现代外语教育的实践，我们可以把外语教材的广义和狭义内涵分别做如下概括：

---

① 本书所使用的“汉语作为第二语言教学”泛指汉语作为外语教学、汉语作为第二语言教学，以及习惯说法“对外汉语教学”，在行文中根据表述方便而选择使用，如无特别需要则不刻意区分它们的不同。同样，本书下文的第二语言教材、外语教材、汉语作为第二语言教学的教材、汉语作为外语教学的教材、对外汉语教材、国际汉语教材等，严格地说其各自概念的角度、内涵和外延等都有所不同，但是本书均不做严格区分，而是根据行文方便选择使用。但无论采取哪种表述最终都是在说明和关照“汉语作为外语或第二语言教学的教材”及相关问题。

② 《中国大百科全书·教育》，中国大百科全书出版社1985年版，第144页。

③ 《中国大百科全书·教育》，中国大百科全书出版社1985年版，第145页。

广义的外语教材包括课堂和课外教师和学习者使用的所有教学和学习材料，如教科书（课本）、讲义、教授提纲、练习册、活动手册、补充材料、复印材料、辅导资料、报纸杂志、课外阅读材料、自学手册、图片、照片、磁带、录像带、光盘、广播电视节目、电影、多媒体课件、网络材料、网络资源、一切可用于教学的实物，等等。显然，广义的教材不限于装订成册或正式出版的书本，更不限于专为教学出版发行的文字或音像材料。可以说，一切可以用来增长学习者知识和发展学习者技能的文字、音像或实物等各种材料都可以称之为教材。

狭义的外语教材一般专指根据教学大纲或课程大纲的要求，遵循教学规律和学习规律而编写的教科书。现代外语教学的主流趋势是，教科书已不单纯是有层级和程度差别的几本课本，而是同时配有教师用书、练习册、活动册以及配套的教学课件、课外读物、录音带、录像带、磁盘、光盘等。可以说，即使是狭义的教材也已是一个立体化的教材包，而不限于单一的课本。

汉语作为外语教学的教材也包括上述广义和狭义两种涵义。教材内容包括汉语语音、词汇、语法、汉字、功能项目、交际文化与知识文化、汉语话语和篇章知识等，以及听、说、读、写等汉语交际技能训练。

四 把握教材内涵的意义

全面了解外语教材的内涵，有利于我们更新传统的“教材就是教科书”的固有观念，更好地把握包括汉语作为外语教学在内的现代外语教材多元化、资源化、立体化的发展现状；有利于我们更新传统的“不逾教科书”的教材使用观念，积极主动地去开发教学资源，充分利用各种教学资源，丰富和补充教学材料，完善和优化教学内容；有利于我们更新以往“教师是教材的被动使用者”的旧有成见，创造性地利用教材和其他可利用的各种教学材料，更好地发挥教材是学生学习的刺激物的作用，充分调动和激发学生的积极反应，以获得最佳的教材效益和学习效果。不仅如此，全面把握外语教材的内涵，亦有利于我们设计和编写适合现代教育技术和手段的多元化的外语教材。

本书所谓教材，涉及广义的教材，但重点讨论用于各类学校汉语教学的对外汉语教科书。毫无疑问，在教材资源广泛化和多元化的当今时代，基于狭义教材内涵的教科书显然并不是教材的全部，但教科书却是教材的主体和核心。对教科书的研究、开发和利用是对外汉语教材建设和基于国际视野的汉语作为第二语言教材建设的重点。

第二节　第二语言教材的属性

一　本质属性

以教科书为代表的第二语言教材与其他知识载体、语言作品的本质区别在于，它是作为一种教学资源和学习资源而存在的，其基本功能是用于教学。因而，它是服务于一定的教学、遵循第二语言教学规律和学习规律组织起来的语言知识传授和语言技能训练体系。可以说，用于教学、可教可学、利教利学的教学属性，是包括第二语言教材在内的各种教材的本质属性。

教材的这种根本属性要求教材的设计和编写应符合教学和学习的基本规律。比如，内容的容量要与教学体制和学习时限相适应；内容的编排循序渐进，由简到繁，由易到难，科学有序；内容的呈现便于教和利于学：知识的传授和技能的训练紧密配合，教学内容与学习者的需求密切相关，内容的难易程度与学习者的语言水平相适应，内容的编排与语音、词汇、语法及文字等语言要素的内在的结构规则和逻辑层次相关联，等等。其中，要特别关注学习者的特点，如学习者的年龄、学习目标、现实水平、当下需求、认知风格、学习动机、学习时限，以及所学语言的课程性质（必修还是选修），等等。

二　基本属性

第二语言教材与其他教材所共同具有的“用于教学”的本质属性，决定了第二语言教材所应具有的其他一些基本属性，或者说第二语言教材的一些基本属性从不同方面体现了教材的本质属性。下面从六个方面阐述第二语言教材的基本属性，并分别论述相应的教材设计、编写与评估要求。

1. 工具性

教材是学习知识、掌握技能的手段,而不是目的。第二语言教材是一种语言知识传授和语言技能训练的工具,是教师施教和学生学习、并最终以促进学生语言知识增长和语言技能提高为目的的教学媒介。这是因为,任何一种语言,都是由无数语言事实组成的,具体句子的变化无穷无尽,随意列出任何一组或无数组语言事实都不可能穷尽这种语言的一切可能。换言之,语言的全部事实是不可教、无法学的,第二语言学习者不可能随意性地一句一句地去学习语言,而教材的作用就在于,试图通过有限材料的语言学习和训练,来掌握和构建尽可能多的语言事实,乃至全部语言事实。这表明教材虽然仅仅为学习某种语言提供了一部分样本性的语言材料,但却为进一步掌握这种语言提供了基础和能力。所以本质上说,第二语言教材是用于第二语言学习的媒介和工具。

教材的工具属性要求教材编写既要设计先进、样本规范,又要便于教学和学习,更重要的是要系统而扼要地吸纳和呈现该语言的语音、词汇和语法结构规则,这样才可能最大限度地保证教材的"样本"性质与质量,最大限度地发挥教材的"工具"职能与效益。实际上,教材的工具性就是教材的教学工具性,即教材的编写与设计要服务于教学、适合于教学、有利于学习者语言能力和语言学习能力的形成,进而有利于学习者对教材以外的语言事实的掌握,这便是教材工具功能的基本要求。

2. 系统性

语言研究和语言教学实践表明,语言知识和语言能力都可以划分成不同的层次和系统。服务于教学的教材,应该充分利用和科学地呈现这种层次性。系统性是教材的基本属性,也是对教材编写的基本要求。系统性包括宏观上教材之间的系统性和微观上教材内部知识和技能的系统性。前者指不同水平的教材之间纵向上的等级难易度的系统和连贯,以及同一水平层级上不同技能的教材横向之间的系统分布和照应。后者指语言知识和语言能力本身的系统性。就对外汉语教材来讲,其系统性表现为:教材应呈现汉语语音知识、词汇知识、语法知识、汉字知识以及汉语功能项目、交际文化知识等的系统性;教材应呈现汉语听、说、读、写语言技能和语言交际技能的系统性。对外汉语教材与其他各种汉语文献、汉语作品的根本区别就在于，教材要系统而科学地呈现汉语、汉字及与汉语学习和使用密切相关的文化知识，特别是与汉语交际密切相关的交际文化知识。

需要指出的是，知识和技能的系统性是第二语言教材的基本属性，是对第二语言教材编写与评估的一般要求，但是具体教材编写时，不仅要有系统性的意识和行动，更要有结合具体所编的一部、几部或系列教材的编写目标、体制容量、教材性质等实际情况，对系统的知识和技能进行取舍的意识和行动。显然，由于教材编写目标和教材容量等的限制，任何教材都不可能将该语言所有的知识和技能不分巨细地囊括其中。不仅不可能，也不必要。根本上说，教材不过是语言学习的样本、媒介和手段，知识的学习是为培养能力服务的，而不是最终的目的，不同教材听、说、读、写技能训练的重点也不尽相同；而能力的养成是在知识学习和技能训练的基础上，在不断运用语言的基础上形成的。这些情况表明，教材不仅要求有系统性，更要求对语音、词汇、语法、汉字、功能、文化等知识，以及听说读写等语言技能进行取舍、精炼，有意识地有所为有所不为。

系统属性要求设计和编写教材时首先要对所编的教材进行系统定位，也就是说，既要考虑到“左邻右舍”，又要考虑到“前村后店”，也即对教材进行系统的优化组合，包括与横向和纵向相关教材的系统组合：横向上要跟与之平行的相关教材有联系和照应，纵向上要跟与之有上下位关系的相关教材有衔接和呼应。编写任何一种教材除了要考虑外部的系统性，更要考虑一部、几部或系列配套教材自身语言要素和语言技能等的系统性。而系统性的实质就是对教材内部各要素进行优化组合并予以系统呈现。

3. 规范性

规范性主要是指教学内容（语音、词汇、语法、课文语言等）要符合目的语的规范。学习者“学习教材”的根本目的是通过对教材所提供的范例和范本的模仿，来掌握这种语言的结构规则和运用规则，进而在创造性地使用这种语言的过程中“掌握这种语言”。显然，如果“范例”和“范本”不够规范，就难以实现这样的目的。所以，常规的第二语言教学都是以该语言的标准语、通用语为教学内容。也就是说，学习一种民族语言，首先要学习这种语言通用的标准语，这样才能更好地适应学习者当前和未来生活、研究、工作的需要。如果作为语言学习范本和工具的教材不够规范，学习者学到的某种语言形式或表达方式不能在目的语社会中广泛地加以应用，那么掌握这样一些语言形式或表达方式的用处就十分有限了，而且也将不利于发展学习者的语言能力。就对外汉语教学来说，常规的汉语教学以普通话为标准、为教学内容。当然，特殊目的的语言学习则又当别论，如学习者想学广东话、上海话等方言，那当然就应当以地道的广东话、上海话为学习内容。

规范属性要求常规语言学习的教材，语言要素及文字要规范，课文语言的编写或采样不但要符合目的语的规范形式，而且要具有典型性和实用性，这样才可能使学习者对学到的目的语知识和能力进行有效发挥，才可能做到通过“学教材”来“学语言”。

4. 实践性

第二语言教材跟其他学科的教材相比，具有较强的实践性。其他学科课程的主要任务是传授学科知识，其中的实践课主要用于检验和证明某种理论；而第二语言教材主要以语言技能训练为主，特别是基础阶段的课程和教材，知识的传授服务和服从于语言交际能力的培养。整个教学活动强调训练和培养学习者听说读写的语言实践能力，教材的编写自然要服务和服从于这样一种要求。对外汉语教材的实践性，实际上就是要求教材的内容有利于培养学习者的语言运用能力、有利于课堂教学的交际性。前者要求教材应便于培养学习者听说读写的能力，特别是现代汉语的听说能力和读写能力；后者要求教材应便于课堂上进行交际技能训练，便于将教学活动交际化。

实践属性要求教材范文的编写、课文的采样、场景的安排、功能项目的选择、练习题型的设计等都要有较强的实用性和可操作性，语法讲解、注释说明等要简练精要，避免知识过多而造成讲解过多。同时，教学内容的编写和语言材料的选择应有利于培养学习者现代汉语的交际能力，有利于课堂活动的交际化。因此，不仅初中级的听说教学材料应以鲜活生动的现代汉语生活口语为基础，即使是中高级阶段的书面语（综合课、阅读课）教学也应以当代规范的现代汉语书面材料为基础，而对20世纪二三十年代以来的散文等名家名篇应持审慎的态度。尽管是名家名篇，但有的文章本身有些表达不够合乎现代汉语规范，有的文白夹杂或过于文绉绉，而不利于技能训练和课堂操练。

5. 民族性

第二语言教材具有民族性，表现为目的语为相关的民族语言，民族语言本身就蕴涵着民族的历史和文化，教材的课文内容主要反映目的语之民族和社团的当代社会生活和社会历史文化。进一步说，第二语言教材的语言及其所述事件、故事和生活，无不鲜明地反映出民族语言和民族文化的特色，以及民族历史和民族心理的样态，因此具有广泛而深刻的民族色彩。比如，英语作为第二语言教学的教材，其内容主要是英语的语音、词汇、语法等语言文字知识，以及英美等英语国家的社会生活和历史文化。就对外汉语教学而言，教材的内容是汉语汉字要素，以及有关当代中国的社会生活和中国的历史文化。民族性是外语教材和母语教材（如语文）的共有特色，但是，民族语言的语文教材由于是用于本民族，所以尽管民族味十足，但是学习者并没有什么“民族”的感觉，这是因为“只缘身在此山中”；而外语教材用于异国异族学习者，教材的民族性便由于“旁观者清”而鲜明地凸显出来。

民族属性对第二语言教材提出了相应要求。首先，教材内容应以反映目的语国家的民族生活、民族文化和民族心理为主，适当突出民族语言的特殊用法、独特的语言现象，就对外汉语教材而言，即突出汉语汉字的特点，以及汉语交际文化的表述方式。其次，教材编写应以目的语及其文化与学习者的母语及其文化的对比为前提和基础，着眼于增强教材语言内容的针对性和文化内容的可接受性。再次，在教材的编写和设计中，不仅要恰当地反映目的语国家的历史、文化、观念、习俗和当代社会生活，还要充分考虑不同学习者的文化背景、宗教信仰、教育传统、认知特点和心理需求，在教材内容的选取上尽可能避免“文化冲突”，并尽可能兼顾学习者的特点和需求，增强教材的人文性和对学习者的人文关怀。

6. 国际性

第二语言教材是一种跨语言和跨文化的教材，这是第二语言教材（外语教材）与其他教材的一个重要区别。就对外汉语教学来讲，教材的使用者除少数有一定汉语（方言）背景的华裔以外，都是母语与汉语不同的外国人，他们不仅对目的语（汉语）感到陌生，对课文内容所反映出的历史、文化、国情和社会生活同样也会有异样的感觉。进一步说，第二语言教材的内容以民族性为主，主要体现使用该语言的民族和社团的社会生活和历史文化，而教材的使用者则是外族人、外国人，因此，第二语言教材是一种跨国籍、跨语言、跨文化的外向型教材，也即第二语言教材具有国际性。一部好的第二语言教材，往往被不同民族的学习者所广泛采用，便很好地说明了这一点。如不同时期的代表性英语教材《跟我学》、《新概念英语》、《走遍美国》等，就被许多国家的学习者所选用。事实上，作为外语或第二语言教学的教材，已经成为国际间文化交流与合作的重要组成部分。

国际属性对第二语言教材提出了相应要求。首先，第二语言教材在基于民族性的基础上，也要考虑人类共通的思想情感、行为规范、伦理道德、价值观念，以及人类社会共同面临的社会问题和自然问题，这样不仅拓宽了教材的视野，也便于把学习者的情感和话语欲望激发出来，从而更好地发挥教材的使用效益。其次，在国外非目的语环境下使用的教材，内容上要恰当地结合国别文化以及当地学习者的学习环境和学习生活，进行国别化、当地化处理，以便凸显教材内容的民族化和国别化双向取向，更好地发挥教材的文化沟通作用，增强教材的针对性和实用性功能。再次，汉语第二语言教材的国际性也表明，采取“中外合编”是一种比较理想的教材编写模式，至少是一种重要的编写途径。因为这有利于更全面准确地了解学习者的需求，有利于进行语言的对比和重点难点的突出，有利于进行文化的对比和有针对性地体现相关的文化内容，有利于教材针对性、科学性、实用性和趣味性的实施和落实。

综上，可以认为，“用于教学”即教学性，是包括第二语言教材在内的所有教材的本质属性。教材是作为一种教学资源和学习范本而存在的，这一特性和功能在教材的发展历史上从来没有改变过。包括对外汉语教材在内的第二语言教材还同时具有工具性、规范性、系统性、实践性、民族性、国际性等基本属性。事实上，优秀的对外汉语教材还应该具有其他一些属性。如科学性，即要求内容准确、真实可靠，内容编排符合语言教学规律等；又如艺术性，即要求课文和练习既符合语言学习规律，又勇于探索和创新，特别是在内容编排、图片运用和插图设计、版面制作等方面新颖独到，有艺术性，从而有利于增强学习者的认知兴趣；再如发展性，即要求教材应随着社会的发展、学科的发展、教学法的发展、汉语汉字和中国文化本体研究成果的发展，以及教材编写理念、编写手段的发展而发展。因此，教材编写需要不断创新、不断发展。同时，对已经出版的教材也要根据学科的发展、本体研究成果的发展以及使用反馈信息等，适时进行修订和完善，这也应该视为教材自身的一种基本属性。不少优秀教材正是在不断修订完善中而成为品牌教材的。

小结与余言

一 关于教材的内涵

教材有广义和狭义之分。狭义的教材即指教科书，也即我们平时所说的课本。广义的教材泛指一切用于教学和学习的材料。

教科书是教材的典型范本，但不是教材的全部所指。学校教学一般以教科书为主要教学材料。但即便如此，现代外语教学的教科书，业已不是单纯的一本或几本课本，它还包括教师用书、练习册、教学课件、配套读物、录音录像带、光盘等。外语教学中，不仅要充分利用与教科书配套的这些教学和学习材料，而且要根据需要广泛利用广义教材所指的一切可以利用的、有用的教学和学习材料，以便更好地提高教学质量和效益。

明确和区分教材的不同内涵，有利于我们更新传统的教材观念，突破以往“教学不逾教科书”的成俗做法，积极开发各种教学资源来补充和丰富教学材料，完善和优化教学内容，并借以刺激和调动学习者的积极性，以便实现最佳的教学和学习效果。

信息社会和网络时代的今天，给教材资源的开发和利用提供了极大的便利，因此，外语教学中如果仍旧是"一本教材走天下"、"教学不逾教科书"，则不符合教材的使用原则，也是不容许的。因为包括图片、影像、视频、PPT 等各种文字、图像和有声材料的利用，可以极大地丰富教学内容，提高教学质量与效益。教学中不是应该不应该和愿意不愿意，而是必须积极开发教学资源，优化利用相关的教学资源，以获得最佳的教学效果和最大的教学效益。

不仅如此，我们还可以进一步看到，"教材"主要是基于教学、教师、课内而言的，即便如此也不应该把教材仅仅理解为课本，而应包含其他可用、当用的"教学材料"。但是，如果我们从学习、学生和课内外的角度看，教材应该是"学材"，即学习者学习语言的材料和资源，而学材的范围就更不限于课本和教科书，广而言之，一切可学、能学的材料都是学材。

二　关于教材的属性

包括第二语言教材在内的各种教材的本质属性是其用于教学的教学性，或称施教性。因此，教材必须便于教、利于学。当然，作为前提条件，教材必须符合一定的教学目标，必须遵循相关的教学要求（如教学或课程大纲等）。教材的一般属性包括教材的工具性、系统性、规范性、实践性、民族性和国际性，以及教材的科学性、艺术性和发展性，等等。

此外，需要指出的是，从学习者的角度看，教材不过是他们学习外语的材料，他们可能看不出教学的所谓的科学性、系统性和规范性等何在，至少这些不是他们的关注重点和能力所及。正因此，现代外语教育中有人把教材看成是学习者语言学习的刺激物，教材应以启发、激发学生的反应为主，好教材不是用来"灌输学生"，而是用来"刺激学生"的。教材既然是学生语言学习的刺激物，就应该在设计和编写中着重考虑何种内容和形式有利于刺激学习者的感官、心理和言语欲望、言语行动，以更好地发挥教材服务于学习者学习的效用。

全面认识和理解教材的本质属性和各种基本属性，有利于我们研发教材和使用教材。换言之，教材编写和教材使用，应尽可能地体现教材的各种属性及其相关要求，这并非易事。教材编写和使用是一门科学，也是一门艺术，正体现在这里；编写出一部优秀的教材之所以难，教学中超水平地发挥教材的功能之所以不容易，原因也正在于此。但是，教材编写和使用必须努力去体现教材的本质属性和各种基本属性，否则便不能发挥教材应有的效用。

思考与练习

1. 什么是教科书？谈谈教科书在教材资源中的地位及理据。

2. 广义的外语教材的内涵是什么？这样一种教材的概念，可以给教学和教材编写哪些启示？

3. 全面把握教材的含义在哪些方面有意义？都有什么意义？

4. 教材有哪些本质属性和基本属性？把握这些属性对教学和教材编写的意义何在？

5. 分析一两部有代表性的对外汉语教材或英语教材，分析它们在教材含义和属性方面体现得如何。

6. 结合你个人对外语教材的认识和体会，你觉得教材还可能具有哪些属性？阐述理由。

7. 谈谈你对汉语教材资源开发和利用的设想和看法。

第二章　教材功能与分类

第一节　第二语言教材的基本功能

教材在承传人类知识、经验、文明，以及促进人增长知识和发展技能，乃至促进社会进步的过程中，发挥着重要的甚至是不可替代的作用。

教学设施、教师和教材共同构成教育的三大支柱，其中教材编写和建设的水平对教育质量和教学效率有着直接而深刻的影响，教学大纲的落实、教学目标的实现、知识的传授、能力的养成，都要凭借教材来得以完成。

教材是学校教育的核心词、关键词，是教学活动的基本依据。任何层次的正规教育都离不开教材的编写、选择和使用。事实上，不仅是常规的教育和教学离不开教材，就是非常规性的培训、自学等教学和学习活动也都离不开教材的编写、选择和使用。因此，教材在教育教学和培训、自修中具有重要的地位和多方面的作用。

第二语言教材具有跨文化的特性，因此，教材的编写与研究，不仅可以展现和推进某种第二语言教学的学科发展，也是文化传播的重要途径，是国际文化交流的重要体现。

结合上一章对教材内涵和属性的探讨，以及对外汉语教学实践，下面从六个方面阐述第二语言教材的基本功能，并结合教材设计与编写实践进行必要的阐释。

一 教学功能

教材本质上说是一种教学工具，它是作为教学和学习的资源而存在的。因此，“用于教学”是教材最基本、最重要的功能，也是教材跟一般学术著作的重要区别所在。教材的内容、形式、种类、层级、规模等可以不同，但教材用于教学的功能始终不变，实际上也就是教材的工具性始终不变。教材的教学功能，具体来说包含教师借之教学的施教功能和学习者借之学习的学习功能。从教师的角度来看，教材的教学功能就是教师借助教材传授语言要素及其运用知识，训练和拓展学习者的语言技能。从学习者的角度来看，教材的学习功能就是教材的认知功能，即学习者利用教材来认知所学语言，参照教材所述语言事实来学说外语。

进一步来说，教材是课程的重要组成部分，也是课程实施的基本手段。因此，教材是完成教学内容和实现教学目标的重要工具，选择和使用教材是教学实施的重要前提条件。没有教材，绝大多数时候教学是难以进行的，至少难以高效、优效地进行。一切高质量的教材对教师的施教、学生的学习和教学过程有序有效地展示，都有着积极的引导和促进作用。这是因为：优秀的教材目标明确，内容的呈现有利于教学目标的实现；内容系统完整且详略得当、重点和难点突出；教材所体现的教学理念、教学方法适合教学内容，并与教学目标达成高度一致；教材内容的编排结构合理，层次清晰，内在逻辑性强，从而有利于学习者系统地学习有关语言的语音、词汇、语法和文字等知识，有利于发展学习者的听说读写等语言技能；优秀的教材在提供恰当的语言教学内容的同时，还能够恰当地融入和展示有关国家或民族的文化和社会生活，有利于学习者了解有关文化，从而更好地培养学习者的跨文化意识，增强学习者的跨文化交际能力。绝大多数正式出版的教材都是由有关外语的教学专家或经验丰富的外语教师编写的，不仅能够遵循教材编写的一切重要原则和规范，而且能够融入丰富的编教经验、教学经验和教材使用经验，因而不仅能做到知识的呈现、技能的训练方式和练习的形式切中关键，科学实用，好教易学，而且也能为教师创造性地使用教材提供思路，为学习者拓展学习提供空间，从而充分发挥教材的施教功能和学习功能。这样的教材用起来方便、实用、高效，符合“好工具”的特点。

现代科学技术的发展给教育观念和手段带来了很大的变化，教学早已经不仅仅限于课堂。但是，无论何种形式的教学，教材用于教学(特别是课堂教学)的功能都不会有根本的改变。这就要求教材的设计和编写要服务并适合于教学和学习的需要。概括说来，教学内容要符合学习者的认知规律和学习需求；教材容量要适度，难易要适中；内容的安排要由易到难、循序渐进；作为第二语言教学的教材还要特别注意词汇和语法点的重现，注意文化的民族性和文化的多元性的相互协调，等等。

二　课内外媒介功能

教材是课堂教学中师生之间沟通与合作的媒介。教学行为和学习行为要通过教材来实施和实现。具体而言，教师传授语言和文化知识、培训语言交际技能，学习者习得知识、获得技能，都要凭借教材来进行。可以说，教材是师生之间的“桥梁”，是语言教学和学习活动实施的“剧本”。明确教材的媒介功能，就应该考虑教材设计和编写如何更好地发挥教材的媒介作用。这就要考虑教材的设计思想、教材所体现的教学方法和教学原则，以及教材所体现的语言学习理论和学习方法，既要符合语言规律和语言教学规律，又要符合语言学习规律和学习者的认知风格；同时，教材内容的呈现既要便于教易于教，又要便于学易于学，简言之，就是便于课堂操作。这样才可能更好地发挥教材在课堂教学过程中的媒介作用。

实际上，教材的媒介作用不限于课内，还体现在向课外延伸语言学习的功能上，也即通过教材把学习者的课外自学活动和课外语言实践联系起来，把学习者跟目的语社会和实际语言现象联系起来，拓展语言学习的空间和范围。这是因为，语言教材仅仅是学习目的语的样本和范本，而无论这样本多么详细、范本有多少册，都只能涵盖目的语的部分语言事实。显然，不能说学了一套或几套教材就算掌握了目的语，只能说学了一套或几套教材，就分别有了不同程度进一步学习其他语言材料的基础和能力。[①] 因此教材的媒介作用还体

① 刘润清、吴一安等《中国英语教育研究》，外语教学与研究出版社 2000 年版，第 64 页。

现在,教材要便于学习者通过对“样本”的掌握来自行学习和习得目的语,因为根本上说教材只是学习者真正掌握和运用目的语的中介材料而不是语言学习的全部内容。语言教学的理论和实践都表明,教材对于科学、有序、高效地掌握一种语言是至关重要的;但是,语言获得的事实也表明,真正掌握一种外语绝不仅仅是靠学习几本教材所能实现的。在很大程度上可以说,对外语教材的学习乃至整个学校的外语学习,都只是外语学习的基础,尽管这个基础对于全面、准确和扎实地掌握一种语言是至关重要的,但它不是语言学习的全部内容,学习者能有意识地利用这个语言基础在目的语社会,或与目的语使用者(本族人)进行广泛的交流活动,并且这种有实际交际意义的机会越多,能力提高得就越快,从而才能真正掌握目的语的使用规则。

这就要求教材的设计和编写(包括课文编写、样本选择、活动安排、练习设计和场景设置等)应该有利于学习者跟目的语社会接触,有利于学习者通过课本来学习和习得课本以外的语言现象和语言事实,有利于学习者脱离教材、走出教室,在目的语社会独立地发展他们的语言能力。简而言之,教材的媒介功能,要求教材的设计和编写,不但要便于学习者“学教材”,更要引导和便于学习者“通过教材来学习目的语”。编写在目的语国使用的教材尤其应该注意引导学习者通过教材的话题、课外任务等将学习者引入目的语社会,通过完成课外语言实践活动和特定的任务,来学习语言和提高语言运用能力。目前,国内编写的各类汉语教材在这方面做得还很不够,甚至连这样的意识都还不够明确。现有教材的内容特别是练习跟目的语社会的结合不够、联系不够、利用不够,这是教材课外延伸功能失缺的表现。

三　文化传播功能

第二语言教学历史表明:语言传播的过程,也是相关文化传播的过程。一定意义上说,教授一种语言就是在介绍这种语言所体现和依托的文化,学习一种语言就是在解读这种语言所蕴涵的文化。因此,第二语言教材,不管是自觉的还是不自觉的,无不通过语言要素和课文内容来反映目的语国的社会历史和文化习俗。这是因为,一方面,语言系统本身就是一种文化,语言要素(特别是语汇)在相当程度上反映着民族的历史和文化,而课文内容只要是关乎目的语国的,便往往涉及该国的历史文化、当代国情、社会生活,如对外汉语教材中往往会涉及大禹治水、万里长城、三顾茅庐、倭寇、科举、国共合作、改革开放;另一方面,第二语言教学本身也要求揭示语言中所蕴涵的文化因素,特别是与语言交际密切相关的文化因素,如打招呼、问候、感谢、拒绝等交际活动中所蕴涵的习俗文化、价值观念等。此外,根据需要教材中也可以谈及人类共同面临的社会和自然问题、共通的情感和价值观念,还可以进行文化异同(而不是好坏)的比较。

可见,第二语言教材必然承担文化传播和交流的功能,这既是一种客观事实,也是一种客观需求。因此需要研究和讨论的,不是第二语言教材是否和应该不应该具有这样一种功能,而是如何恰到好处地发挥这种功能,既不能无视这种功能,也不能夸大这种功能。也就是说,要研究的是文化介绍的原则、取向、内容和方式,以及文化内容、文化要素如何同语言结构、语言功能教学相互协调和融合的问题,还要客观地估量第二语言教材文化传播的有效性和有限性,尤其要避免过分夸大第二语言教材的文化传播功能,避免给教材以过多的文化传播"负担"。因为第二语言教材首先是、根本上也是"语言教材",文化蕴涵和教学是为语言教学服务的。

因此,对外汉语教材编写,既要克服刻意地去"弘扬中华文化"的心理,又要避免一味地追求文化差异和过分地强调中华文化如何独特的做法。在第二语言教学及其教材编写中,揭示和介绍文化的根本目的是为了提高学习者的目的语交际能力。因此文化的介绍以让学习者了解为目的,而不以让学习者认同为目的。学习者了解所学语言的有关文化是语言学习和使用的需要,是应该的,也是合情合理的。但是,学习者是否认同和接受该文化或该文化的某种具体现象,则不是必须的,而是因人而异的,是随其所愿的。教材的文化融入和呈现应该自然、平实,解释和说明应当客观、中性;不宜自我炫耀,不宜咄咄逼人,更不宜有强加于人的味道;当然也不应该自轻自贱,自我贬损,媚外崇洋。

四 激发兴趣的功能

语言教学实践表明,一部好的外语教科书,能够不断唤起学习者强烈的学习热情。难易适度、长短适中、语言实用、生动有趣的基础教材，常常会使学习者学了一课就急着学下一课，在不断产生成就感的同时不断产生进一步学习的欲望；课文内容文化含量较高、新知性较强，语言优美、富于哲理，练习项目有刺激性、激活性、挑战性，这样的中高级教材不仅能够满足成年人语言学习上的需要，也能够满足他们智力上和情感上的需要，从而不断调动和增强他们学习的信心和学习的动力。

"好的教材"不但有利于语言知识的传授和技能训练，还具有激发和强化学习者学习兴趣和学习劲头的作用。相反，"差的教材"不仅不具有这样的功能，还会使学习者感到灰心失望，甚至产生厌学的情绪。因此，教材编写除了要在针对性、科学性等方面下工夫以外，还要在如何不断唤起学习者学习欲望上花工夫，使教材语言知识的编排、语言材料的组织、文化内容的选择及表达的角度、练习的内容和方式等，都能够符合学习者的认知过程，满足他们的情感特点和心理需求，所学语言适合学习者当前语言学习和未来语言交际的需要，从而使学习者产生对进一步学习的期待、对未知"世界"的憧憬、对异国"风情"的向往。换言之，通过教材的学习，能够不断激发学习者的语言情感和语言学习动机，这是第二语言教材编写的理想境界，做到这一点极不容易，但这是教材编写者努力的方向。能够激发学习者的学习兴趣，需要在教材设计和编写中做出多种多样的尝试和努力，需要在教材内容和形式等多方面下工夫，其中"好学、实用、有趣、益智"是关键要素。

五　学科建设的功能

教材在整个教学系统中占有重要的地位，在教学理论与实践的诸多方面起到联结和纽带的作用。就第二语言教学来说，根据国际社会对语言人才的需要分析和对学习者的需求分析，结合学科的性质和特点，确定第二语言教学的总目标和人才培养的规格，并据此制订出相应的教学大纲，根据教学大纲确定的教学对象、教学目标和教学内容等进行课程设计并制订相应的课程计划，根据课程计划所确定的课程目标、类型、结构、内容和教学方式等来编写和选择相关的教材。可见，教材不仅能够在很大程度上决定教与学的质量和效果，而且集中体现了教学目标、教学原则、教学内容和教学要求，是教学大纲得以实施的根本保证。

因此，教材建设在学科建设中占有重要的地位，教材建设的水平体现学科发展的水平，同时教材建设也促进学科的发展。实际上，教材的编写和使用不仅在整个教学系统中起到联结其他教学要素和环节的作用，而且，还可以对相关的诸多方面起到促进作用。教材编写促进语法、词汇、功能、文化等各类教学大纲、课程规范的研制；教材可以体现某种新的教学法和教学理论，并通过实践检验这种理论，从而推动学科理论研究的发展；教材的研究、开发和使用，可以检验教学大纲，促进课程建设，乃至推进教学改革，提高教学质量；教材的创新可以带动教学策略和学习策略的更新；对教学效果的评价主要依据教材，而教材的更新将促进评价手段和方法的改进；教学实践经验可以通过教材来体现，成功的教学经验可以上升为教学理论和教材编写理论，并用于指导教学和教材编写。所有这些，都表明教材编写与研究在整个学科建设中所具有的重要价值和可能起到的重要作用，表明教材建设对学科建设的拉动作用。

以上列举的教材的积极功能，准确地说，是合格的和优秀的第二语言教材应该具有的基本功能、主要功能。教材设计和编写应该尽可能充分地去实现这些积极的功能。相反，如果教材没有很好地实现这些功能，便不能称之为合格的第二语言教材。可见，教材的积极功能需要遵循第二语言的教学规律和教材编写规律去创造和实现，并在使用中努力发挥这些功能，因为这些积极的功能“不会是自己到来的”。

六　教材的消极作用

1. 低质量教材的消极作用

外语教材在常规的教育教学中，不仅有着几乎不可替代的施教功能，还具有诸如文化传播、激发学习者学习兴趣、推动学科建设等其他功能，然而，实现这些功能的前提条件是——教材必须是优秀的、良好的，至少也应是合格的。换言之，不合格的教材、质量低下的教材，不仅不能发挥教材这些应有的作用，反而会带来不少消极的作用。也就是说，不规范、硬伤多、水平低、质量差的外语教材，在教学中将起到消极的作用，会不同程度地影响教学的质量和效益。

这类不合格的外语教材主要缺陷表现为：

(1)教材编写不符合外语教学和学习的规律。比如，教材编写整体上走的是母语教学的路子，走的是知识教学为主的路子，没有充分体现或根本没有体现出外语教学培养学习者语言交际能力的根本目标。

(2)教材编写缺乏外语教学理论和教学方法的指导。比如，看不出教材所体现出的外语教学理念、教学原则和教学方法，没有正确处理好知识传授与技能训练的关系，不利于学习者形成扎实的语言基础，不利于其语言能力和语言学习能力的形成和发展。

(3)缺乏语言教学大纲的指导，教材编写过于随意。比如，教材的知识和技能训练体系不完整、不系统，词语、语法及汉字等语言文字要素的选取和编排相当随意，不利于学习者全面形成语言知识和语言能力系统。

(4)教材编排结构不合理，缺乏内在逻辑关联。比如，教材内容难易不均，忽难忽易，没有体现由易到难、循序渐进的教材编写原则，不便于课堂操作，甚至无法操作。

(5)教材语料陈旧，语言注释、文化说明科学性差。比如，教材中大量存在缺乏真实性、缺乏交际性的语言材料，语言生硬、不自然、不地道，甚至大量存在语言不规范的现象。语法注释不够准确、不实用，甚至是完全错误的；语言点的说明没有吸收语言研究的新成果；文化阐释不准确、不恰当，甚至是错误的。

(6)教材练习形式单一，练习目的不明确，练习质量低。比如，教材中主要采用造句、填空或泛泛地回答问题等练习形式，缺乏贴近真实交际活动的练习题型，缺乏自主完成任务的挑战性练习，不利于培养学习者的创造性语言运用能力。

(7)教材的编写目的不明确，教材编写基本原则体现不充分。比如，没有明确陈述教材的编写目标，或虽表述了编写目标但教材实施错位，无法实现教材的预期目标。针对性、科学性、实用性和趣味性等教材编写的基本原则没有体现或体现得不充分。

(8)教材编写思路不清，或思路陈旧。比如，教材编写设计平平淡淡，缺乏创意，仍然沿用被普遍淘汰的陈规旧习，不仅无所突破和创新，而且连一般教材的水平也达不到，属于低水平重复的教材。

(9)教材编写缺乏前期调研,编写手段和编写技术落后。比如,缺乏对外语教材编写研究成果的吸收,缺乏对现有相关教材的全面调研,对同类教材的优劣和得失心中无数,不仅没有继承科学而成熟的编教做法,反而采纳了某些被教学实践证实是不科学、效率低的做法。此外,教材编写缺乏利用现代教学手段的意识,不利于学生自学和拓展学习空间。

如此等等,还可以列举一些不合格教材、质量低劣教材的表现。列举这些不合格教材的种种表现,一方面是希望为教材编写和评估提供一些"反面"参考,但更重要的是想借此说明:不是所有的教材都具有积极的作用,不是所有的教材都可以担负起便捷高效的施教功能和其他正面的功能;许多不合格的教材、存在大量缺陷和硬伤的教材,不仅不能承担和发挥教材应有的作用,反而会带来诸多消极的、负面的影响,不利于课堂操作和教学质量的提高。教材编写之所以重要,之所以是一门科学和艺术,原因也正在于此。

因此,应高度重视并大力加强教材编写调查研究、教材编写原则和评估原则研究以及教材编写理论与实践的各项研究。教材是施教的工具,如果工具不好用、不顺手,那么效果将是事倍功半,严重的甚至效果甚微。此外,由于教材良莠不齐,或者干脆说,存在着相当数量水平不高、质量较差的教材,因此选择教材就成为教材使用当中的首要问题,而且是一个很重要的问题,因为它直接影响教学的质量和效率。

2. 高质量教材的消极作用

实际上,合格的、良好的、优秀的教材,在有些情况下也发挥不了教材应有的作用,甚至同样也会带来消极作用。

(1)任何一种优秀的教材都是相对的,都是特定时代和特定教学理论指导下的产物,都会不同程度地存在缺憾与不足,可以说几乎不存在十全十美的教材。如果照本宣科地使用这类教材、跨越时代使用这类教材,都将使教材的某些缺陷所带来的消极作用得以凸显。

(2)任何一种优秀的教材都只能最大限度地适合某一类教学对象,而不可能适合所有同类教学对象。因为教学环境不同,学习者的需求也会有所变化,学习者的认知习惯也会有所不同,采用这样的教材而不加以调整、补充和完善，就会使教材的消极作用得以凸显。

(3)任何一种优秀的教材都已然是“固化”了的产物，这就在一定程度上规定和限制了教材的教学方法、教学环节、教学进程以及交际训练的方式。而这些诸多的“规定动作”，一方面可以保证教材内涵的科学性、教学的程序性、训练的高效性，但另一方面也在相当程度上限制了教材使用的灵活性，包括教学方法的创新性、教学进程的自主性、教学资源的选择性、教学环节的自选性。这便是“固化教材”先天具有的消极因素，优秀教材也不例外。

(4)事实上，越是优秀的教材，教师和学生被动地使用教材的现象就会越发严重。有的教师过于迷信这类公认的优秀教材，在使用中不越雷池半步。此外，教师本身缺乏驾驭教材的意识和能力，教学中不能主动而灵活地使用教材；或者惰性和依赖性过强，缺乏创造性使用教材的意识和能力，教学中按部就班地使用教材。简言之，教师被教材左右，而不能左右教材，这在某种意义上也可以看作是优秀教材的消极作用。

以上列举的合格的或优秀的教材的消极作用，有的是教材自身先天性的缺憾，有的主要是教师使用教材不当导致的，而不完全是教材本身的问题。但是，凝固化和程式化的教材形式在一定程度上确实也是对教师使用教材的某种束缚。

还需要说明的是，探讨教材基本功能和教材的消极作用，目的不在于评价教材的利弊与功过，而是希望有助于全面认识教材的功能，并进一步体认和把握教材的性质和特点，以便在教材编写中更好地发挥教材的应有作用，尽可能地避免教材的消极因素，以及更合理地选择和使用教材，从而最大限度地发挥教材的效益而又不被教材完全左右。

第二节　第二语言教材的分类

一　分类角度与分类目的

1. 教材分类的角度

教材是一个内涵较为丰富、外延十分宽泛的概念，既指狭义的教科书，又泛指一切教学和学习材料。而各类教育和教学中所使用的教材种类之多更是超出我们通常的理解，特别是在现代教育技术背景下，教材更加多元化、媒体化。由于教材种类多，因此人们可以根据不同的需要，从不同的角度来对教材进行分类。

（1）从教材组织方式上可分为：统编教材，自编教材。

（2）从编教人员组成上可分为：独编教材，合作教材。

（3）从教材合作方式上可分为：国内合作教材，国际合作教材。

（4）从教学性质上可分为：学历教育教材，非学历教育教材。

（5）从教学阶段和层级上可分为：初级教材，中级教材，高级教材。

（6）从外语教学目标上可分为：通用教材，专门用途教材。

（7）从语言技能训练方式上可分为：综合教材，分技能教材（听力、口语、阅读等）。

（8）从教学内容上可分为：语言教材，文化教材；语音教材，汉字教材，语法教材等。

（9）从外语教材的结构原则或依托的教学法上可分为：语言结构为主型，结构与功能型，结构、情景与功能综合型，结构、功能与文化综合型，功能法教材，任务型教材等。

（10）从学习者的年龄上可分为：儿童外语教材，中学外语教材，成人外语教材。

（11）从教材使用的区域上可以分为：用于国内的教材，用于国外的教材；不论是用于国内的还是用于国外的，又都可以分为多种多样，如为儿童编写的和为成人编写的，等等。

（12）从教授和学习方式上可分为：学校教材，课外读物，自学教材，函授教材，网络教材，视听教材等。

如此这般，还可以对教材做进一步的分类，以及下位再分类。比如，学历教材还可以分为本科教材和研究生教材等；非学历教材还可以分为短期强化教材和长期进修教材；专门用途外语教材还可以分为商务外语教材、旅游外语教材、医学外语教材、科技外语教材等。

对教材进行分类，主要是从某一角度或某一方面入手，将有某种共同特点的教材归为一类，把不具备这种特点的教材归为另一类，或把有另外某些共性的教材归为第三类、第四类，等等。理论上说教材分类的着眼点可以多种多样，因此具体分类也可以多种多样。

2. 教材分类的目的

教材分类研究的目的是为了更好地研究不同教材的性质和特点、功能和目标，更好地开发教材资源，拓展和完善多元化教材体系的建设，从而更好地满足各类教学的需要。外语教材分类研究不仅有助于教材资源的开发和利用，也有助于推进外语教学的纵深发展，根本上说，教材的分类研究有助于促进学科建设。进一步说，教材的分类研究也是为了更好地分析和认识不同类别教材的性质、特点、用途和编写途径、编写角度、编写方式，进而更好地把握不同类别的教材与各自相联系的教学目的、教学内容、教学原则、教学方式和方法之间的内在联系。

二　对外汉语教材分类例示

无论是从教材开发和体系建设方面来说，还是从加深对教材的认识以便更好地编写和使用教材方面来说，第二语言教材的分类研究都应该是教材研究的重要内容。下面例示迄今对外汉语教材分类研究的几家代表性的观点，以加深我们对教材分类研究的认识。

1. 基于教学理论的教材分类

吕必松(1993)指出：任何一种第二语言教材都必须针对一定的教学类型、课程类型和教学对象，并分别可以采用不同的教学原则和教学方法来编写教材。据此，吕先生从以下几个角度对教材进行分类：

(1)从教学类型的角度分类：有多少种教学类型，就要求有多少种教材。如普通教育教材、预备教育教材、专业教育教材、特殊目的的教育教材等。

(2)从课程类型的角度分类：每一门课程或课型都应当有专门的教材，如综合课语言教材、听力和阅读等专向技能课教材、新闻听读和科技汉语等专门目标课教材。

（3）从教学对象的角度分类：教学对象不同，教材的要求也不同，因此必须针对不同的教学对象编写不同的教材。如根据学习者年龄不同可以分出儿童教材、成人教材；根据学习的起点和水平等级可以划分初、中、高级教材；等等。

（4）从教学法的角度分类：依据不同的教学原则和教学方法的指导，可以编出不同类型的教材。如以结构为纲的教材、以功能为纲的教材、结构—功能型教材等。

2. 基于教学需要的教材分类

赵金铭（1997a）强调应当重视对外汉语教材的宏观结构设计，使其成为一个科学的体系，覆盖对外汉语教学的方方面面。诸如：

（1）从不同的学习阶段考虑，可以编写初级、中级和高级教材。

（2）从知识传授的角度，可以编写汉语语音、词汇、语法和汉字教材。

（3）从技能训练的角度，可编写说话、听力、阅读、翻译教材等。

（4）以语言和文化对比为基础，可编写供国别、母语、文化背景、学习环境等不同的学习者使用的教材。

（5）用于特殊目的的汉语教材，如新闻报刊教材、外贸洽谈教材、商务往来教材等。

（6）速成强化汉语教材。

（7）短期进修汉语教材。

（8）儿童汉语教材。

（9）个别教学汉语教材。

（10）汉语随意教材。

（11）带地域性的乡土汉语教材。

（12）汉语方言教材，如粤语教材、闽南话教材。

（13）广播、电视汉语教材。

（14）远距离教学汉语教材，如汉语函授教材。

（15）外国人学历教育的系列教材。

（16）供华人、华裔及外国人在非汉语环境中使用的汉语教材。

（17）有关对外汉语教学课程设置所需要的各类文化教材。

3. 基于教材编写方式的教材分类

刘珣(2000)指出,对外汉语教材的类型,可以从教学类型、课程类型、水平等级、学习者特点、母语特点等不同角度来区分。并从教材的体例和教学原则两个角度对教材做了如下分类:

(1)按教材的体例分为:综合型和分科型、单课制和单元制、直线式和螺旋式。

(2)按遵循的主要教学原则分为:课文型、结构型、功能型、结构—功能型、功能—结构型、话题型、文化型。

以上对教材的分类研究中,吕必松不仅提出了教材分类的四个角度,而且从理论上为我们展示了可能编写出的"相当可观的教材种类",为进一步的教材编写和分类研究提供了理论依据。赵金铭则结合对外汉语教学实际,从多个角度和层面上提出了一个具有相当覆盖面的教材编写和分类的宏观体系。刘珣重点就教材编写本身,即如何安排教学内容的角度对教材进行了分类。大致说来,吕必松侧重从理论上对教材进行分类;赵金铭侧重从满足教学的实际需要来对教材进行分类;刘珣侧重从教材编写设计(即如何编)来对教材分类。显然,他们的分类研究不仅各自都是十分有意义、有价值的,而且综合起来看,又是相互补充和相互映衬的,从理论到实践、从宏观到微观,初步为我们展示了教材编写或分类的不同角度和多元体系。

三 对外汉语教材分类概说

实际上,怎样分类更为科学,分为多少类合适,并没有一个绝对的标准。因为切入的角度和依据的标准不同,就会有不同的分类结果,即使从同一角度进行分类,不同的人也可能做出不同的分类。理论上说,只要有需要或有必要,从各种可能的角度对教材进行分类都应该是允许的。因为一定意义上说,分类就是比较,分类的结果就是比较的结果。而只有比较才可能更好地发现和确认事物的性质和特点。比如,区分用于国内和用于国外的汉语教材,就是一种有益的分类,因为两类教材的教学对象构成、学习者的母语背景、学习者的学习动机、学制学时、教学环境、教学的方式方法等都会有一定的差别,差别甚至会很大，详细地加以对比无疑将有利于两类教材的编写。可以说，无论从哪个角度进行分类，都有益于我们加深对特定教材性质和特点的认识，从而不但有利于教材的选择和使用，也有利于对特定教材进行归类。

既然教材分类的各种角度理论上说都是允许的，也就很难说哪一种分类角度是最佳的。因为分类的目的和用途不同，分类的角度也就不可能一样，或者说从各种不同的角度进行分类，就会有各种不同的用途。不过，这不同用途中也还有个用途大小的问题，不同的分类角度也还有个涵盖面宽窄的问题，分类本身也还有个交叉重叠多少的问题。这就是说，在对教材进行一般性研究中，教材分类的角度实际上存在一个优选的问题，分类体系的构成实际上有个优化组合的问题。对教材的基本分类，应该考虑这种分类的覆盖能力，以及这种分类的实用价值。

四　对外汉语教材的基本类别

从优选分类角度、优化分类体系出发，来考量对教材进行高覆盖率分类，那么更为实际和实用的分类是从学科内部确定某个基点来对教材进行分类，从而可以充分关照该学科的性质、特点和教材发展建设情况。基于此并结合教学实际，我们认为可以从课程类型的角度对教材进行基本分类尝试。

选择课程类型这个角度为教材分类，除基于上述考量外，还有以下因素：在常见的几种教材分类角度——教学类型、课程类型、教学对象、教学法原则、水平等级中，跟教材关系最为密切的应该是课程。首先，课程对教材有最直接的制约作用，表现为课程体系、课程目标、课程内容、课程计划等，决定着教材体系和教材内容的构成，换言之，课程通过教材来体现，所以狭义的教材指的就是课程的内容。其次，从理论上说，教材研究应当是课程研究的组成部分，课程理论指导教材理论，课程研究必然要涉及相关教材的研究（曾天山，1997：106）。而其他几种分类角度跟教材就没有这样直接的、内在的联系。再次，在上述几种教材分类角度中，教学类型和教学对象是上位于课程类型的更为宏观的分类角度，只有确定了教学类型和教学对象以后，才能确定课程类型，进而才能确定教材的性质和类型；教学法原则和水平等级之类的问题则蕴涵在教材及其体系之中，因为任何一部外语教材本身都应体现一定的编写原则、水平等级和使用范围。

就国内外汉语教学的实际情况来看，课程设置大致可以分为技能类课程和知识类课程两大类。前者又可以分为通用技能课和专用技能课，后者又可以分为语言知识课和文化知识课。这样，就可以考虑把对外汉语教材做如下基本分类：

语言技能教材：即通用语言技能教材，包括综合技能训练和专项技能训练教材。前者又可分为精读类教材和读写、听说类教材，后者包括口语、听力、阅读、写作、翻译类等教材。

语言知识教材：如汉语语音、语汇、语法、汉字，以及汉语概论、古代汉语、成语与惯用语、汉语书面语、汉外语言对比等方面的教材。

文化知识教材：如中国文化、中国各地习俗、中国古代文明、中国概况、当代中国社会、传统节日与习俗，中国历史、哲学、文学、艺术，以及国情介绍、中外文化对比之类的教材。

专门用途语言教材：即专用技能、特殊技能语言教材，如商务汉语、医用汉语、旅游汉语、外交汉语、工程汉语、酒店汉语、科技汉语、文史汉语、新闻汉语等教材。

根据需要，这四类教材中的每一类都可以包含初、中、高不同的等级系列，都可以运用不同的教学法原则来编写，都可以采用不同的编写体例来编写，都可以编写出适用不同教学对象和不同教学手段的教材。

因此，上述基于课程类型（主要是课程目标和课程内容）划分出来的四类教材及其构成的框架，尽管具体分类标准和角度不是单一的，但仍可视为对外汉语教材的基本分类和基本框架。因为这一分类及其构成的体系框架具有较强的概括性和较高的覆盖率，从其他角度划分出的教材类型，基本上都可以归入这一分类框架中。

首先，诸如用于学历教育和用于非学历教育的教材，用于儿童和用于成人学习的教材，用于国内和用于国外的教材，非学历长期班教材和短期强化教材，等等，这些不同类别和用途的教材，也无非是汉语技能类、汉语知识类、文化知识类、专门用途类教材。具体而言，或者是口语、听力或综合技能训练类教材，或者是语音、汉字、历史、国情等语言和文化知识类教材，或者是商贸、旅游等专门用途类汉语教材。它们的不同只不过是学时的长短、容量的大小、训练的重点、教学的方式、编排的体例、预期的目标等的不同，而具体编写出来的教材基本上可以在上述框架中找到位置。

其次，诸如按水平等级划分出的初、中、高各类教材，按不同体例划分出的单课制、单元制、直线式、螺旋式教材，按遵循的主要教学原则划分出的结构型、功能型、结构—功能型、功能—结构型、话题型、任务型教材，等等，同样可以归入汉语技能类、汉语知识类、文化知识类、专门用途类等四类教材中去，因为这四类教材中的每一种教材，都可以有不同的水平等级和不同的编排方式，也都可以用于不同的教学对象。比如，汉语技能类教材中的口语教材，就可以再分为初级口语、中级口语和高级口语等不同层级的教材；而每一层级上的教材也都可以采用结构—功能型、功能—结构型或话题型等不同的编排方式；这些不同层级、不同编排方式的教材，都可以用于不同的教学对象（如儿童或成人、学历生或非学历生等）。

实际上，教材的使用对象、使用范围、使用媒体、水平程度、编排方式、编写原则等的不同，并不能根本上改变某种第二语言教材属于语言技能教材、语言知识教材、文化知识教材、专门用途教材的某些特点和属性。至于每类教材在不同教学类型中应占有多大比例，那是跟课程设置体系相关的另一个值得研究的问题，跟教材的种类本身无关。

小结与余言

一　关于教材的功能

教材，特别是教材的典型代表教科书，不仅规定了教学内容，也体现了教学大纲的要求，是教师组织教学的依据，学生进行学习的基础。教材是用于教学的施教物，教材必须具有可教性。因此，教材的基本功能就是它的教学功能。进一步来说，教材还具有课内外媒介功能、文化交流与传播功能，以及激发学习者兴趣、促进学科建设等功能。本章对以教科书为代表的教材的这些功能做了相关的阐释。实际上，我们还可以对上述这些教材功能做进一步细化、深化和拓展，以探讨和确认教材的其他一些功能，例如：

教材应该提供大量对学习者有实用价值的语言使用的范例、典型的语境和具体话语、难易适当的语段和语篇范本，供学习者理解、记忆、模仿和创造性使用。

教材不仅应体现某些教学原则和教学方法，展示教学步骤和教学环节，以有助于教师高效地组织教学，有效地开展教学；同时，好的外语教材还应提示多种多样的学习方法，在预习、复习、观察、比较、讨论、思考、调查、报告等完成课内外各种语言实践任务的同时，增强学习者的综合语言运用能力，而不满足于仅仅让学生找到一个正确的答案。照顾学习者的个性化和个别化，鼓励开放式学习，培养学习者的自学能力，也是教材应有的功能。

教材也应成为“学材”，努力为学习者提供学习刺激。教材既应是教师教学的“施教物”，也应是学习者学习的“刺激物”，教师既应“教教科书”，也应“用教科书教”，乃至“不用教科书教”（提示多样化的拓展学习方式，开发资源补充教学）。其中，尤其应在不断唤起学习者对所学语言和文化的欲望、激发学习者语言学习的情感与情意、调动学习者的好奇心与注意力方面下工夫。好的教材应该具有这样一些功能。

教材在学科发展和建设中起着至关重要的标志性的作用，在第二语言教学中尤其如此（李泉，2002c）。教材本身规定了教学的内容、途径、方法，体现了相关的教学思想、理念、原则，吸收了教学研究、教学经验和本体研究的相关成果，而高质量的教材不仅是高水平的体现、吸收和借鉴了所有与教材编写相关的理论、资源等成果，更是一种高水平的教材编写研究，是教材编写理论的创新集成和教材编写实践的创新体现。因此，教材特别是优秀的、经典的教材，具有固化学科发展的先进理论、教学实践的成功经验和教材编写的创新探索之功能。回顾外语教学发展的历史，不难发现：优秀的、经典的外语教材在相当大的程度上可以说是学科研究成果的固化形式。

总之，教材的积极功能还有待进一步研究和开发。然而，教材不仅具有诸多的积极作用，也有不同程度的消极作用。非教科书式的教学材料自不必说，即使是教科书也有其消极的作用。低质量教科书的种种缺憾及其所带来的消极作用并不难理解，而所谓高质量的教科书由于教材自身的限制也会产生情况不同、程度不等的消极作用。从正反两方面全面了解教材的功能，不仅有助于我们更好地体认教材的性质和特点，更有助于我们在教材开发和使用中全面发挥教材应有的、可有的积极功能，尽可能地避免教材自身的、可能的消极作用。

探讨教材的积极功能和消极作用，目的不在于评价教材的利弊与功过，而是希望有助于全面认识教材的功能，并进一步体认和把握教材的性质和特点，以便在教材设计和编写中更好地发挥教材的应有作用，尽可能地避免教材的消极因素。比如，明确教材的教学工具属性和课内外的媒介职能，便可以进一步明确："教教材"是语言教学的目标和途径，"学教材"是语言学习的目标和途径（至少是教学和学习的"当下"目标和途径），但不是整个语言教学和语言学习的唯一目标和最终目标，也不是语言教学和学习的唯一途径和全部途径。树立这样一种教材理念，有利于教学和学习中灵活自主地使用教材，有利于教学和学习中对其他各种教学资源的开发和利用；有利于更好地避免在教材编写和课堂教学中把教材当作知识体系来编、当作知识体系来讲的做法，而是更加关注语言要素、语言成分用法的教学与学习。又如，明确第二语言教材的文化传播功能和激发学习者学习动机的功能，就应在教材编写和教材使用中，更加关注学习者对目的语及其文化的情感、态度和学习动机问题，增强教材的趣味性、可学性，尽可能避免文化内容呈现和解说不当的现象。再如，明确低质量教材的消极作用，有助于避免教材编写中的粗制滥造；明确高质量教材可能带来的消极作用，有利于克服盲目的"教材崇拜"，在教学中能够根据实际情况合理地、创造性地选择和使用教材。

好的教材应该在更新教师的教材观念和教材使用观念上有所作为，引导教师既"教教材"也"用教材教"，而不是"死教教材"、"只教教材"；好的教材应该在引导学习者更新对教材的态度和使用方法上有所作为，引导学习者既"学教材”也“用教材学”，而不是“死学教材”、“只学教材”。做到这些绝非易事，但要发挥教材的更大作用、要编写出更新换代的创新教材，就应该不断更新观念，不断探索和尝试，不断拓展教材的积极功能。

二　关于教材的分类

分类就是对比，就是比较，是科学研究的基本方法。分类，有助于我们对事物的系统性和系统的构成在整体上的了解和把握，有助于对具体类别的性质、特点和内涵以及与相关类别事物的关系的把握。对对外汉语教材的分类研究，就是对汉语教材体系的研究。分类的目的主要是完善汉语教材系统，开发汉语教材品种，丰富汉语教材资源，以满足学习者多种多样的学习需求，推进汉语教学的发展和教学质量的提高。

本章展示了对汉语教材的分类的多种角度和可能，并例示了对外汉语教学界以往对教材分类的代表性成果。并认为，理论上说，任何可能的角度都可以对教材进行分类，分类的角度和目的不同，具体的分类就各不相同，很难说哪种分类角度最可取，哪种分类体系最科学。教材分类不应以寻求唯一最佳角度、唯一最佳分类体系为目标，事实上既没必要，也做不到。多元化的分类角度和分类体系，有助于更好地认识教材和教材体系的多元特点，从而更好地开发和利用教材资源。但是，我们同时也应看到，不同的分类角度也还有个适用面宽窄的问题、不同的分类也还有个用途大小的问题。因此，教材分类的角度和体系的构成实际上有个优化的问题。对教材的基本分类，应该考虑这种分类的覆盖能力和实用价值。

基于上述认识，我们以课程设置为教材分类的基点，根据外语教学承担的知识传授和技能训练两大任务，首先将课程分为技能类课程和知识类课程两大类别，然后将前者再分为通用技能课（语言技能）和专门技能课（专门用途），将后者再分为语言知识课和文化知识课。这样，把对外汉语教材做如下四种基本分类：通用语言技能教材、专用语言技能教材、语言知识教材、文化知识教材。并认为，这一分类及其构成的体系框架具有较强的概括性和较高的覆盖率，从其他角度划分出的教材类型，基本上都可以归入这一分类框架中。同时，展示了每种具体类别向初、中、高不同层级拓展，采用不同教学法编写原则和不同编写体例，以及适用于不同教学对象和采用不同教学手段的可能。

因此，这种基于课程设置和语言教学基本任务的分类，虽不一定是最佳的分类角度和体系构成，但是汉语教材的这一四分法，具有以简驭繁、类别概括性强、种类覆盖率高、具体类别的教材编写方式和适用对象拓展力强等好处。

毫无疑问，这一分类体系并不是十全十美的，比如，“新闻汉语”似乎既可以分在专门用途语言技能教材之内，也可以划归为通用语言技能类教材中“阅读”教材中的“新闻汉语阅读教材”类，又如“视听说”课、“听说课”，是归入听力课还是归入口语课就可以有不同的意见。可见，教材的分类存在程度不同的交叉现象可能在所难免。

此外，还需要指出的是，由于近年来海外的汉语教学获得了较大的发展，而且长远来看，海外必将是国际汉语教学的主战场，因为相对于海外学习汉语的人数，能来华学汉语的毕竟是少数。因此，教材编写与研究发展的一个重要趋势是，将更加关注海内外汉语教材的异同，特别是海外汉语教材的特点。随着海外汉语教学的发展，海外区域化教材和国别化教材的编写将是一个重要的研究领域。这是因为教学的语言环境、学习者的文化背景、语言政策、学时学制、课程设置、教学模式、学习者的类型和层次及学习目标等，不仅与来华的汉语学习有很大的差异，就是海外不同区域特别是不同国别之间也都会有所不同。因此，编写针对性更加明确的用于海外的区域化和国别化教材将有着重要的理论意义和应用价值。然而，这其中既有许多理论问题需要加以解决，又有许多实际操作问题需要探索和尝试。比如，由于教学资源和外语教学传统的不同，海外多数国家的汉语教学模式大都采用综合式教学模式，即听说读写或视听说、听说、读写等“大综合”、“小综合”式教学模式，很少有如中国大陆这样以“综合课＋专项技能课”为主的教学模式，即以综合课（听说读写）为核心和主干课，以分技能训练课（听力课、口语课、阅读课）为配套课。教学模式不同，教材编写和设计就会不同。此外，编写供海外使用的汉语教材，场景设置应兼顾当地的具体情况，结合学习者的学习和生活的实际，这是应当的，也是编写海外区域化和国别化教材的重要特点。那么，是否要涉及中国的场景、中国的话题、中国的文化？恐怕也是应该涉及的，但是涉及哪些中国的场景、话题和文化，按照什么样的原则和理念来设计等就很值得研究和探讨。所有这些差别对教材的功能和分类不会有本质上的影响，但是细微的差别肯定应该有，那么这些差别有哪些都值得研究。这样一些研究和思考，不仅有助于更好地发挥教材的功能和对教材进行更细致分类，更重要的是有助于推进和深化教材编写的理论研究，有助于编写出更适合海外不同区域、不同国别的汉语教材。

思考与练习

1. 第二语言教材都有哪些基本功能？针对本章所提到的一些功能你做何补充和评价？

2. 试分析一部对外汉语教材或其他外语教材，看教材功能体现得如何，特别是教材在课内外媒介功能和文化传播功能方面做得如何。

3. 请进一步阐释和评论下面两句话的观点："第二语言教材必然承担文化传播和交流的功能，这既是一种客观事实，也是一种客观需求。"但同时"也要客观地估量第二语言教材文化传播的有效性和有限性，尤其要避免过分夸大第二语言教材的文化传播功能，避免给教材以过多的文化传播'负担'"。

4. 什么是教材的消极作用？为什么说优秀教材也会有消极作用？教材的消极作用可以给教材编写和课堂教学哪些启示？

5. 探讨教材的积极功能和消极作用的根本目的何在？

6. 谈谈教材分类的目的和意义、教材分类的角度。

7. 请结合具体的各类汉语教材，来评价本章提出的将第二语言教材分为语言技能、语言知识、文化知识和专门用途四类教材是否合适。你有什么更好的分类角度，你对外语教材做什么样的基本分类？

第三章　教材与教学理论

第一节　教学理论与教材编写

外语教材的研究、设计、编写、评价和选择，离不开外语教学理论的指导。是否符合外语教学的基本原理、基本理论与基本方法，是衡量一部教材是不是合格的外语教材的基本标准。当然，何为符合外语教学的基本原理、理论和方法，实际上并没有一个明确的说一不二的标准，因为其中的标准可谓多种多样。但是，一部教材是否以培养学习者第二语言交际能力为目标，是否以语言技能培训为主，是否注重教学内容由易到难并循序渐进，是否尽可能而又恰到好处地复现所学语音、词汇、语法等语言要素和语言功能项目，大而言之，教材是在系统地教授目的语语言学知识或是教授目的语文学，是母语语文教学的路子还是第二语言教学的路子，稍有外语教学经验的老师是不难看得出来的。

总归言之，外语教材的设计和编写应该遵循外语教学的规律，这其中十分重要的就是接受外语教学理论的指导。事实也正表明：外语教学理论对外语教材的设计和编写有着全面的指导作用和深刻的影响。下面分别从外语教学的学科理论基础（外语教学支撑学科）、学科基本理论（学科存在的标志理论）及学科应用理论（直接指导教学实践的理论）三个方面来探讨不同范畴和层次的外语教学理论与教材设计和编写的关系。

一 学科理论基础与教材编写

外语教学是一门跨学科的学科，所跨学科主要包括哲学、语言学、教育学、心理学、文化学等，这些学科是外语教学学科的理论基础、理论来源和理论支撑（李泉，2002a）。外语教学的历史表明，一定时期的语言教学理论是在一定的哲学、语言学、教育学、心理学、文化学等学科的相关理论影响和指导下形成的。这些学科的相关理论深刻地影响着外语教学理论的形成和发展，同时也深刻地影响着不同时期外语教材的编写理论与编写实践。

哲学是外语教学及其教材编写最深厚的理论基础。哲学为人们认识语言的本质和语言使用的本质，为认识第二语言习得过程和教学过程的本质提供认识论基础。比如，语言本质上是一种工具，还是一种符号体系、知识体系？语言是后天习得的，还是人脑中先天就有的一种机制？又如，对语言教学活动中主客体关系、内外因关系的认识和确定，也需要哲学的帮助。而对语言本质的不同认识，对语言教学活动各种关系的不同认识，等等，都会带来对语言学习和语言教学的不同认识，进而影响教材编写的理论与内容的取向。

语言学是外语教学及其教材编写的核心理论基础。语言学是研究语言的本质、结构和功能等语言现象本身的科学，外语教学是研究教授和学习语言的规律的科学，两者之间有着天然的联系。其中，语言学对外语教学的指导和影响是多方面的、深刻的，也是根本性的。比如，语言学中的结构语言学、功能语言学、篇章语言学、语料库语言学、语义学、语用学及其他各分支学科，从不同层面、不同角度、不同程度地给予外语教学以理论、知识、资源及方法等启发、指导和支持。又如，所教授的特定语言学（如汉语语言学）的研究成果（语音、词汇、语法和篇章等）有许多可以、也应该应用到外语教材的编写中。此外，语言学特别是所要教授的特定语言的语言学理论（如汉语语言学），对外语教学目标的确定、教学大纲的制订、教材编写、评估测试等提供理论依据、内容资源、测评标准，等等。

教育学是外语教学及其教材编写不可或缺的理论基础。首先，外语教学活动必须遵循教育学的一般原理和一般规律，如教学内容的科学性、系统性、连贯性，以及循序渐进、讲练结合、复习巩固等常规性的教学原则，对外语教学及其教材编写有着根本性的规约和指导作用。其次，教育学的一般原理对外语教学大纲的制订、课程设计、教材编写、教学方法的使用等教学活动的全过程和各个环节都有指导作用。脱离教育学的指导，教学活动就将陷入无章可循的局面，效果将无法得到保障。此外，教育和教学的新理念、新思想、新技术，都对外语教学及其教材编写有着直接的影响。

心理学是外语教学及其教材编写的重要理论基础。外语教学不仅要研究把哪些语言知识和什么样的技能，以何种方式和方法传授给学习者，而且要研究学习者学习语言知识和掌握语言技能的过程和规律，而心理学恰是研究人们获得知识、掌握技能和发展智能的心理机制的科学。因此，外语教学及其教材编写遵循心理学、学习心理学的一般原理，可以更科学更富有成效地培养学习者获得语言知识、语言技能和语言交际技能。比如，教材编写中对汉字、词汇、语法等知识的教学以及听说读写等技能的训练，就应该借鉴陈述性知识（关于某个事物是事实的、静态性的知识）和程序性知识（关于怎样进展各种认知活动的、动态性的知识）的理论，把理解、认知与用法（写法、说法）、动手（动口等）结合起来。

文化学也是外语教学及其教材编写的重要理论基础。外语教学是一种跨文化的教学，不仅教学过程本身是跨文化的教学过程，语言学习者日后以目的语为工具从事的交际活动更是真实而具体的跨文化交际活动。这样，与语言交际有关的文化知识和文化因素也就必然地成为外语教学及教材编写的内容。从外语教学实践来看，在课程设置、教材编写以及测试等教学实践中，文化因素的体现越来越明显。教材中如何处理语言教学跟文化教学的关系，如何选择、呈现和解说文化内容，等等，是教材编写研究的永恒性课题，是教材编写实践无法回避的问题。

此外，另如社会学、计算机科学（多媒体技术）等对外语教学有支撑和辅助作用的学科和技术，都对外语教材的编写给予思想上、理念上、技术上的支持与影响。

二 学科基本理论与教材编写

我们认为，包括对外汉语教学在内的外语教学的学科基本理论由学科语言理论、语言学习理论、语言教学理论、跨文化教学理论四个部分组成，这是外语学科的核心理论和学科存在的标志。其中，前两者主要在“教什么”和“学什么”方面对外语教学发挥指导作用；后两者主要在“怎么教”和“怎么学”方面对外语教学起指导作用（李泉，2002b）。毫无疑问，外语教学的学科基本理论，对外语教材编写的理论与实践给予全面的支持、指导和影响。下面试结合汉语作为外语教学（对外汉语教学）及教材编写分别加以阐释。

学科语言理论，包括面向对外汉语教学的语言学及其分支学科理论研究，面向对外汉语教学的汉语语言学研究。这些有应用目标、有针对性的语言学研究成果和汉语本体研究成果，在得到整合和相对系统化以后，即可以看作是对外汉语教学的学科语言理论成果，并能够直接服务于对外汉语教学。也就是说，这些理论和具体研究成果，对教材编写和课堂教学有着直接或间接的影响。比如，普通语言学对语言本质特征的认识之一就是：语言是人类最重要的交际工具。这一理论对第二语言教学有着广泛、深刻的影响。它启示第二语言教学，要把语言当作交际的工具来教、当作交际的工具来学。树立这样一种语言教学观和语言学习观，就会把听说读写等语言能力特别是实际语言交际能力的培养放在语言教学的首要位置，而把语言知识的教学看成是为掌握语言这种交际工具服务的，因而是相对次要的。相反，如果把语言的本质看成是一种知识系统，就可能把语言当作系统的知识来教、当作系统的知识来学，而把语言能力的培训放在次要的位置。可见，不同的学科语言理论对语言教学及教材编写的影响也就不同，甚至是截然相反的，因为观念不同，做法就不同，效果也就大不一样。

语言学习理论，主要包括第二语言习得规律、学习者第二语言发展规律的研究，以及学习者个体差异研究等。前者包括中介语研究、语言习得顺序研究、对比分析、偏误分析等，后者包括学习者的认知因素（年龄、智力、语言潜能、认知策略等）、学习者的情感因素（学习动机、学习态度、语言情感、个性特征等)、学习者的素质因素(母语知识、关于语言的一般知识、百科知识等)。事实上,对学习者的这些方面的研究,更能给予第二语言教学以直接而有力的支持和影响,而相关的理论、知识和经验对教材编写的理论和实践的支持和指导更是直接而重要。显然,不同语言之间对比分析的成果、语言习得顺序的研究成果、偏误分析的成果,可以为教材编写所吸收和利用,据此编写出的教材无疑更适合学习者的实际需求;而对语言学习者的认知因素、情感因素等的研究,对增强教材的针对性、可接受性等都有积极的作用。比如,对学习者"动机消减"的研究表明,"教材组织低劣"、"使用的教材过时"等即是学习者动机消减的重要原因(丁安琪,2010:16)。这类信息对教材编写无疑有着积极的反馈作用。

语言教学理论,包括学科性质理论、教学原则理论、中国传统教学观等。其中,学科性质理论,即关于第二语言教学性质和特点的理论。它深刻地影响第二语言教学及教材编写理论和实践的发展方向,从根本上区别了第二语言与第一语言(母语)教学的不同,从根本上规定了第二语言的教学内容和教学方法。教学原则理论,是第二语言教学工作和教学活动应当遵循的基本要求,是个有层级的开放性体系(李泉,2001),其宏观、中观和微观层面上的教学原则,不仅对教学的各个方面有指导和规约作用,对教材编写或选择同样具有指导和规约作用。中国传统教学观,即在中国历史文化背景下形成的教育教学观念,对中国的汉语教师的教学有着潜移默化的影响。如"重视教"、"重视教师的作用",强调学习要"下苦工夫",强调预习、复习和背诵,讲究"教书"、"讲课";缺乏所谓学生为中心、自主学习、互动学习等观念。这些不仅会影响教师对学生的要求,对教材编写也会有所影响,如一些汉语教材注重知识的系统性、重视语法的专业化解说、多是知识性和机械性的练习,等等。因此,对外汉语教学和对外汉语教材编写,对中国传统的教育观念应合理地加以吸收和利用,扬长避短。

跨文化教学理论,主要是明确第二语言教学的跨文化属性,进而明确文化教学的地位、文化教学的内容和文化教学的原则。第二语言教学的跨文化教学属性要求教师应明白:不要以为目的语文化都是学习者知道和接受了的,事实上学习者可能完全不知道，更不一定认同某种文化观念和文化现象，因此教材编写和课堂教学应该介绍和揭示目的语文化；同时，第二语言教学的跨文化属性要求学生应注意：不要用自己的文化规范去评判目的语文化的“是与非”，否则不仅谈不上“跨文化”，反而很可能造成观念上和行为上的“文化冲突”。有关文化教学的地位、内容和原则的基本要求是：文化在常规的第二语言教学中是为语言教学服务的，基础阶段的语言教学尤其如此。因此，教材编写和课堂教学应选择与语言交际密切相关的交际文化，以及主流文化和当代文化；所选文化内容应与语言教学的阶段相适应，与学习者的真正需求相适应。此外，教材中文化内容的选取和解说，应避免“弘扬”的动机，避免“说教”的企图，避免对不同文化进行“优劣”评价的做法。跨文化教学要求师生双方既应注意文化的差异，又要注意对文化差异的相互尊重、相互理解、相互包容和相互适应。否则，教师教不好语言，学习者也学不好语言。

三　学科应用理论与教材编写

学科应用理论，是综合运用对外汉语教学的基本理论来研究教学中的某些具体的理论与实践问题，主要包括教学目标研究、教学大纲研制、课程设计研究、课型研究、教学方法与技巧研究、测试理论研究、教材编写理论研究，等等。这类研究所形成的理论成果和资源在教材编写中具有不同的作用。

有的直接服务于教材编写，当然也可以说直接指导和约束教材编写。如外语教学目标的研究、课型目标研究、技能训练目标研究等，其研究成果可直接为教材设计和编写所利用。而语言水平等级大纲、教学大纲、课程大纲以及功能大纲、情景大纲、任务大纲、文化大纲等，同样直接服务于教材设计和编写。比如，假如要编一本给来华观光游客用的初级口语教材，那么就应首先进行对学习者的需求分析，进而确定对学习者的教学目标。如果主要是教授与在华旅行生活相关的实用汉语，使学习者能够在“住宿”、“餐饮”、“交通”、“购物”等主题上进行交流和沟通，那么就应该借助汉语水平等级大纲、口语教学大纲等来选取基本句型及相关的词汇、语言点等语言材料，借助功能、情景和任务大纲来选取与诸如预订旅馆、入住酒店、预订机票、购买车票、饭馆点菜、商场问价、景点买票等相关的功能项目、交际情景、任务内容，同时还要结合国内主要旅游城市及其名胜古迹、风景风俗进行必要的文化教学。可见教材编写离不开学科应用研究成果的支持。

有的学科应用理论直接或间接地影响教材的设计和编写，如课程设计和课型研究，教学方法、技巧及测试研究等，都为教材的设计和编写提供了理论支持、信息反馈和资源选择等。比如，阅读课的课程设计，包括课程对象、课程目标、课时量、阅读水平、阅读内容、阅读方法等，就直接影响相关阅读教材的设计和编写，包括教材水平等级的确定、教材容量、难易程度、材料选取、练习设计、教学方法等。又如，教学中反映出的学习者的典型语言偏误，就可以通过适当的场合和方式体现在综合或口语教材的注释和练习中。再如，测试研究中有关信度和效度的理论就可以为教材的题型选择提供指导，等等。

有的本身就是"教材编写理论"研究，这是学科应用理论研究中与教材编写最相关的重要内容，如教材编写的针对性、科学性、实用性和趣味性等原则。教材编写理论是综合运用学科语言理论、语言教学理论、语言学习理论和跨文化交际理论，结合教材编写中的具体问题，来研究教材设计和编写的原则、程序、方法，研究教材目标的确定及对学习者的需求分析，研究教材语体和语料的取向（口语，书面语；生活口语，社交口语；政论语体，小说叙述语体等），研究教材的文化取向（古今、中外，主流、非主流等）、文化选取（思想观念、生活习俗、价值取向、国情领域等），研究教材评估的标准并评价具体教材的成败得失，等等，不用说，这类研究成果对教材编写有着直接而深刻的影响。

第二节　教学法与教材编写

一　"教学法"的四种含义

第二语言教学中的"教学法"一词，可以有四种不同的含义：第一，指整个第二语言教学学科的理论和实践，即学科的代名词，如外语教学法、英语教学法（即英语作为外语教学的理论和实践），其研究范围广泛涉及外语教学的指导思想、教学原理、教学目的与要求、教学内容与教学方法、教学过程与教学形式等一整套有关外语教学规律的教学方法体系。第二，指某种教学法流派，如语法翻译法、直接法、听说法、交际法、任务法等，其研究内容主要是某种具体教学法流派的教学理念、教学原则与程序、教学方法与模式、教材设计与编写、教学大纲与要求等，此外也包括对不同教学法流派的语言学、教育学、心理学等相关学科相关理论基础的研究，以及对不同教学法流派的比较与评估等。第三，指教学过程中就具体教学内容所选择和使用的方式和方法，如语音、词汇、语法、文字等语言要素教学的方法，听说读写语言技能教学和训练的方法，以及语言点讲解和语言技能训练中使用的归纳法、演绎法、对比法等。第四，指一般所说的课堂教学技巧，如汉字教学技巧、语音（如送气音和不送气音、平卷舌音）教学技巧、“比”字句教学技巧、“把”字句教学技巧等。这几种不同意义的“教学法”，跟教材编写都有着不同层次、不同程度上的联系，教材设计和编写都应给予相应的关照和体现。

二　外语教学法与教材编写

在教学法的第一层意义，即学科层面上，主要涉及的是“外语教材”的编写问题，即外语教材的学科特征呈现问题。其根本要求就是外语教材应该体现外语学科的性质和特点，应该跟用于母语教学的教材（如“语文”、“国文”）、跟其他非外语类教材明显地区别开来。具体来说：要按照第二语言教学的规律，编写有语言知识（如语音、词汇、语法等）教学、有语言技能训练（如听说读写句子或短语等）的课文。课文不论是专门为学习者编写的，还是原文作品改编的或是原文本身，学习课文的主要目的就是为了掌握语言知识和语言技能，或者说是为了教语言、学语言。教材及课文当然也有别的认知功能（如文化体认功能等），但那是次要的。同时，根据学时学制、教学目标、教学对象的水平等，设计课文的容量、课数、练习及教材的体例等，尤其要注意课文语言长短适度、难易适中，并尽可能地重现本课和前面学过的内容（语汇、句型、语言点等），这是外语教材标志性的要求。此外，在内容的选取上，不是注重语句的优美和课文的思想性、德育性、艺术性，而是注重语言的可学性、示范性和实用性。在内容的编排上，既要按照语言知识的内在逻辑关联予以科学编排，以方便学习者学习、理解和记忆；更要注重语言技能训练的科学和足量呈现，以便于学习者完成语言技能学习和训练的任务，等等。假如所编教材不是按照上述这些基本要求编写的，或者上述要求体现得不明确、不充分，那么教材的"外语教材的属性"就体现得不够明确、不够充分，用于教学其效果就难以保证，或者干脆说效果会很差、效益会很低。相反，教材越是充分体现外语学科的性质和特点，外语教学的原理和原则，外语教学的方法和模式以及外语教材自身的编写原则、要求和特点，那么它与母语教材等其他各种教材的区别就越明显，其"外语教材的属性"就更加突出，用于教学的效果就会有所保证。

三　教学法流派与教材编写

在教学法的第二层意义上，主要涉及的是教材的教学法流派特征，其基本要求是教材的设计与编写应准确而充分体现该教学法的教育思想和理念、教学原则与要求、教学模式与方法。事实上，任何一种具有广泛影响的教学法流派，都应该有体现这种教学法原理与原则、教学步骤与方法的代表性教材，甚至只有通过典型教材才能更好地实现和推广这种教学法。如听说法的代表教材《英语900句》（*English 900*）、视听法的代表教材《新概念英语》（*New Concept English*）、功能法的代表教材《跟我学》（*Follow Me*）等，就很好地诠释了相关的教学法流派。

在这层意义上，需要特别强调的是：现代外语教材的设计和编写更多地是综合各种教学法流派的长处来"为我所用"，而不是恪守某一种教学法流派"不逾雷池一步"，不是以某种特定的教学思想和教学法为教材编写的唯一指导思想，而是着眼于学习者的实际需求来考量教学理念的确立和教学方法的选择。也就是说，教材的设计者根据学习者的需要和所编教材的特点，合理地吸收各种教学法及其教学大纲的理念和资源，不在教学法的选择上搞壁垒森严，而是吸收多元化的教学思想，以多元大纲为指导，来编写满足学习者多元化需求的教材。20世纪90年代以来，特别是新世纪以来，外语教材编写越来越呈现出广泛吸收多种教学法思想、广泛利用各种教学大纲的趋势，教材中结构法（注重词汇、语法大纲的利用和内容的选择)、情景法(注重情景大纲的利用和设计)、听说法(句型为主,语言点为辅)、交际法(注重交际能力训练)、功能法(功能大纲的利用和功能项目的选择及训练)的印迹都不难得见。近年来任务法的教学思想又受到教材编写者的青睐,并在教材中得以体现。这表明,以往在不同时期形成的各种教学法流派及其教学思想、教学原则和教学程序等是教材编写的广泛资源,教材设计与编写应予以合理吸收和利用。比如,编写常规的初级汉语教材或短期强化初级汉语教材,就既可以利用语言结构大纲来确定语言水平的等级,并选择词汇和语法内容;也可以采取听说法的以句型教学为中心的基本原则,同时还可以借鉴功能法以学习者为中心从学习者的需求出发来确定教学目标,以功能意念为纲来选择和安排功能项目、意念项目。如此等等,为满足特定学习者的需求和实现教材的编写目标,而兼收并蓄,兼容并包。

四　教学方法与教材编写

在教学法的第三层意义上,要求教材编写应吸收教授语言文字知识、教授和训练听说读写语言技能的经验和方法,并根据需要体现知识和技能教学中使用的归纳法、演绎法、对比法、诠释法等。教材编写一定要汲取教师个人的教学经验(包括教学理念和成熟的教学方法),当然毫无疑问也要吸收他人的成功经验和相关的教学方法研究成果。正所谓实践出真知,教学实践中探索、尝试所形成的有效的教学方法,应该在教材中得以体现。比如,中高级综合课词汇教学中的语素链接法,是一种扩大词汇和复习词汇的有效方法,就可以在教材中、练习中以适当方式通过典型例句予以体现。又如,量词是汉语学习的一个重点和难点,因此课堂教学常常给出一些量词请学生选词填空,或者只给出例句请学生自己选择量词填空,这样的教学方法就可以编入教材中。某些教学实践证明效果不理想的教学方法应该在教材编写中予以淘汰。比如,光杆词语造句法在教学实践中证明并不是一种好的教学方法,学习者在没有语境的情况下很难造出合格的句子,就是造对了一个孤零零的单句,也很难说就是掌握了该词语,因为没有上下文等具体语言环境,还很难说能用对,若此则教材编写中就应当放弃这种孤零零造句的练习方法。吸收基于课堂教学的具体教学方法，摒弃不合时宜的低效教法，这应该是教材编写的一项基本要求，是教材常编常新的内涵所在。外语教材之所以要不断编写或修订，就是因为有新的教学理论的出现，有新的教学手段和教学方法的使用，需要我们通过教材编写来筛选、确认和呈现。

在这层意义上，需要强调指出的是：教材在编写过程中要吸收和体现具体的教学方法，但是教材一旦编写出版也就在相当程度上规定了教学方法，包括基本的教学步骤、教学环节、讲练程序、练习方式和顺序等。这其中在具体的操作步骤上、先后顺序上，乃至具体的互动和讲练方式方法上，根据需要和教师个人对教材的解读可以有变动、增减、扩展和延伸等，但总体的格局和主要的方法不会有太大的改变。这就说明教材体现并基本上规定了教学的方式方法，教师在使用教材的过程中根据学习者的需要、实际水平和教师个人的教学经验等可以灵活地、创造性地使用教材，以最大限度地发挥教材的功效。

五　教学技巧与教材编写

教学法的第四层意义即教学技巧，也即课堂教学中针对具体教学内容所采用的具体策略、方法和经验。教学技巧大都是一招一式的，但针对性和适用性很强，有效果有效率。因此，教材设计和编写同样应吸纳具体教学内容的教学和训练技巧。事实上，教学方法和教学技巧有时难以区分得十分清楚，此时似乎也没有必要非要分出个彼此。比如，把送气音跟不送气音、卷舌音跟平舌音放在一起对比着教，既可以说是教学方法，也可以说是教学技巧。又如，汉字教学中把相关、相反、相近的汉字放在一起教，如“日、月”、“上、下”、“大、小”、“快、慢”、“江、河、湖、海”等，以便于从字形、字义上认知和记忆汉字，这同样可以说既是教学方法，也是教学技巧。此外，诸如应该先教补语和动词重叠，再教“把”字句（“把书打开”、“把话说完”、“把车开进去”、“把课文念两遍”、“把衣服洗干净”、“把被子晒晒”、“把衣服叠叠”），等等，有关教学内容的顺序安排也都可以视为教学技巧，或可称之为策略性技巧。

比较起来说，教学方法普遍适用性更强些，针对性相对弱些。比如，词汇教学方法，更多地考虑词汇的本义、引申义、词性、语体色彩、褒贬色彩、用法、使用条件、与相关词语（同义、近义、反义）的对比等。而教学技巧更多地是针对某一个具体问题的教学和训练的方法、招数和经验，往往一事一法，针对性和适用性很强。比如，动作动词的教学技巧，就主要应考虑能否重叠、带“了、着、过”等时体助词的能力、带宾语（搭配）的情况等，而名词的教学就要考虑与量词的匹配情况，等等。教学技巧更多地是对具体内容的教学和训练经验的体现，而这些教学经验一旦经过教学实践证实是管用的、有效的乃至高效的，就应该以恰当的方式吸收到教材的设计与编写中。教学经验的可贵之处，以及教材需要随着教学实践的发展而不断更新的理据也正体现在这里。

第三节　教学模式与教材编写

一　教学模式的基本内涵

教学模式（Model of Teaching）是一个在海内外教育界广泛使用的概念。但人们对教学模式研究和描述的角度不同，所强调的内涵也就不同。有从教学结构上来揭示模式，有从教学法的角度来定义模式，有从程序上来界定模式，有从教学的设计和组织上来描述模式，有从学习环境的角度来概括教学模式，等等（周淑清，2004：10）。这表明，人们可以从多层面、多角度对教学模式加以研究，同时也提示我们不一定、不可能甚至不必要期望有个定于一尊的教学模式的定义。这是因为，教学模式的研究和概括，是为了解决教学中出现的问题，而教学中遇到的问题是多种多样的，不仅不同类型的教学遇到的问题不尽相同，即使是同一类型的教学遇到的问题也不会完全相同的。比如，英语作为外语教学和汉语作为外语教学出现的问题就不完全相同，而同为英语教学或汉语教学，小学、中学和大学要解决的问题不会完全一样，教学目的、要求和方法等自然也就不会完全相同，甚至会差别很大。因而为解决各种问题而设计的教学模式，或从教学实践中总结概括出来的教学模式，也就必然多种多样。例如：

“教学程序”说。比如，教学模式是在一定的教学思想指导下建立起来的完成教学任务的比较稳固的教学程序及其实施方法的教学策略体系（甄德山，1984）。教学模式是依据教学思想和教学规律而形成的、在教学过程中必须遵守的比较稳固的教学程序及其方法的策略体系（吴立岗，1998：179）。

“教学范型”说。比如，教学模式就是在一定的教学思想指导下，围绕着教学活动中的某一主题，形成相对稳定的、系统化和理论化的教学范型（李秉德，1991：215）。对外汉语教学模式就是从汉语独特的语言特点和语言应用特点出发，结合第二语言教学的一般性质理论和对外汉语教学理论，在汉语教学中形成或提出的教学（学习）范式（马箭飞，2004）。教学模式是指具有典型意义的、标准化的教学或学习范式（赵金铭，2006）。

“学习环境”说。比如，所谓教学模式，就是给学生提供一种能使学习得以产生的学习环境，这种学习环境的创设是在一定的教学理论和教学思想指导下，通过教学实践的检验，将课堂教学诸要素用科学的方法组成较稳固的教学程序，通过运用恰当的教学策略，规范教学过程中的各种形式的交互活动，以促使学习的真正产生（周淑清，2004：11）。

“教法体现”说。比如，教学模式是教学法的具体体现，教学法是理论性的，而教学模式则是描写性的，是把教学活动与教学过程用一系列概念、术语明确描述下来的一种相对固定的形式（陈莉，1997）。

“结构框架”说。比如，教学模式可以理解为开展教学活动的一整套方法论体系，它实质上是在一定教学思想或教学理论指导下建立起来的、较为稳定的教学活动结构框架和活动程序（皇甫全等，1998：331）。

“课程设置及教学方法”说。比如，教学模式指课程的设置方式和教学的基本方法。如现在国内通行的基础汉语教学模式可以称作“分技能教学模式”，这种教学模式根据技能项目设置课程，教材采用结构—功能法安排，课堂教学采取交际法和听说法结合的方式（崔永华，1999）。

“整体格局”说。比如，教学改革要从整体的格局上考虑，整体的格局决定着教学的走向。所谓整体的格局，其实可以概括为教学模式。教学模式体现了教学的指导思想，体现着教学法的发展（鲁健骥，2003）。

上述各种说法的共同倾向在于，强调教学模式是在一定的“教学思想和教学理论”指导下建立起来的，强调教学模式的“稳固性”；不同之处在于对教学模式的本质认识上，不同学者分别把教学模式看作是一种“程序”、一种“范型”、一种“环境”、一种“教法”、一种“框架”（“格局”）等。这些见解，对全面理解和把握教学模式的内涵和特点都有启发和参考价值，某种意义上说，这些定义从不同角度揭示了教学模式的某些普遍性特征或特定类型教学模式的特点。当然，有些问题似乎还可以商量，比如，不必刻意强调教学模式在教学过程中“必须遵守”，不必过于强调教学模式的“稳定性、系统性”，不必要求教学模式是“一整套方法论体系”。因为没有一成不变的模式，也没有万能的模式，更没有十全十美的模式。过于理想化，并不利于模式的创建、概括和探索（李泉，2009）。

二 汉语教学模式研究概说

外语教学模式的构建应当涉及模式的理论基础、教学目标、课程设置、教学内容安排的重点和顺序、教材编写的方法和教材选择的原则、教学的方法以及实施程序和环节、教学评价的方法等诸多因素。其中，模式的理论基础、教学目标和课程设置是构成教学模式的关键性的因素，直接和间接地影响教学模式其他要素的取向和形成。因为一种教学模式的形成总要有某种教学理论做支撑，总要解决语言文字要素教学的组配关系问题，总要有课程上的考虑和安排，而教学内容、教材和教法等要受教学目标和课程类型等的制约和影响。

对外汉语教学模式是对外汉语教学理论和教学实践的重要接口。它决定着对外汉语教学的走向，直接影响着特定目的的汉语作为第二语言教学的质量和效率。因此，从20世纪50年代初从事正规的对外汉语教学以来，基于汉语和汉字的特点，以及听说和读写技能训练关系的安排，人们对初级阶段汉语教学模式进行了多种尝试和探讨。讨论和实验主要集中在是“语文分开”还是“语文同步”，以及在何时“分开”、分到什么程度，“同步”有无阶段性侧重及侧重到什么程度上（参见钟梫，1965/1977；鲁健骥，1983；吴勇毅、徐子亮，1987；吕必松，1990；程棠，2000）。当然，早期的研究和讨论并没有明确地从教学模式的角度来探讨汉语作为第二语言教学的路径和方法问题，或者说理论意识还不够鲜明。

20世纪70年代末80年代初，对外汉语教学界进行了一次影响至今的实质性的教学模式的改革和创新。鲁健骥(1983/1999)《基础汉语教学的一次新的尝试——教学实验报告》系统介绍了这次教学实验的目的、做法、效果和存在的问题。由于北京语言大学在中国对外汉语教学中的独特的历史地位，加上具有较高水准的《初级汉语课本》等配套教材的出版发行，这项被称作“分技能教学”的教学模式在20世纪80年代逐步为中国对外汉语教学界所广泛采用，至今仍是国内对外汉语教学的主流模式。

20世纪90年代中后期以来，国内对外汉语教学界的教学模式研究、实验有了新的发展，有的还经过了多年的实施。比如，“实况视听教学模式”(孟国，1997、2008)，“语文分开，集中识字教学模式”(张朋朋，1999)，“词汇集中强化教学模式”(陈贤纯，1999)，“汉语交际任务短期教学模式”(马箭飞，2000)，“汉语教学新模式设计”(杨惠元，2000)，“初级阶段相对强化教学试验”(刘川平等，2001)，“语音、文字、日常会话教学三线并进，逐步汇合”(吴中伟，2002)，“词汇—语法教学模式”(李晓琪，2004)，“听后理解教学模式”(谭春健，2004)，等等。与此同时，有关教学模式的理论研究和探索，以及对现有教学模式的反思也开始受到人们的重视。比如，陈莉《试论教学模式的建立及意义》(1997)，崔永华《基础汉语教学模式的改革》(1999)，王建勤《对外汉语教材现代化刍议》(2000)，刘川平等《提高对外汉语教学效率的有效模式——初级阶段相对强化教学试验报告》(2001)，吕必松《汉语教学路子研究》(2003)，鲁健骥《口笔语分科，精泛读并举——对外汉语教学改进模式构想》(2003)，马箭飞《汉语教学的模式化研究初论》(2004)，汲传波《论对外汉语教学模式的构建》(2006)，李泉《教学模式与分技能设课教学模式思考》(2009)，等等。

毫无疑问，无论是对某种教学模式的实践，还是对现有教学方式和教学模式的反思和改进，乃至是新教学模式设计和对教学模式的理论探讨，都是值得欢迎的。在国际汉语教学的新形势下，对汉语教学模式的研究、探索和实验尤其值得鼓励和提倡，以期形成多种独具特色的教学模式，为国内外的汉语教学提供多种模式化的范式。教学模式研究的意义，就在于促进多种多样教学模式的形成，以期实现教学理论的实践化和可操作化、教学实践的理论化和模式化，从而优化理论和实践的结合，高效力地满足汉语、汉字教学的多种需求。

同样毫无疑问的是，教学模式的研究、探索和实验，往往伴随着教材编写模式的改革和创新尝试。真正有影响的教学模式都借助于相应的教材来得以实现和推广。事实上，我们也可以反过来说，任何教材都体现着某种教学理念和教学模式。

三 汉语教学模式与教材编写

无论是设计一种教学模式，研究一种既成的教学模式，还是从教学实践中提炼概括某种教学模式，根本上说，都是为了探讨或总结解决教学中的某些问题的路径、方式和方法。就外语教学来说，不仅不同的语言教学由于教育传统、文化背景和语言本身等的不同，可以有不同的教学模式，即使是同一种语言，由于教学环境、教学条件、教学对象、教学阶段、教学内容、教学目标等的不同，也可以有不同的教学模式。再退一步讲，就是教学环境、教学条件、教学对象、教学阶段、教学内容、教学目标等相同相近，也可以有不同的教学模式。也正因为教学模式具有多样性才更有研究和应用价值。教学模式的多样化，为教材编写的多样化提供了模式框架。

汉语教学模式的多样性，直接影响汉语教材内容的编写格局，或者说，汉语教材的内容安排体现某种教学模式。就汉语作为外语教学来看，以往的教学模式研究和实验主要集中在零起点开始的基础汉语教学阶段，中高级阶段的汉语教学模式研究较少。因为总体上说，汉语学习以初级阶段为最多，中高级阶段的学习者相对较少。更主要的是，初级阶段汉语教学模式必须面对和解决汉语语音、汉语要素、汉字要素以及汉语“听说”与“读写”技能训练之间的内容匹配，而对这些教学内容之间关系的处理和内容安排，不仅直接影响整个基础汉语教学的质量和效益，也影响中高级汉语教学的效果。

事实上，零起点开始的初级汉语教学模式主要涉及汉语拼音方案教学、汉字基本知识和常用汉字教学、基本的汉语语法教学、语言生活和语言学习生活口语教学。以往对外汉语教学界把这些内容的教学安排概括为“语文并进”、“语文分开”。“语”即口语，也即“听说”技能训练；“文”即汉字认读和书写，也包括初级的汉语阅读乃至写话、写作。简言之，“语文并进”就是汉字认读和书写教学与口语教学同步进行；“语文分开”就是汉字认读和书写教学与口语教学分步进行，一般是“先语后文”，即先学语言，有了一定的口语能力后再学汉字知识及汉字认读书写。

四 教学模式研究与教材设计例示

近10年来，随着对外汉语教学事业的发展和教学实践的深入，基础汉语教学模式的研究重新又受到了人们的关注。下面介绍若干代表性的文章，以展示对外汉语教学界在基础汉语教学模式研究和教材编写设计方面的思考与探索。

崔永华《基础汉语教学模式的改革》(1999)一文，把教学模式定义为“课程的设置方式和教学的基本方法”，将现在国内通行的基础汉语教学模式概括为“分技能教学模式”，并据此进行了相关的讨论。首先认为应改革现有的对外汉语教学模式，因为现有的模式是20世纪80年代定型的，总体上反映的是20世纪60年代至70年代国际语言教学的水平，近30年来国内外在第二语言教学、语言习得和语言认知等方面的成果很多，而我们的教学模式对此吸收甚少。文章对现行模式的形成、特点和不足进行了分析。指出现行模式的主要不足在于：不利于学习者对语言项目的掌握；分技能分课型未必是语言学习的最佳途径；对语言学、教育学、心理学及对外汉语教学研究的新成果反映甚微。文章介绍了一些可借鉴、参考的模式，如美国明德暑期汉语学校的教学模式、俄罗斯莫斯科大学亚非学院的汉语教学、张思中外语教学法、“先语后文、集中识字的实验”等。文章进而提出一些改革建议：改革教学模式必须以转变观念为先导；积极吸收相关领域的研究成果；要重视汉字教学，实行“先语后文，集中识字，先读后写”的教学程序。此外，作者还提出“我们的教学设计多年来坚持的‘技能至上’原则，未必是培养语言能力的最佳选择”等其他值得我们深思的问题。

吴中伟《语音、文字、日常会话教学三线并进，逐步汇合——关于零起点学生启蒙阶段的教学设想》(2002)一文，首先指出零起点阶段汉语教学存在的两个矛盾：其一，循序渐进与急用先学的矛盾，即教学内容的系统性与实用性、语言的形式结构规则与其交际功能的矛盾；其二，汉语教学与汉字教学之间的矛盾。进而对零起点阶段的三种教学模式(以语言系统性为主线、以实用性为主线、汉语和汉字教学双线并行)进行了分析和评价，认为各有其不足。作者认为，在开始阶段要做到各子系统之间以及系统性与实用性之间的有机统一，只是一种理想，事实上是不可能的。因此"不如面对现实，承认矛盾，让各方面齐头并进，各自朝向自己的目标前进。在若干时间之后，再寻求几方面的集合"。即在开始阶段，既要注意语音和汉字本身的系统性和循序渐进，又要注意满足学习者交际上的迫切性；允许口语教学中的拼音超前现象，允许"文"与"语"的暂时脱节。该阶段的课型为语音课、口语课和写字课。三门课每天穿插进行，还可以避免单调感。该阶段语音教学内容，包括声韵调系统和声韵调组合规律。口语教学内容包括结识、自我介绍、钱币、时间、处所的最基本的表达方式和最基本的礼貌用语。日常会话可让学生听后模仿来学习，书面上以拼音形式出现(下标英语或其他语言)。汉字教学包括基本笔画、复合笔画，常见偏旁、部件。汉字每天学 10 个左右，与拼音教学结合。作者认为，三线并进可以是两个星期 40 课时左右，即到声韵调教学结束为止。"三线"的汇合点定在：学生能写出自己的中文名字及其拼音；汉字书写准确、流畅；能做简单的自我介绍。然后分别进入到语法和词汇教学为重心的教学。三线并进模式是汉语学习的前期准备、汉文化的初步感受阶段。这是一项基于教学实践的"设想"，并且部分设想已经进行了教学试验，"受到学生的欢迎，教学效果也不错"。可以认为，这是一种比较大胆的模式设计，也是一种面对现实、承认矛盾而不再追求一体化完美统一的教学设计，是很值得鼓励的，当然也还需要在教学实践中进一步细化和完善。

鲁健骥《口笔语分科、精泛读并举——对外汉语教学改进模式构想》(2003)一文认为，改革教学首先还是要从整体格局(即教学模式)上去考虑。该文所说的教学模式是指"以零起点来华外国留学生为对象的一年制正规汉语教学模式”。文章对20世纪50年代初到70年代末的“综合教学模式”和80年代初到现在的“按语言技能分科的教学模式”的成形、操作方式、特点等进行了分析和评价，并针对现行模式存在的问题，提出了一个改进模式。所谓改进模式就是：口笔语分科，精泛读并举。“口笔语分科”即将现行的综合技能课分为“口语”和“笔语”两门课。口语课以功能为纲，包括留学生在中国生活的主要话题，同时承担语音、口语句式、交际文化项目的教学。第一年口语课都是对话体，因此要进行对话规律的教学，如开头、结尾、话轮交替、打断、插话、转换话题等。笔语侧重汉语书面语的教学，技能上是对读写能力的训练，特别是读的能力；知识上则以语法为重点，进行词法、句法、语义、语用的教学。强调汉字的书写和认读，在语法范围里“字”的教学体现在语素教学之中。课文从口语的“共核”开始，逐步发展到书面语，以至带有较多文言成分的现代文阅读。写从应用文发展到说明文、议论文，直至论文写作。与以上两门课配合的课有听力课、泛读课。“精泛并举”是从第二学期开始，笔语发展为精读，语法开始第二个循环，增加语篇、语体、风格、修辞等的训练。泛读要先编出材料再开课，材料是一个开放的项目。中级阶段还要加上报刊阅读、文言阅读、快速阅读等课程，同时视情况开设汉语言学基础、文学课程等。显然，这个模式继承了现行模式分科教学及突出听读能力培养（听力课、笔语课的设置）的特点，同时也加强了口语的训练。强化了口语语法和“字”的教学。在技能上强化“精读”，开创“泛读”，力求“精”和“泛”平衡。总起来说，这个模式不是对现行模式的修修补补，而是有一定革新意义的改进，很有理论价值和应用价值。

印京华在《探寻美国汉语教学的新路：分进合击》（2006a）和《提高美国学生汉语文化水平要走好第一步》（2006b）两篇相关的文章中指出：美国大学初级汉语教学大多采用“语文一体”的教学路子，即“语文并进，文随语便”。这对于那些学习热情高、理解能力强、学习方法灵活的部分研究生、大学本科高才生尚可行得通，但却使众多的普通学生对汉语学习不是望而却步就是浅尝辄止。作者建议并尝试走一条教学新路“分进合击”，即对初学者感觉最困难的汉字和声调按其各自的内在规律分开教学，然后再进行综合教学。具体说，首先进行至少一个学期的“分进”：在汉字课学习和掌握汉字的基础知识和技能，在口语课学习和掌握汉语发音知识和技能并学习和掌握日常生活用语。再开始“合击”：即把听说读写技能的教学合为一体，进行综合教学。“语文分进”之汉字课，以汉字起源、发展、变化的脉络和规律为基础，选出最基本和具有代表性的汉字；先教独体字再教合体字；先教象形字再教指事字；教合体字时先教会意字再教形声字。但不要求学生辨别象形、指示、会意、形声等造字方法，只是按照这个顺序来安排汉字教学内容。笔画和笔顺的教学在教独体字的同时实施。以独体字为基础的偏旁部首的教学贯穿于合体字教学当中，同时注意笔画变形规律的教学。通过200多个精选汉字的教学，来帮助学生了解、熟悉汉字规律并掌握汉字的结构。汉字课可在一个学期(15周，每周1小时)内完成。“语文分进”之口语课，意在避免“语文并进”造成的学习者“认知超载”的困难，以及有些教师和教材忽视语音教学的倾向，因而该课把语音的学习和训练作为重要内容，并与日常交际会话结合在一起。由于该课没有汉字教学的负担，因此除要掌握汉语的语音系统和汉语拼音外，还要学会运用上百句1至4个音节的日常用语。口语课的教学内容可在一个学期(15周，每周3至4小时)内完成。概括地说，“语文分治，分进合击”这一教学模式的基本设计就是，让学生在第一个学期的“分进”中分别掌握好汉字的基础知识和汉语的语音知识，在第二个学期的“合击”中进行听说读写综合教学。前一学期为后一学期做了充分的准备和铺垫；后一学期又可以对前一学期进行综合与提高。

以上关于汉语教学模式的研究和设计，都直接或间接涉及汉语教材的编写模式问题，这是几种有一定新意的教学模式设计，应该说所有这样一些创新模式设计和探索实践都是值得支持和鼓励的，这不仅是推进和繁荣学术研究的需要，更是深化教学实践和不断提升汉语教学效益，特别是基础汉语教学质量和效益的需要。

实际上，目前国际汉语教学中，采取“语文一体”教学和教材编写模式的仍占多数，特别是国内的汉语教学；采取“语文分开”教学和教材编写模式的也大有人在，特别是海外的汉语教学。同时在初级汉语教学中海内外都有采取“语文分开”和“语文一体”及其变体型教学和教材编写模式的。这说明，目前国际汉语教学还没有形成能够为大家所公认的教学模式，因此教材编写的模式也仍将多种多样。

小结与余言

一 关于教学理论与教材编写

外语教学是一门学科，外语教材的编写必须符合学科的规律和特点。外语教学的理论和实践表明：外语教学理论对外语教材设计和编写有着全面的指导作用和深刻的影响。本章分别论述了外语教学学科理论、外语教学法、外语教学模式与外语教材编写的关系，主要是这些理论对教材编写的指导和制约作用，以及外语教材对外语教学理论、方法和模式的体现。

外语教学的学科理论基础，即哲学、语言学、教育学、心理学、文化学、社会学等外语教学的支撑学科，从不同角度和不同层面上给予外语教材编写以指导思想、编写理念、语料选择、等级与评估标准、语言知识、文化知识、编写原则、编写技术等多方面的影响、支持与指导。比如，语料库语言学可以为教材编写提供词频、句频和丰富的不同语体的语料支持，文化学可以为教材文化内容的取向和选择提供支持，等等。

外语教学的学科基本理论是学科存在的标志理论。学科语言理论即外语教学的语言观；语言学习理论即学习者语言学习的过程及规律；语言教学理论即学科性质理论、教学原则理论、中国传统教学观；跨文化教学理论即外语教学的跨文化属性以及文化教学的地位、文化教学的内容和文化教学的原则，都对外语教材的设计和编写有着重要的指导和约束作用，换言之，外语教材应充分体现这些理论。比如，假如我们的语言观是把语言看成是交际的工具，教学目的观是让学习者能够运用这种工具本身，那么教材中就不应该过多地讲解语言知识，尤其不宜过多地使用语言学术语，而应尽可能地从便于学习者的理解和使用的角度来解说语言现象。又如，假若我们把“充分利用目的语环境”和“课堂语言学习与课外语言实践相结合”确定为教学原则，那么教材编写特别是编写汉语环境下使用的教材，就应体现这样一些原则，如可以通过诸如

“走进社会”等练习项目，结合课文所学内容，请学习者完成调查某超市本周常用15种日用品的价格、采访10位中国大学生对就业的看法并加以评论、调查留学生来华后学习动机的增减原因、讲述自己或其他留学生来华后遇到的文化冲突现象等课外学习任务。

外语教学的学科应用理论主要包括教学目标研究、教学大纲研制、课程设计研究、课型研究、教学方法与技巧研究、测试理论研究、教材编写理论研究，等等。这类研究成果和资源绝大多数都直接或间接地影响着教材的设计、编写和实施，其中有一部分应用理论研究本身即是“教材编写研究”，对教材编写有着更加具体的指导意义。比如，以功能大纲为主线设计一本中级口语课本，那么教材就应按照诸如问路（场所）和回答问路（场所）、问价与回答价格、感谢和回答感谢、要求（请求）和接受与拒绝，以及表达遗憾、不满、高兴及其各种表达方式来设计课程单元及相应的练习。

以上重点强调不同层面的教学理论对教材设计与编写的指导和制约作用，强调教材编写应遵循并借鉴相关的外语教学理论，但同时需要指出的是，由于教材编写目标的多样性、教材内容丰富，因此虽有其自身的组织规律，但是也有相当大的灵活性和创造空间，特别是外语教学实践的发展与教材编写理论和实践的突破，都可以深化、拓展和丰富相关的外语教学理论，特别是学科基本理论和应用理论。比如，20世纪“二战”结束后，全球经济迅猛发展、科学技术日新月异，英语作为国际语言的地位得到加强，由于国际交往的需要，于是从20世纪60年代开始，科技英语、商贸英语以及旅游、医疗、工程技术等专门用途英语教学得到了快速的发展，各类培训课程和相关教材大量出现，进而丰富了英语作为外语教学的研究领域和理论建设。同样，随着近些年来汉语国际地位的提升，专门用途汉语教学及其教材编写已经成为学科建设和教材编写研究的重要领域。其中诸如科技汉语、商贸汉语、中医汉语、中华美食汉语、旅游汉语、新闻汉语等专门用途汉语教材的编写，就不仅丰富了汉语教材编写的种类，更是丰富了汉语教学的类型，并为汉语教材编写研究和汉语教学学科建设提出了诸多新的课题，换言之，必将拓展、深化和丰富汉语教学理论和教材编写理论的内涵。

二　关于教学法与教材编写

外语教学法作为一种广义的语言教学理论，其自身包括多种含义，不同意义上的“教学法”，跟教材编写都有着不同层次上、不同程度上的联系，教材设计与编写都应给予相应的关照和体现。具体来说，学科层面上的外语教学法，主要涉及的是外语教材的学科特征体现问题。其根本要求就是外语教材应该体现外语学科的性质和特点，应该跟用于母语教学的教材（如“语文”、“国文”）、跟其他非外语类教材明显地区别开来。教学法流派意义上的外语教学法，要求教材的设计与编写应准确而充分地体现该教学法的教育思想和理念、教学原则和要求、教学模式和方法，如按任务法来设计与编写教材，那么每项任务循环都应包括以下五个环节：任务目标（要求学生执行任务时应掌握的语言形式、功能及策略，包括实施交际任务时使用或涉及的词汇、结构、句型和策略等，以及叙述、分析、说明、比较、评价等功能）、教学输入（完成任务时所需要的信息、语言材料、交际框架、背景知识等，包括短文、文章、听力材料、图表图片、任务说明等）、任务条件（任务实施中对信息的控制、组配，如参与者掌握部分还是全部信息、信息交换为只听不说的单向还是又听又说的双向、信息由单人掌握还是大家共享、任务包含信息断层还是不包含，等等，而不同的任务条件则可能导致不同的任务结果）、任务程序（实施任务时教师使用的操作方式，如任务由单人、双人、小组还是全班完成，任务前有无时间准备、任务中有无时间限制、任务后有无总结报告或评估等）和预期结果（任务完成后要有一个或多个具体的预期结果，如通过信息交换了解事情的经过、通过讨论找出解决问题的一种或几种方法、通过分工合作整合信息比较结果等）。课堂教学方法意义上的外语教学法，要求教材编写应吸收教授语言文字知识、教授和训练听说读写语言技能的经验和方法，并根据需要体现知识和技能教学中使用的归纳法、演绎法、对比法、诠释法等。教材编写一定要汲取教师个人的教学经验（包括教学理念和成熟的教学方法），当然毫无疑问也要吸收他人的成功经验和相关的教学方法研究成果。教学技巧意义上的外语教学法，即课堂教学中针对具体教学内容所采用的具体策略、方法和经验。教学技巧大都是一招一式的，但针对性和适用性很强，有效果有效率。因此，教材设计和编写同样应吸纳具体教学内容的教学和训练技巧。

以上主要强调不同意义上的教学法对教材编写的影响和制约，教材编写应体现相关的教学法理论和教学经验。但同样需要指出，教材的设计与编写对教学法的形成、发展和推广起着至关重要的作用，特别是某种教学法形成的初期。比如，由美国麦克米兰公司出版的《英语 900 句》，就是产生于 20 世纪 40 年代、全盛于 60 年代的听说法的代表性教材。更重要的是，教材的设计理念和编写实践，也在很大程度上促进教学法观念和教学观念的改变，如当今的教材设计，除专门承担诠释某种教学法的教材外，绝大多数教材都采取多元化教学法的理念，即吸收不同教学法流派的合理因素为我所用。这种多元教学法指导下编写的教材，也更新了我们对教学法流派的态度和教学观念。

三　关于教学模式与教材编写

本章较为详细地介绍了教学模式的内涵、对外汉语教学模式研究概况，在此基础上，指出无论是设计一种教学模式，研究一种既成的教学模式，还是从教学实践中提炼概括某种教学模式，根本上说，都是为了探讨或总结解决教学中的某些问题的路径、方式和方法。就汉语作为外语或第二语言教学来说，零起点开始的初级汉语教学模式主要涉及汉语语音系统及拼音方案教学、汉字基本知识和常用汉字教学、基本的汉语语法教学、基本的语言生活和语言学习生活口语教学。以往对外汉语教学界把这些内容的教学安排概括为“语文并进”、“语文分开”。本章还详细介绍了目前海内外几种有代表性的教学模式研究、设计成果（崔永华，1999；吴中伟，2002；鲁健骥，2003；印京华，2006），以便于读者更好地了解汉语教学模式研究的现状，并为进一步深化教学模式的研究和探讨提供参考。

实际上，几十年来围绕着如何处理“语”和“文”的关系问题，海内外汉语教学界进行了多种尝试，积累了许多宝贵的经验。但是，各种做法各有特点、各有长短，似乎很难有一个绝对的好坏之分。迄今，“语文并进”和“语文分开”，乃至于“先语后文”，都有提倡者和坚持者，也都各自言之有理、持之有故，还有人提出了新的主张，显然，在短时间内仍难以形成共识。实际上，有时虽然采取的教学框架是相同的，但是，具体做法还是有差别的，比如，一种是同一门课（同一本教材）的“语文并进”，一种可能是听说和读写两门课（两本教材）的“语文并进”。这表明，在汉语教学中，如何处理汉字教学跟口语教学（也包括跟语音教学、词汇教学、语法教学等语言要素）之间的关系，是一个相当复杂的问题，既涉及理论问题，更涉及实践上如何具体安排的问题。理论上说得头头是道，实际操作起来往往并不那么简单。这是由于汉字在形音义上的特殊性，以及它跟汉语之间的关系不同于其他种文字跟语言之间的关系等因素所决定的。因此，在这个问题上可以继续实验、继续探讨，而不必急于定于一尊。因为目前我们还没有找到更为科学的标准和可行的检测手段来评价不同做法的优劣。各说各的理，各讲各的效果，是很难让人做出谁优谁劣的决断的，除非进行了实验对比，除非有了可信的评价标准。同时，“语文并进”、“语文分开”以及“先语后文”等教学路径，对于不同的教学对象、不同的教学环境、不同的教学目标、不同的学时学制，乃至于在不同的教师那里，都会各有用武之地，都可能取得很好的效果。退一步说，“并进”也好，“分开”也好，“先后”也好，都是针对基础汉语教学的一个阶段，即便是整个基础汉语教学，它们之间虽然总体框架和路径不同，但是，基本教学内容（汉字、语音、词汇、语法）则是大同小异，更为重要的是，无论哪一种做法都不能不考虑“语”和“文”各自独立的系统性和相互之间的照应与联系的问题，而在这个时候不同的教法所采取的措施往往不是水火不相容的，有时仅仅是大同小异而已。因此，进一步完善和修正这些不同的做法，相互之间取长补短，也许比一定要在它们之间分出个高下更好一些。进一步来说，教材编写也仍然可以采取相应的多种模式。毫无疑问，不同的教学模式影响着教材的设计与编写，或者说不同的教学模式在很大程度上依凭教材来体现。但是，外语教材本身的创新和发展，也可以进一步完善、发展乃至创新教学模式。换言之，教材并非仅仅是教学模式的被动呈现，教材编写自身理念、手段和方法的创新，同样可以推进教学模式的创新。

基于上述认识，我们认为，就常规的汉语作为第二语言教学来讲，目前国内占主流的按听说读写技能设课的教学模式仍是一种值得进一步探讨和完善的教学模式。

分技能设课教学模式是针对此前基础汉语教学“整整一个学期，几乎不分课型”的综合教学模式进行的改革。改革者认为，综合教学模式“从内容到方法（包括教材、教学方法和测试等），偏重于语言知识的传授，而不适于语言能力的训练”；综合教学模式强调“听说读写全面要求，突出听说”的要求并不完全适应汉语预备教育的任务。“听说”只是教学最初阶段的重点，就整个预备教育阶段来说，“听读”才是教学的重点。此外，教学改革也借鉴了20世纪70年代已经介绍到中国的国外新的外语教学法理论，如功能意念大纲、交际法等。始于1979年初的这次教学改革，就是在这样的背景下进行的（鲁健骥，1983/1999，2003）。教学改革和试验涉及教学安排和课程设置，第一学期：听说课（12学时），听力理解课（6学时），汉字读写课（6学时）；第二学期：精读课（8至10学时），听力理解（4学时），阅读理解（4学时）。两个学期各有侧重，但总的目的侧重于听读能力；各种课型相互配合，虽有主次，但任何一种课型都不能代替其他课型；第二学期的课程是第一学期的继续和深化。其课程设置的理念是，“语言知识是为语言能力的培养服务的，是语言能力训练的基础”。“用语言能力来命名各种课型，并不意味着忽视语言知识的传授”。此外，教改实验同时涉及教材的编写原则和方法，涉及每门课程的教学方法和教学要求，以及测试的要求和安排，等等。教改后的教学模式的总格局是“把突出‘听、说’改为突出‘听、读’”（鲁健骥，1983/1999，2003）。

毫无疑问，这是一次有针对性、有理论支撑、有明确目标、有配套教材、有教法和测试要求的、系统性的教学模式改革。改革者自己总结说，“两年的实践表明，试验的结果是令人鼓舞的，试验基本达到了预期的目的，学生的四种语言能力，尤其是听、读、说的能力比较强”（鲁健骥，1983/1999）。我们认为，这一模式既扭转了已往综合教学模式相当程度上存在的以语言知识教学为纲的问题，又强调了知识传授在能力训练中的重要作用；既总结了已往的教学经验，又借鉴了当时国外的外语教学新理论；既突出了技能培养和训练，又突出了汉字教学和“听读”训练。因此，就这次教改试验本身来看，应该说它是比较成功的。崔永华（1999）指出，“这一模式带有一定的中国特色，与国外倾向于依赖单一的教学理论建立教学模式的做法很不相同。”

分技能教学模式以培养学习者汉语交际能力为目标，以综合训练和分技能训练相结合为基本教学途径，以不同的技能有不同的训练方式方法为基本理念，强调不同的训练方式有不同的评价标准。其理论基础和教学理念是，语言能力包括听说读写四种主要技能，培养学习者的汉语能力，具体而言就是培养学习者的听说读写能力，而不同的技能应有不同的训练方法，不同的训练方法可以使训练和学习更有针对性。竞技类项目和连续性操作动作技能的分解训练的做法就是基于这样的原理。此外，就汉语和汉字来讲，口语和书面语之间在语言材料以及表达方式上差别较大，而且表意体系的汉字又不同于印欧语言的表音体系文字，在认知和识写方面尤其需要采取特别的训练方式和方法。因此，汉语教学分技能设课和训练既有语言能力构成方面的理据，也有基于汉语书面语和汉字特点的考量。

分技能设课的教学模式是目前国内汉语教学的主要模式，但不意味着它应该是唯一的模式，更不意味着它是最好的模式，因为我们目前还缺乏对这种模式进行系统的理论研究和实践总结，缺乏对比实验和科学的评价体系，而不同的课型的具体目标、教学方式方法和评价标准等都还缺乏理论研究和实践总结，所有这些也正是这种模式需要进一步完善的地方。事实上，这一模式建立的初期，试验者自己就指出了它存在着“第一学期的听说课和第二学期的精读课任务太重”，“阅读量不够”等问题。此后，吕必松(1990)对这一模式有过评介，崔永华(1999)对这一模式的特点和不足也有过评论，鲁健骥(2003)对这一模式提出改进意见。国外有学者批评这一教学模式，其理由是语言能力是一种综合能力，听和说是分不开的，没有人只会说不会听，读和写的能力也是密切相关的。这种批评并不能从根本上否定按技能设课的教学模式。因为强调分技能训练，并不是机械化地把听和说割裂开来，而是有所侧重和针对、有所突出和强化某一项技能而已，球类训练的分技能也不是只发球不接球。国外许多汉语教学单位不按技能设课或不分那么细，这可能适合国外一些汉语教学单位的学时学制和教学要求。他们可以也应该探索和采取适合国外教学对象及其条件和要求的教学模式。教学模式本来就不应该只是一种，而应该根据需求和条件等加以实践和探索。

我们主张，在广泛研究和探索适合各类教学对象的教学模式的同时，应该大力加强对现有的分技能设课的教学模式进行系统研究，研究和总结这种教学模式的理论基础和理论依据、教学目标和教学理念、不同课型技能训练的基本程序、技能分解训练和综合训练如何分工和协调、不同阶段技能训练的逻辑顺序及其理据，等等。我们感到，目前存在的问题可能正在于我们没有对包括上述问题在内的诸多问题进行深入系统的研究和有效的实验对比。事实上，只有在对现有教学模式深入系统研究的基础上，才可能总结成败得失及其缘由，也才能更有针对性地设计新的教学模式。

也许正是由于我们对现有的教学模式缺乏理论总结和完善，缺乏实验和对比研究，因而共识性的理论和成熟的课堂操作范式并不多，有些教师根本就没有上出技能课程的特色，以至于教学效果并不突出。但是没有达到这种模式的理想的或良好的状态，没有上出课型特点来，不一定就是这种教学模式本身的问题，很可能表明我们还没有使这种模式真正模式化、普及化。因此，我们相信总体上按听说读写技能设课和编写教材、分技能进行训练的教学路径是一种值得进一步完善的教学模式。

思考与练习

1.谈谈汉语作为外语教学的学科理论基础对教材编写有什么指导作用。

2.对外汉语教学的学科基本理论包括哪些方面？分别对教材编写有什么样的指导和约束作用？

3.对外汉语教学的学科应用理论包括哪些方面？它们对教材编写有什么样的指导和约束作用？

4.谈谈外语教学法、教学流派、教学方法和教学技巧如何影响教材的设计与编写。

5.什么是教学模式？教学模式与教材编写的关系如何？

6.初级阶段汉语教学模式设计的实质问题是什么？与教材编写设计有什么关系？

7.谈谈你对分技能教学模式及其教材编写的看法。

第四章　教材与教学大纲

第一节　教学大纲的含义与种类

一　教学大纲的含义

教学大纲(instructional program)是根据教学计划[①]中规定的各门学科的目的、任务而编写的指导性文件。它以纲要的形式,具体规定每门学科知识、技能的范围、深度及其体系、结构,同时规定教学的一般进度和对教学法的基本要求。教学大纲一般分为"说明"和"大纲本文"两部分。前者说明本学科的教学目的、要求,本学科教材的编选原则、教材的排列、教学中应注意的问题等。后者依据知识的逻辑体系和学生认知过程的规律,系统地安排本学科教材的编、章、节、目的标题,内容要点或课题,上课时数、实际作业(实验、练习、实习)的内容和时数,有的还包括参考书目等的提示。[②]

这是国家教育主管部门和权威文献对国民主流教育体系中教学大纲的基本定义。主要是针对中小学教育的教学大纲做出的诠释。但这一定义及相关

---

① 教学计划(instructional plan),根据一定的教育目的和培养目标制订的教学和教育工作的指导文件。它决定着教学内容总的方向和总的结构,具体规定各门学科的教学顺序、教学时数以及各种活动等。(《中国大百科全书・教育》,中国大百科全书出版社 1985 年版,第 153—154 页)目前,海内外教育界和外语教育界,把这里所说的教学计划的内涵定义为课程设计(course design),主要负责教育项目的计划、实施、评估和管理,即属于决策层面上的规划。而教学大纲的主要任务是对教学内容的选择和分级。教学大纲可以视为课程设计的一个组成部分。(束定芳等,1996:152—153)

② 《中国大百科全书・教育》,中国大百科全书出版社 1985 年版,第 150 页。

规定，对高等教育各学科门类及其相关学科都是适用的，特别是在教学大纲“规定学科知识、技能的范围、深度及其体系、结构”这一核心要义上，不仅中学和大学的外语教学大纲遵循这一要求，汉语作为外语教学各个层级的教学大纲亦当如此。

概括地说，教学大纲是相关学科不同教学阶段或教学层次的教学指导文件。它规定某一学科在特定教育和教学阶段的教学目标、教学内容（知识和技能的范围）及其体系、教学要求和教学原则、基本的教学方法，以及教学时限和教学实践（实习）等的安排。可以说，是某一学科特定教学阶段的纲领性和权威性文件。因此，教学大纲的制订和建设，历来受到教育或行业主管单位以及学术团体或行业组织等权威部门的高度重视。

需要指出的是，上述有关教学大纲的定义是比较传统的说法，如今这种多由政府主管部门发布的教学大纲大都改称课程标准或课程教学要求，或者说已被定性为“课程教学大纲”。如中华人民共和国教育部发布的《普通高中语文课程标准》（人民教育出版社，2003）、《普通高中英语课程标准》（人民教育出版社，2003）、《普通高中生物课程标准》（人民教育出版社，2003）等。又如，教育部高等教育司发布的《大学英语课程教学要求》（上海外语教育出版社，2007）。传统意义上的教学大纲目前在国外有些国家也称作课程纲要或课程标准、外语学习标准或外语学习目标，如美国的《学前至十二年级英语作为第二语言课程标准》（*The English as a Second Language Standards for Pre-kindergarten through Grade 12*）和《国家外语教育课程标准》（*National Standards in Foreign Language Education*）（程晓堂，2002：13）。又如，由美国教育界和外语界共同制订的 *Standards for Foreign Language Learning in the 21st Century*（1999），被译作《21 世纪外语学习目标》（陆效用，2001）、《21 世纪外语学习标准》（梁中贤，2002）。

如果我们把由政府主管部门或专业学会等权威组织制订的教学大纲看作是课程教学大纲，那么就这类大纲的内容来看，其课程大纲就是一种综合性大纲。比如，就外语课程大纲来看，它包含了课程性质、课程目标、教学内容（语言知识、语言技能）、语言态度、学习策略、文化意识，以及教学实施等多方面内容，是对某种外语教学整体或不同阶段的教学做出的全面的、基本的、纲领性的规定。它全方位指导外语教学工作的开展，包括教学的总体设计、课堂教学、教材编写和教学评估等。

二　外语教学大纲的分类

1. 结果性大纲和过程性大纲

Nunan(1988)根据教学大纲对教学内容和教学目标描述的侧重点的不同，把教学大纲分为结果性大纲(product-oriented syllabuses)和过程性大纲(process-oriented syllabuses)。前者着重描述语言教学的最终结果，也就是语言学习者最后能用所学语言做的事情。因此，该类大纲往往列出学习者最终应该掌握的语言知识项目和应该发展的语言技能。至于如何使学习者掌握这些知识和技能，则不是这类大纲的主要内容。后者着重描述学习者学习和教师教学的过程本身。该类大纲的倡导者认为，语言学习的结果固然重要，但更重要的是学习过程本身。因为学习者个别因素的差异很大，很难预测每个学习者最终的学习结果。强调学习过程本身，让学习者在学习过程中充分体验和感受语言及其使用，有利于发挥学习者的潜能，实现个别化的学习目标。以上述分析来看，传统的以语法项目为主的语法教学大纲(grammatical syllabuses)、以描述情景为主的情景教学大纲(situational syllabuses)以及 20 世纪 70 年代中期以后兴起的功能—意念大纲(functional-notional syllabuses)，都属于结果性大纲，而近年来出现的程序性教学大纲(procedural syllabuses)、任务型教学大纲(task-based syllabuses)以及内容型教学大纲(content syllabuses)以描述学习任务和学习活动本身为主，都属于过程性大纲(程晓堂，2002:14)。

2. 综合型大纲和分析型大纲

Wilkins(1976)在其经典著作 *Notional Syllabuses* 里，把语言教学大纲分为综合型大纲(synthetic syllabuses)和分析型大纲(analytic syllabuses)。前者把语言分割成很多具体的项目，主要是语法结构项目和词汇项目，并根据一定的难易标准确定这些语法项目和词汇项目的学习顺序，学习者分阶段学习；后者要求把语言作为整体来教学，一开始学习者就接触完整、真实的语言片段。每个语言片段都可能含有多种难易不一的语法结构和词汇项目。分析型大纲的重点不是语言的形式和结构，而是语言的使用目的。学习者将来可能需要某方面的语言，现在就教授他们这方面的语言。分析型大纲也不是完全不管语法结构，在把语言作为整体来学习的同时，也可以根据需要对其中重要的语言形式和结构进行分析式学习（程晓堂，2002：15）。

3. 组合式大纲和分析式大纲

束定芳（2004：124）认为，外语教学大纲可以分为组合式大纲（synthetic syllabuses）和分析式大纲（analytic syllabuses）。前者的特点是，把语言的不同部分单个地、一步一步地教给学生，直到语言的整体结构在学习者的知识体系中全部建立起来。其理论依据是，学习者有能力通过学习相互之间没有联系的部分而学会完整的语言。后者的特点是，给学习者提供的样本，虽然在有些方面做了改动，但没有在结构或词汇上进行控制。该类大纲意在使学习任务轻松而将大量语言片段分散，最终学习者再将它们重新组合。此外，作者还提到，根据对语言学习过程和目标状态的强调程度，可把语言教学大纲分为产品式（product-oriented）大纲和过程式（process-oriented）大纲。这与上文Nunan的结果性大纲和过程性大纲相类似。

以上是外语教学界对语言教学大纲有代表性的几种分类。可以看出，所谓结果性大纲、综合型大纲和组合式大纲的内涵大体一致，传统的语法结构大纲是这类大纲的典型。这类大纲强调语言的系统性，包括语音、词汇和语法的全面和系统的知识。教学内容往往由相关专家根据对语言规则的认识和教学经验等预先选定好，并根据一定的原则排列出循序渐进的教学顺序。所谓过程性大纲、分析型大纲和分析式大纲的内涵大体一致，近些年广泛流行的任务型大纲是这类大纲的典型。这类大纲强调语言交际的能力需求，因此教学内容是按照学习者当前和未来的交际需要来组织语言学习点和语言表达法，让学习者通过具体的、实用的活动去学习运用语言，并从中获得语言知识和语言运用能力。

三 教学大纲的基本内容

教学大纲的性质不同、教学阶段不同，大纲的内容也就不同。事实上，教学对象不同、教学目标不同、教学要求不同、教学理念不同、教学时代不同，即便是性质相同的大纲，其构成方式及具体内容也会差别很大。事实上许多教师（包括相关专业的研究生和本科生）并不十分了解教学大纲的内容，而教学大纲的内容不仅对教材编写有着重要的参考价值，而且对提高教师的课堂教学规范化意识以及全面把握外语教学工作的各个环节都大有益处。鉴于此，这里介绍几份综合性教学大纲的内容构成，以便大家对不同类型的大纲有个初步的印象。

1. 教育部《普通高中英语课程标准》(2003)

(1)前言。

包括课程性质、基本理念和课程设计思路。明确“高中英语课程是普通高中的一门主要课程”。基本理念包括：提供多种选择，适应个性需求；优化学习方式，提高自主学习能力；关注学生情感，提高人文素养；等等。采取必修课与选修课相结合的课程模式。必修课程的目的是使学生获得基本的英语语言能力，形成积极向上的学习态度、灵活多样的学习策略及跨文化交际意识和能力，为终身学习奠定基础。选修课是为了满足不同学生的就业选择、升学深造以及个人的兴趣和发展的需要。

(2)课程目标。

高中英语课程的总目标是使学生在义务教育阶段英语学习的基础上，进一步明确英语学习的目的，发展自主学习和合作学习的能力；形成有效的英语学习策略；培养学生的综合语言运用能力。综合语言运用能力的形成建立在语言技能、语言知识、情感态度、学习策略和文化意识等素养整合发展的基础上。语言技能和语言知识是综合语言运用能力的基础，情感态度是影响学生学习和发展的重要因素，学习策略是提高学习效率、发展自主学习能力的先决条件，文化意识则是运用语言的保障。构成综合语言运用能力的上述五个方面的具体知识和综合行为的内涵如下图——课程目标结构：

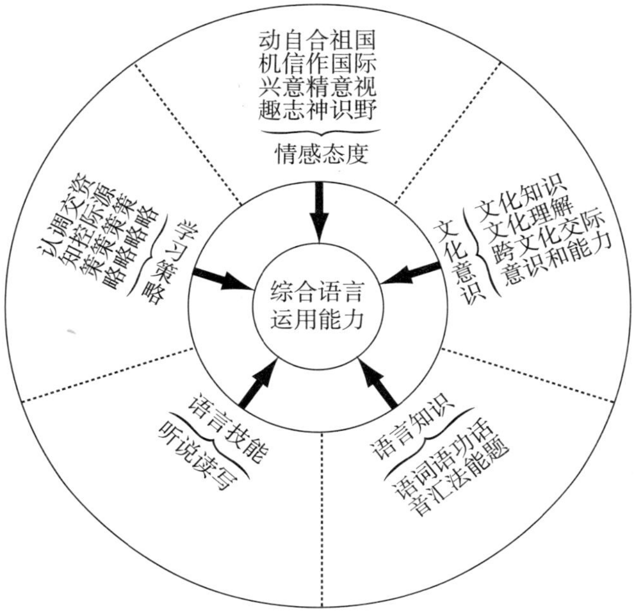

图 4—1

这部"课程标准"从语言技能、语言知识、情感态度、学习策略和文化意识等角度，对高中阶段四个级别(六至九级)各自的目标做了总体描述。

(3)内容标准。

"课程标准"对语言技能、语言知识、情感态度、学习策略和文化意识五个方面分别提出了相应的具体内容和标准。

①语言技能是语言运用能力的重要组成部分，包括听、说、读、写四个方面的技能以及这四种技能的综合运用能力。其中听和读是理解的技能，说和写是表达的技能。这四种技能相辅相成、相互促进，既是学习的内容，又是学习的手段。"标准"对高中阶段各个等级的听、说、读、写的技能目标分别进行了描述。

②语言知识包括语音、词汇、语法、功能、话题五个方面的内容。语言知识是语言能力的有机组成部分，是发展语言技能的重要基础。"标准"对相关等级各项知识的掌握目标进行了描述。

③情感态度指动机、兴趣、自信、意志和合作精神等影响学生学习过程和

学习效果的相关因素，以及在学习过程中逐渐形成的祖国意识和国际视野。“标准”强调保持积极的学习态度是英语学习成功的关键。并描述了七、八级的情感态度目标。

④学习策略指学生为了有效地学习语言和使用语言而采取的各种行动和步骤。主要包括：认知策略，即学生为了完成具体的学习任务而采取的步骤和方法；调控策略，即学生计划、实施、评价和调整学习过程或学习结果的策略；交际策略，即学生为了争取更多的交际机会、维持交际以及提高交际效果而采取的各种策略；资源策略，即学生合理并有效地利用多种媒体进行学习和运用英语的策略。“标准”描述了七、八级的各项学习策略目标。

⑤文化意识。文化指英语国家的历史、地理、风土人情、传统习俗、生活方式、文学艺术、行为规范和价值观念等。“标准”强调接触和了解英语国家的文化有利于对英语的理解和使用，有利于加深对本国文化的理解和认识，有利于培养世界意识，有利于形成跨文化交际能力，描述了七、八级的文化意识目标要求。

(4)实施建议。

①教学建议，包括教学原则、语言技能教学建议、教学活动类型、教学案例。

②评价建议，包括评价原则、评价方法及案例。

③课程资源的开发与利用。

④教材的编写和使用建议。

(5)附录。

包括语音项目表、语法项目表、功能意念项目表、话题项目表和词汇表。

2. 高等学校外语专业教学指导委员会英语组《高等学校英语专业英语教学大纲》(2000)

(1)培养目标。

高等学校英语专业培养具有扎实的英语语言基础和广博的文化知识并能熟练地运用英语在外事、教育、经贸、文化、科技、军事等部门从事翻译、教学、管理、研究等工作的复合型英语人才。

(2)课程设置。

“大纲”明确:英语本科专业学制为四年。根据英语专业教学规律,一般将四年的教学过程分为两个阶段,即:基础阶段(一年级和二年级)和高年级阶段(三年级和四年级)。基础阶段的主要教学任务是传授英语基础知识,对学生进行全面的、严格的基本技能训练,培养学生实际运用语言的能力,为进入高年级打下扎实的专业基础。高年级阶段的主要教学任务是继续打好语言基本功,学习英语专业知识和相关专业知识,进一步扩大知识面,增强对文化差异的敏感性,提高综合运用英语进行交际的能力。两个教学阶段的课程安排可以有所侧重,但应将四年的教学过程视为一个整体,自始至终注意打好英语语言基本功。

英语专业课程分为英语专业技能、英语专业知识和相关专业知识三种类型。三种类型的课程如下:①英语专业技能课程。指综合训练课程和各种英语技能的单项训练课程,如基础英语、听力、口语、阅读、写作、口译、笔译等课程。②英语专业知识课程。指英语语言、文学、文化方面的课程,如英语语言学、英语词汇学、英语语法学、英语文体学、英美文学、英美社会与文化、西方文化等课程。③相关专业知识课程。指与英语专业有关联的其他专业知识课程,即有关外交、经贸、法律、管理、新闻、教育、科技、文化、军事等方面的专业知识课程。“大纲”还规定了英语专业各年级各类课程学时分配。

(3)教学要求。

在教学要求上按级划分,每学期为一级。并对入学要求和第二、四、六、八级的单项教学要求进行了规定,包括语音、语法、词汇、听力、口语、阅读、写作、翻译、工具书使用、文化素养等项目的目标要求。

(4)教学原则。

专业课程教学不但要提高学生的业务素质,而且要培养他们的思想道德素质、文化素质和心理素质。要注意学生知识结构的合理性。既要注意各门课程内在的系统性,又要注意各门课程之间的联系,以符合学生整体知识结构的要求。在课程安排上,要注意专业技能课、专业知识课和相关专业知识课的合理配置。

打好扎实的语言基本功,注重各项语言技能的全面发展,突出语言交际能力的培养。语言基本功的训练是英语教学的首要任务，必须贯穿于四年教学的全过程。在注意听、说、读、写、译各项技能全面发展的同时，更应该突出说、写、译能力的培养。注重培养跨文化交际能力。在专业课程的教学中要注重培养学生对文化差异的敏感性、宽容性以及处理文化差异的灵活性。

(5)教学方法与教学手段。

在教学中要多开展以任务为中心的、形式多样的教学活动。在加强基础训练的同时，采用启发式、讨论式、发现式和研究式的教学方法，充分调动学生学习的积极性，激发学生的学习动机。引导学生主动积极地利用现有图书资料和网上信息，获取知识，并使学生在运用知识的过程中培养各种能力。同时，要注意教学方法的多样性，要根据不同的教学对象、教学内容、教学目的和要求，选择相应的教学方法，并鼓励教师积极探索新的教学方法。

课外学习和实践是课堂教学的延伸与扩展，是培养和发展学生能力的重要途径，应在教师的指导下有目的、有计划、有组织地进行。课外学习和实践活动应以课堂教学的内容为基础，激发学生的学习兴趣，以及培养学生的学习能力、语言综合运用能力、组织能力、交际能力、思维能力和创新能力。其形式可包括课外阅读、演讲、辩论、读书报告会、戏剧表演、编辑报纸杂志、专题访谈、拍摄电视片等。除参加校内课外学习和实践活动外，还应鼓励学生积极参加与专业相关的各种社会实践活动。

信息时代为教育手段的现代化提供了条件和保障，也为英语教学提供了丰富的资源。教学手段的现代化关系到人才培养的质量。要积极采用现代的、多元的和全方位的教学模式，在充分利用原有的电教设备的基础上，积极探索和开发计算机辅助教学。

(6)测试与评估。

测试与评估是了解学生英语水平、检查教学大纲执行情况、评估教学质量、促进教学改革的重要手段。测试必须具有科学性、客观性和可行性。测试应既有助于提高学生的语言运用能力，又有助于培养学生的思维分析能力。

测试内容应包括教学大纲规定的、学生在各个学习阶段必须掌握的语言技能、交际能力以及语言和文化等方面的知识；同时应注重检验学生分析问题和解决问题的能力。测试和评估的方式和方法应根据不同的课程和不同的学习阶段而有所不同。测试中的客观题和主观题应保持合理科学的比例，高年级的课程应多采用撰写论文、口头表述、讨论答辩等形式。

毕业论文是考查学生综合能力、评估学业成绩的一个重要方式。毕业论文一般应用英语撰写，长度为3000至5000个单词，要求文字通顺、思路清晰、内容充实，有一定的独立见解。

3. 国家对外汉语教学领导小组办公室《高等学校外国留学生汉语教学大纲(长期进修)》(2002)

(1)教学性质与特点。

对外汉语长期进修教学，是对母语为非汉语的外国人和海外华侨进行的，半年以上三年以下，以提高汉语语言能力和汉语交际能力为主要目标的非学历教育，属于第二语言教学。

汉语长期进修教学具有如下特征：学习者学习目的多样；学习者入学水平参差不齐；学习者学习期限不一；学习者的个体差异较大。

(2)教学对象。

大纲将半年以上三年以下的汉语言文化进修生分为初等阶段学习者(包括零起点的初学者，领会式词汇量在0至2000词之间，复用式词汇量在0至1000词之间，听说读写能力较差)、中等阶段学习者(初步掌握汉语的基本语法结构，领会式词汇量在2000至4000词之间，复用式词汇量在1000至2000词之间，具有初步的听说读写能力和用汉语进行日常生活交际的能力)和高等阶段学习者(已掌握了汉语的基本语法结构及一般的表达法，领会式词汇量在4000词以上，复用式词汇量在2000词以上，已具有中等的听说读写译能力和用汉语进行一般交际的能力)。

(3)教学目标。

基本目标是"使学习者在原有基础上不同程度地进一步提高汉语交际能力，加深对中国的历史、文化和现状的了解"。大纲分别具体描述了初级阶段、中级阶段和高级阶段听、说、读、写等语言技能的目标要求。

(4)等级结构与教学内容。

对外汉语长期进修教学的等级结构分为三等十级：初等、中等各分为四级，高等分为两级。每级大约10周，每周不少于20学时。大纲具体描述了不同等级及相应级别语音、语法、词汇、汉字和功能项目的学习要求。

（5）教学途径。

主要规定了课程设置与学时安排。其中，语言技能训练课分为综合课（承担系统的语言能力教学任务，进行听说读写综合训练，是贯穿初中高各阶段的必修课）、单项技能课（听力、口语、汉字、阅读、写作等课）和专门技能课（商贸汉语、热门话题、报刊阅读、新闻听力、古代汉语等课）；语言文化知识课包括语言知识课（语法、词汇、修辞等课）、文化知识课（中国概况、中国历史、中国文学等课）和其他文化课（如书法、武术、京剧等课），语言知识课和文化知识课为选修课，其课时在总课时之内，其他文化课也是选修课，其课时在总课时之外。大纲具体明确了长期进修教学的课程设置与学时安排。

（6）教学原则。

以学生为中心，充分发挥教师的主导作用；教学过程中，注重实践性，着眼于提高学生的汉语交际能力；注重教学内容的实用性；采用多样化的教学方法，充分利用现代化的教学手段；坚持课堂教学语言的规范性和可接受性；充分利用汉语言文化的大环境，组织多种形式的语言实践活动。

（7）教材编写与选用。

对外汉语长期进修教学的等级结构是教材编写和选用的重要参考。教材编写实施中，可根据情况对语言教学内容做一定的调整。其调整幅度如下：

表4—1

等级	语法		词汇		汉字	
	达纲	超纲	达纲	超纲	达纲	超纲
初等	≥90%	≤10%	≥85%	≤15%	≥90%	≤10%
中等	≥85%	≤15%	≥80%	≤20%	≥85%	≤15%
高等	≥80%	≤20%	≥75%	≤25%	≥80%	≤20%

（8）测试。

分为分级考试和成绩考试。分级考试也叫分班考试，是一种水平考试，通过学期初的入学水平测试成绩将学生分到相应等级的教学班中。成绩考试在每一级的教学时间结束时进行，目的是考查学生对该级教学内容的掌握情况。学生所修课程的总评分由成绩考试和平时成绩构成，前者约占70％至80％，后者约占20％至30％。分级考试和成绩考试的形式主要有笔试和口试。

（9）附表。

①附表1：词汇表。

初等阶段词汇（最常用）764个；初等阶段词汇（次常用）1635个；中等阶段词汇2849个；高等阶段词汇2760个。

②附表2：汉字表。

初等阶段汉字1414个；中等阶段汉字688个；高等阶段汉字459个。

③附表3：语法项目表。

初等阶段语法项目（一）100项；初等阶段语法项目（二）85项；中等阶段语法项目83项；高等阶段语法项目107项。

④附表4：功能项目表。

共列出功能项目110项。

以上较为详细地列举了三个用途不同的综合大纲的内容构成。其中：

《普通高中英语课程标准》（2003）广泛吸收了国际第二语言教学的一些研究成果和成熟的教学理念，如情感态度、学习策略和文化意识等；所制订的课程目标结构既全面实用又适合我国高中学生外语教学的实际，包括教学建议和评价建议等在内的教学实施列举了各种典型的案例，具有很强的指导性和操作示范性。虽为普通高中的教学大纲，但其教学目标设计、教学内容和教学理念的阐述等，对对外汉语教学颇有参考价值。

《高等学校英语专业英语教学大纲》（2000）明确其各项规定对全国各类高等学校的英语专业均有指导作用，也是组织教学、编写教材和检查与评估教学质量的依据。其课程设置、教学原则、教学方法与手段等，对对外汉语教学本科专业（汉语言）教学和大纲制订同样具有很好的借鉴和参考价值。

《高等学校外国留学生汉语教学大纲（长期进修）》（2002）是为来华长期进

修的留学生制订的，旨在明确对外汉语长期进修教学的性质和特点，规定其教学目标、等级结构、教学内容、教学原则，并对教学途径、教材编选以及测试进行指导。该大纲的制订和应用改变了多年来对外汉语长期进修教学在相当程度上的无序状态，在规范和指导对外汉语长期进修教学方面发挥了重要的作用，同时也为对外汉语教材编写的科学化和标准化确立了可靠的依据，特别是大纲的词汇表、汉字表、语法项目表、功能项目表，为教材编写提供了依据。其中，大纲提出的编写初、中、高不同等级的教材，语法、词汇和汉字应"达纲"和允许"超纲"的指标幅度，是一些大纲所未加规定的，而这却又是教材编写时无法回避的问题。大纲的相关规定为教材编写提供了很好的参考标准。尽管从整体构建到各项附表的内容都应结合社会发展和语言教学发展的现状进行必要的修订和调整，但该大纲至今仍是对外汉语教学界一份权威性的教学大纲。

熟悉各类外语教学大纲的各项要求，特别是与所编教材相关的教学大纲的教学目标、课程设置、教学理念与原则、教学方法与手段，以及大纲的词汇表、语法项目表等，是教材编写的基本要求和基本前提，合理地纳入大纲规定的语言要素和语言项目的内容，是教学科学性的重要保证。现有的对外汉语教材还有诸多让人不满意的地方，原因是多方面的，但不熟悉教学大纲，未能很好地运用大纲提供的各种语言教学内容，是其中的一个重要原因。因此，这里不厌其烦地介绍几份大纲，意在强调熟悉大纲的必要性和重要性。

第二节 主要外语教学大纲介评

一 语法教学大纲

1. 基本情况与特征

语法教学大纲又称语法结构大纲、结构法教学大纲、结构型教学大纲等。这种大纲以结构主义语言学和行为主义心理学为理论基础，重视语法的系统教学，强调句型教学是语言教学的基础，认为语言学习的过程就是建立新的语言习惯的过程。它主要包括一系列语法项目、结构规则、句型句式，并依据语法项目的内在联系以及便于教和学的顺序加以罗列。通常它也还包括语音、词汇知识和词汇项目，有的还包括某些常用的惯用语、篇章连接成分等。语法教学大纲以本体研究成果为基础，其体系建构、分析标准和术语使用基本上沿用本体研究的成果。大纲突出语言的形式特征，或者说对语言（语法）形式的重视程度远远高于对语义和语用的重视程度，甚至大纲基本上就不涉及语义和语用的问题，而把这样的问题留给教材编写者和语言教师。

典型的语法大纲严格按照循序渐进的原则编排教学内容。其基本的语言学和心理学假设是：语言由一套有限的规则组成，这套规则可以以各种方式组合产生各种意义；语言规则可以逐一学会，逐步积累。一旦学会了语言的某一形式特征，学习者就可以在课堂外真实的交际场合使用。（束定芳等，1996：158）语法大纲的结构主义语言学和行为主义心理学基础，使得它相信语言是一套由可分解的要素组合而成的。于是，总体上说，语法大纲便是由一个个互不相关的语法项目罗列而成，语法体系由一个个的、零碎的“语法点”组合而成。同时，它相信学习者通过对按语法大纲编写的教材的学习，可以把语言的不同部分的“部件”分别加以习得，语言习得的过程就是逐步积累这些部件的过程，直到建立起语言的完整结构。换言之，语法结构大纲相信并期待学习者最终能够把这些零碎的语言（语法）知识“合成”一个有机的整体，并能够随机使用。这让我们看到，以语法大纲为代表的所谓结果性大纲、综合型大纲和组合式大纲，具有“形散神不散”的特征，即形式上是“零散”的，骨子里却具有“合成”的性质。

语法大纲的一个重要特点是按照语法项目的难易程度来对教学内容进行选择和分级。然而，给语法项目分级和排序恰是语法结构大纲始终未能解决好的一个难题，并因此而受到诟病。目前，选择语法项目并给语法项目分级、排序的主要依据是语言的难易程度和使用频率，此外，还依据实用性原则、急用先学原则以及基于教学经验的考量等因素来选择和编排语法项目。综合这些因素和原则来选定语法项目并对语法项目分级和排序，大体上是可行的。因为即使是完全基于目的语本身（语法结构的复杂程度和结构之间内在关联程度等），有些语法项目的难易程度也是不难鉴别的，何况这类大纲的制订都会有一个外国学习者的视角来"参与"语法项目的选择及其难易排序。比如，汉语量词要比代词、数词难掌握，汉语述补结构要比主谓、述宾、偏正和并列结构难掌握，紧缩句要比有标记的复句难掌握，"把"字句、"被"字句要比"是"字句和"有"字句难掌握，反问句比一般疑问句难掌握，等等。又如，教汉语几种疑问句的一般顺序是"是非问句"（你是泰国人吗？）、"特指问句"（你什么时候回国？）、"选择问句"（你喜欢吃饺子，还是不喜欢吃饺子？）、"正反疑问句"（你喜欢不喜欢吃饺子？/你喜不喜欢吃饺子？），教"把"字句一般应在学完介词及介宾结构、名量词组和动量词组、动词重叠、述补结构等之后再进行（"你把屋子收拾收拾"、"她把我骂了一顿"、"他们把菜和饭都吃光了"）。但是，全面来看，语法项目难易度的确认不得不面对这样一个现实："语言中相当数量的语法点很难划分出难易等级，因而也无从排出一个终极合理的先后顺序。"（唐曙霞，2004）

2. 基本分析与评价

正是因为语法大纲自身存在着这样那样的问题，外语教学界对语法大纲的批评可谓不绝于耳。比如，虽然语言是一个系统，但是把这些规则割裂开来逐一学习是不现实的。一个简单的语言现象也可能包含几种语法项目，如 I have an English book. 包含的语法项目就有人称代词、一般现在时态、不定冠词、名词的单数形式等。又如，语法项目的难易程度很难有客观标准。形式简单的项目不一定是容易学的，形式复杂的项目未必是难学的。如英语中单数第三人称一般现在时的-s 是一个很简单的形式，但对多数中国英语学习者来说却是个很难克服的难题。成年人认为难学的项目对于儿童来说可能很容易学。所以先学什么后学什么缺乏可靠的依据。另外，以语法大纲为基础的语言教学可能导致这样的情况：语法知识学得好的学习者可以说（写）出语法正确的句子，但这不意味着他们能在实际语言运用中得体、有效地使用语言（程晓堂，2002：20）。

语法大纲确实有其自身的问题，主要是语法等级及其教学顺序很难完全理出一个科学又合理的安排。因为语法结构和语言点之间内在关系十分复杂，结构复杂的一般来说就难学，但也不一定；而有些不复杂的结构或语言点，学起来并不容易。使用频率和交际需要都是相对的，是基于学习和交际的需要而凭主观认定的，很难跟语言结构本身的难易完全吻合。比如，很难准确确定什么语言点既是急需学习的又是简单易学的。因此，语法大纲只能按照语法结构、语言点内在的结构关系，以及使用的频率、学习者语言学习和语言生活交际需要的轻重缓急等，来排定一个基本的、大致的等级和学习顺序。这其中自然是经验性的成分居多。

但是，实事求是地说，语法大纲可能只能如此，也许永远难以排出一个科学的、适合学习者需要的等级序列。因为所谓“科学的”和“适合学习者需要的”本身就缺乏科学的标准和明确的内涵。因此，既不能要求语法大纲十全十美，更不能把所有的问题都归在语法大纲上面。如海外英语界学者批评语法大纲“教学语言材料不真实”、“不重视学生的交际需要”、“不能反映最新的语言学理论”、“不以学生为中心”等（唐曙霞，2004）。这些批评多有些求全责备之嫌。如“语言材料不真实”，即使有这种情况，那也主要是编教的问题，而不全是大纲的问题。实际上，教材材料有时显得不真实，多也是受学习者语言水平的限制所致。又如“不以学生为中心”的批评也不妥，因为语法大纲就是以语言的语法结构和语言点为中心的，它以系统地呈现该语言相关的本体分析和研究成果为目标。因为学习者不管以何种方式（如显性的或是隐性的），都必将学习和习得该语言的语法规则。从这个意义上说，制订语法大纲恰是以学习者的语法学习需要为中心的。如果批评语法大纲只以本体分析和研究为基础，没有兼顾面向第二语言教学的研究成果和特殊需要，则是可以理解的，也是恰当的。比如，就汉语教学实践来看，母语者（即使是儿童母语者）不会混淆“有点儿”和“一点儿”的使用区别，但基础阶段的外国汉语学习者几乎普遍不能区分两者的差异，常常出现“老师说话一点儿快”、“我有一点儿也听不懂”之类的偏误。因此，就应将这两个语言点列入对外汉语教学语法大纲之中。

实际上，包括语法大纲在内的任何大纲都不是十全十美的，但这并不能否定各类大纲的理论和应用价值。迄今为止，在世界范围内的第二语言教学中，语法结构大纲使用历史最长、运用范围最广。可以看到，各种教学大纲的出现都无法从根本上取代语法大纲，可谓批而不倒，这足以说明语法大纲自有其不可替代的价值。不同的大纲有不同的价值和用途，它们之间不应是相互替代和否定的关系，而应是相互支持、互为补充并共同为语言教学服务的关系。不同的大纲各有千秋，而语法结构大纲不但有其自身不可替代的价值和作用（特别是 20 世纪 90 年代以来对语法教学地位和作用有了重新认识），而且可以说它是各种大纲的“基础”和“依托”。

英国著名语言教学法和教材设计专家、功能—意念大纲的设计者和倡导者之一的亚历山大（L.G.Alexander）在 1981 年来华讲学时，明确表示，“在功能—意念大纲中，我们以教交际为目的，而以语法和词汇为副产品”。“我们不止在运用语言结构，我们是在做某种事情，而这种事情就是语言功能（解释、接受、道歉、拒绝、否认、同意，等等）”。“我们必须一如既往地努力学习语法系统，我们是把语法作为交际的一部分，而不是一种孤立的现象”。“功能—意念大纲并不意味着贬低语法系统，而是对语法系统重新估价。我们只是把它放在了不同的位置上”，并“赋予它交际的价值”。“实际上语法在功能—意念法中更加得到了强调。因为出于交际的需要，你必须要掌握语法系统”（亚历山大，1982：20—27）。

功能大纲鼓吹者的上述阐述，不仅明确说明了功能大纲与语法大纲的关系，也充分肯定了语法大纲的价值。此外，当今广为流行的任务型教学法，同样也离不开语法结构大纲的支持。即如功能大纲赋予语法大纲以“交际价值”一样，任务大纲赋予语法大纲以“辅助任务的完成”的作用。

二　功能教学大纲

1. 基本情况与特征

功能教学大纲又称功能—意念大纲、功能法大纲，或称功能—意念法大纲、交际教学法大纲等，产生于 20 世纪 70 年代的欧洲。其纲领性文件主要有范埃克（1975）《成年人现代语言学习入门阶段》（*The Threshold Level for Modern Language Learning by Adults*）（简称《入门阶段》），范埃克、亚历山大等（1977）《英语初阶》（*Waystage English*），以及威尔金斯（1976）《意念大纲》(*Notional Syllabuses*)等。功能教学大纲“以功能语言学、社会语言学和心理语言学为理论基础,特别强调语言的功能和意念”(程晓堂,2002:21)。其基本思想是,主张以学生为中心,以学习者的需要为出发点安排教学内容和组织教学活动。重视语言的交际功能和表意功能,主张教学过程交际化、教学环节功能化、教学情景真实化。注重培养学生“用语言做事”的能力,主张语言学习应从功能到形式、从意念到表达,等等。

什么是功能?目前好像还没有一个公认的说法。不过大致可概括为以下几种说法:一是“言语行为”说。《英语初阶》中把功能定义为“言语行为,也就是用语言做什么”(盛炎,1990:399)。杨寄洲(1993)认为功能是“人们为实现自己的交际意图和达到一定的交际目的所进行的一个个言语行为”。卢伟(1993)认为“功能教材中的功能表示各种具体的言语行为,是把语言的交际功能进一步细分以后得出的功能项目”。二是“语言作用”说。吕必松(1981)认为所谓功能“也就是语言的作用,用语言来表达什么思想”。三是“交际目的”说。美国纽约州教育厅(1986)《现代语言交际大纲》中把功能定义为交际目的,“任何交际都是为了一个或几个目的而进行的”(张占一,1989 未刊译稿)。

“言语行为”说强调功能是通过言语活动来实现的,这当然是正确的,但这只是从宏观上说明功能实现的途径或手段,似乎还没有切中功能的实质。“语言作用”说强调功能的作用是用语言来表达思想,无疑也是正确的,不过这只能说是对功能的一种较宽泛的一般性说法。“交际目的”说比较接近于功能的实质,但作为定义还显得过于笼统。因为任何一次言语行为(一个句子、一段话语、一篇文章)都有其交际目的,但显然不是任何一句话、一段话、一篇文章都能成为可教授的功能大纲中的功能,尽管它们都具有完成某种交际目的的作用。上述三种“功能”说的缺憾就在于没有摆脱语言作为一种交际工具所普遍具有的交际功能的影响。也就是说,没有明确区分语言作为社会现象所具有的社会交际功能,与语言作为教学对象所应教授的符合一定规范的功能项目。前者可以说是“不可教授的功能”,因为我们不可能一句一句地教授语言的普遍功能,尽管每一个句子在特定的语境中都有一个交际功能。后者可称为“可教授的功能”,因为它应有特定的标志性、类推性等。后者是从前者抽象概括出来的，如同语法规则一样，对掌握一种语言有举一反三的指导作用（李泉，1997）。

我们理解的功能是，能够完成特定交际目的或表述需要的特定的语言形式或手段。这一定义可以从三个方面来理解：(1)“特定的语言形式或手段”就是强调不是所有的语言形式或手段，而是指那些能够完成特定交际意图的词、短语、句式及话语和篇章（语篇）手段。(2)“特定的交际目的或表述需要”就是强调不是普遍意义上的语言交际目的或表述需要，而是指那些能够完成或实现诸如问候、致歉、请求、禁止、询问等特定的交际目的，或罗列现象、举例说明、避免重复、指代上文等特定的语篇表述“需要”。(3)功能和功能项目不是一对一的关系，一种功能可以由一个也可以由几个功能项目来体现。功能和功能项目由“特定的交际目的或表述需要”和“特定的语言形式或手段”两方面本质要素构成。前者是对功能的意义或作用概括后得出的意义类别（简称义类），一般体现为功能的“名称”；后者是功能的表现形式或实现途径。

什么是意念？功能派的说法是“意念是功能作用的对象，它可以由回答功能后面的‘什么’或‘谁’的问题来确定”。比如，同意什么？邀请谁？“同意”、“邀请”是功能，而对“什么”、“谁”的回答就是意念。意念分为一般意念和特殊意念。一般意念是“同功能相联系的抽象的时空关系”，如存在/不存在等；特殊意念是“由话题直接决定的词汇项目，它含有词汇意义”。功能和一般意念、特殊意念的关系是怎样的呢？举个例子来说：Is there a bank near here?（附近有银行吗？）这里“询问”是功能，“存在”是一般意念，“银行”是特殊意念（盛炎，1990：404，450）。我们认为，就欧洲功能派形成功能—意念思想及制订功能—意念大纲的初衷来看，区分出这三者是有其道理的。功能派主张以功能意念为纲、语法为副，所以把许多词汇项目也都划入了功能—意念大纲中（这也是功能—意念大纲显得庞杂的原因之一）。但是，从实用性和可操作性上看，是否可以这样处理：(1)一般意念“常由一定的语法格式决定，含有语法方面的意义，它适用各种话题和多种背景，是所有学习者必须学习的”（盛炎，1990：404），因此可以考虑按照一定的标准把其中的大部分纳入功能之中。(2)特殊意念表现为词汇项目，因此可以把其中的多数内容（如“银行”之类的意念项目)划入词汇大纲。实际上,对于特殊意念,功能派本身也主张“学习者可以根据自己的兴趣和需要选择学习”(盛炎,1990:427)。正因为如此,我们理解的功能也包括所谓意念的一些内容。

2. 功能项目的基本分类与讨论

功能系统和语法系统之间是一种什么样的关系,看法不尽相同。一种意见强调功能和语法相结合,认为功能系统和语法系统应该大体吻合,只是前者着眼于语言的交际和作用,后者着眼于语言的系统性和科学性。另一种意见则认为功能和语法分属两个不同的层面,功能系统和语法系统不可能也不应相吻合,因此建立功能系统应尽量避免和语法“重复”。还有人认为,功能应尽量和句式结合起来,否则功能就可能随意性太大,甚至漫无边际。显然,对功能的认识不尽相同,对功能范围的理解也就不可能完全一致。我们认为,强求功能和语法一致起来,就可能使功能成为语法的附属品。要求二者互不重合,既不可能也无必要。把功能限定在句式的范围内,只会人为地削弱功能的范围和作用。因此,凡是有利于语言交际能力的提高、符合功能立项原则的词、短语、句式和语篇手段都可能成为功能的表现形式。这些表现形式有的可能是语法系统的成员,有的可能不在语法系统之内。功能系统和语法系统有重合之处,又有各自的范围。二者的描写角度不同,教学要求也不同(李泉,1997)。

如何为功能分类,目前国内尚无公认的分法,但多数人采取的是欧洲功能派的分类框架,只是表述上略有不同而已。功能派在《英语初阶》中把功能分为六类47项,其中六类功能项目为:通知与了解实际情况,如判明、纠正、询问等;表达与获悉理性的态度,如表达同意与不同意等;表达与获悉感情的态度,如表达高兴、喜欢等;表达道义的态度,如道歉、答应、原谅等;使事情做成(请求),如请求别人做某事等;社交,如问候人、会见人、介绍别人等(盛炎,1990:399—404)。这样分类当然可以。因为如同功能的立项缺乏公认的标准一样,功能的分类也缺乏客观依据,很难说哪种分法绝对合理或绝对不合理。不过,上述分类不仅类与类之间多标准,其中第二、三、四类可算作一大类,其余的三类又各自成类,这几大类之间缺乏内在的联系,各自的划分角度不同。而且同一类内部也不都是一个层次上的，如前三类既有传递信息的功能（通知、表达），又有获取信息的功能（了解、获悉）。这种外部多标准、内部多层次的分类方式造成功能分类的杂乱无序，如“询问”在前三类中均有出现。由此可见，功能派对功能的分类不一定是最合理的。

然而，欧洲功能派的这一分类影响很大，国内英语界和汉语界大都采纳了上述功能项目六分法的框架体系，只不过有的基本是原封不动，有的表述略有差异或增加一两项。比如，吴勇毅（2004）在对汉语教学界现有功能大纲考察后发现：“初级阶段功能大纲”（杨寄洲，1999）、“中高级阶段功能大纲”（赵建华，1999）、“汉语言专业教学功能项目表”（国家汉办，2002）、“留学生长期进修教学功能项目表”（国家汉办，2002）四个“纲/表”，从分类的角度讲，尽管分类的名称略有不同，但基本上是一致的。它们的基本框架跟欧洲功能派“并无多大差别”，“基本上是移植”。所不同的是：有三个“纲”没有“表达道德情感”这一类；四个“纲/表”都增加了“交际策略的表达/交谈技巧”一类，但都没有欧洲派的“意念”类。

我们大胆设想从以下几个角度对“功能”进行分类：从功能的表现形式或手段上可分为词功能（如“谢谢”、“反对”、“打算”）、语功能（如“实际上”、“就是说”、“没想到”）、句功能（如疑问句、否定句）和篇功能（如省略、指代、某类文体所特有的结构规则）四类；从功能的语体上可分为口语功能项目和书面语功能项目两类；从功能的开放程度上大致还可分为封闭性功能和开放性功能。但是从实际用途上来看，这三种分类法价值并不大，因此我们倾向于采取从功能的交际目的和表达作用（义类）上分类（李泉等，1996）。从这一角度可以把功能分为以下四类：（1）表情功能，表达对客观事物或对对方的某种情感。如问候、赞扬、祝贺、失望、同情、喜欢/不喜欢、有兴趣/无兴趣等。（2）表态功能，表达对对方或对自己说话内容的态度或语气。如肯定、否定、推测、怀疑、劝阻、强调、辩解、可能/不可能、愿意/不愿意等。（3）表意功能，表示向对方传递某种言语信息或言语意图。如介绍、更正、传闻、告别、请求、转述、询问、建议、通知、进一步说明等。（4）表事功能，表达客观事物的一般意念或事物之间关系。如方位、时间、数量、存在、假设、因果、分类、范围、构成、相同/不同等。

上述分类在某些具体项目的类别归属上也有很大的主观色彩，因此也不是最佳的分类法。这一框架虽然打破了欧洲经典的功能项目六分法框架，但却将“意念”项目融入其中，这与后来的对外汉语教学界相关大纲舍弃“意念”的做法不同。换言之，这种分类没有照搬欧洲功能—意念大纲的分类体系，却较为全面地吸收了功能派关于功能和意念的核心思想，同时结合汉语和汉语教学的实际进行了某些“中国化”处理，因此，或可聊备一说。

特别需要指出的是，吴勇毅(2004)对功能大纲的理论研究和框架构成进行了全面考察和深入研究。其中，对进一步研制汉语教学功能—意念大纲的设计框架，提出了完全功能—意念大纲模式、纯功能表模式和功能＋一般意念模式三种可能的模式，并对每一种模式的构成、特点及“利弊”和研制“难度”等进行了客观的评析，很有参考价值。

3. 对功能大纲的基本评价

功能大纲强调培养学习者实际的言语交际能力，让学习者学会在什么交际场合下、对什么人、用何种方式说什么话，比如表达感谢怎么说、表示道歉怎么说，怎么跟人打招呼、怎么跟人告别，如何询问、如何请求、如何表示同意或不同意，等等。这对语言学习者，特别是初级阶段语言学习者来说，是非常有实用价值的。功能大纲指导语言教学直奔语言的本质功能和语言学习的根本目标——交际，比之于语法大纲可谓特色鲜明，而且无疑也是一种进步。功能大纲的主要问题和不足在于：第一，功能和意念的确定缺乏客观性的标准，换言之，功能项目的确立主观随意性较强，许多情况下，是否和能否确立为一个功能项目往往见仁见智，那么功能大纲到底应该包括哪些内容，也即范围多大，就难有客观标准。第二，功能项目的分类特别是排序同样缺乏客观标准，比语法项目更难排序。语法项目有时还可以依据语法结构的内在关联和复杂程度进行一般意义上的排序，而功能项目则缺乏这样的内在关联和难易标准。如“询问”和“请求”哪一个更难学、哪一个更需要先学，就不容易说清楚。第三，功能大纲只注重教什么，即主要关注功能及其功能项目的教学，对于实现这些功能的表达方式缺乏系统的考量，也缺少相应的规范，更没有涉及怎么教的问题。

然而，如同不能苛求语法大纲一样，我们也不能过分地苛求功能大纲。比如，功能—意念大纲在强调功能和意念的同时，往往也列出一些实现某种功能和意念的相关语言项目和语言形式。尽管这些语言项目和语言形式（词汇、语汇、语法结构）并不是大纲的核心内容，但是能够配合上主要的表达形式，这已经给教学实施提供了很好的启示和借鉴。实际上，功能—意念大纲问世 30 年来，在外语教学中产生了广泛而深刻的影响，特别是对交际法的形成和发展、对培养学习者语言交际能力是外语教学根本目标的共识的形成、对外语教学实践的深入发展、对增强语言教学的功能意识、对凸显语法结构的交际价值和交际作用，都产生了巨大的影响。简言之，功能—意念大纲问世以来对外语教学理论的丰富和深化都起到了不可替代的作用。因此，尽管功能大纲自身还存在某些缺陷，但它的积极意义远远大于它的不足。可以说，功能大纲在外语教学发展史上功不可没。在过去的几十年间它已经发挥了巨大的作用，跟语法大纲一样，今后它还将在不断完善的基础上，继续发挥更大的作用。事实上，功能的观念已经在外语教学及其教材编写中深入人心。功能大纲跟语法大纲一道成为外语教学中的经典性大纲，尽管它们都不是尽善尽美的大纲。

三　任务教学大纲

1. 基本情况与基本特点

任务教学大纲又称任务型语言教学大纲、任务型教学大纲等。任务型语言教学作为第二语言教学的一种方法，或者更确切地说是一种教学途径，兴起于 20 世纪 80 年代中期。一般认为，任务型语言教学有两个来源。一个来源是交际语言教学的进一步发展。交际语言教学是 20 世纪 70 年代兴起的一种强调培养交际能力的语言教学流派。其核心思想是语言学习者在表达意义和传递信息的过程中学习语言。这种以表达意义（而不是操练语言形式）和传递信息（而不是重复信息）为目的的语言学习活动的优势是有利于激发学习者的学习动机和学习情趣，有利于学习者形成真正的交际能力和在真实的交际环境中运用语言的能力。那么什么样的活动有利于学习者真实地表达意义和传递信息呢？多数人的答案是真实的、互动的活动最有利于实现这样的目标。

另一个来源是第二语言习得研究的结果。20世纪80年代以来,以克拉申(Krashen)的输入理论为代表的第二语言习得研究获得了较大的进展和影响。有学者认为,输入和输出是第二语言习得过程中必不可少的条件,而传统的课堂教学活动很难提供这样的活动机会。进一步研究认为,意义协商是第二语言习得的理想过程,即学习者在不间断的“输入——反馈——调整——再输入——输出”的过程中完成意义的接收和表达,而不是简单地接收语言和输出语言。一些学者认为,交互过程有利于促进意义协商,并提出了互动理论(the Interaction Hypothesis),其核心思想认为意义协商的过程是催进语言学习的关键因素(程晓堂,2004:7—10)。这两个来源从不同角度和不同理论背景促成了“任务”、“任务型语言教学”等概念和理论的提出。

“任务”的定义可谓各种各样,比如,“任务是学习者为了做成某件事情用目的语进行的有交际目的的活动”、“任务是人们在学习、理解、体会语言的过程中所开展的活动”、“凡是能促进学习者语言学习进程的活动都是任务”,“任务是需要语言加工或理解的一项活动,如按听到的描绘图画或执行一项命令”、“任务就是日常生活和工作中的各种活动或事情,如打电话、购物、订票、就餐、出席会议、填表、发邮件等等,语言教学中的任务就是接近或类似现实生活中的这些真实活动”、“任务是一种活动,在这种活动中:意义是首要的,有某些交际问题需要解决,与真实的活动有某种联系,以结果作为任务的评价”,等等。关于“任务”的定义大致可以分为狭义任务观和广义任务观。

狭义任务观认为,只有为了某种交际的目的使用语言的活动才可以成为任务。而任务必须有一个结果(outcome)。如听一段来电留言,记录下是什么人来的电话、电话的内容,并填写电话留言条。完成这样的活动就是任务,并且往往要有一个语言形式或非语言形式的结果——一份填写好的电话留言记录或一张图表等。以练习语言本身为主的活动,如练习语法、结构、语音、词汇,甚至某些角色扮演的练习,都不能称之为语言任务,因为这样的练习没有任何结果,也没有练习语言形式之外的目的。比如,在角色扮演活动中,对话双方关心的是语法形式的准确,并不关心对方说了些什么(语言所表达的意义),只要把自己所承担的部分背诵出来就可以了,往往不需要真正交换什么信息。因此，狭义派认为，任务活动与语言练习有着本质区别。凡是任务都有一个特定的目标。学生所做的活动是为了理解与传递信息，以便完成一个任务。语言练习只是“任务前”的活动。广义任务观认为，任务可分为学习任务和交际任务。以语言内容为主的活动，即集中在语言方面的练习活动是学习性任务，如呈现新语言点、讲解语法和词汇的用法、有控制的练习等。这些学习性任务活动为的是发展学生的语言能力，是为完成随后的“交际任务”所做的铺垫，是完成交际性任务的基础。进一步可以说，任务型语言教学的倡导者并非反对语法教学，而是强调学生运用所掌握的语言知识去完成任务，去表达有意义的思想，而不是把注意力仅仅集中在语言本身的形式上（龚亚夫等，2003：2—10）。此外，广义任务派也有学者把任务分为三类，即：任务前的活动（pre-task activities），是任务的准备活动，即在语言上为后面的活动做准备，如介绍并适当操练新的语言点（包括完成任务时需要的语法和词汇）；任务中的活动（while-task activities），即具体完成任务的过程，比如以小组为单位，在协商、讨论的基础上列出一个购物清单（为开晚会做准备）；任务后的活动（post-task activities），是展示任务结果或结合任务结果进行讨论的后续活动，如向全班同学展示购物清单并解释为什么列出这些食物或饮料（程晓堂，2004：31）。

任务型语言教学吸取或确立了这样一些教学理念和原则：意义是最重要的；学习者不是只重复他人的话，而是通过交流来学会交际；任务与真实生活中的活动有相似之处，要将真实的材料引入学习环境，把学习者个人的生活经历作为课堂学习的重要资源，将课堂内的语言学习与课堂外的语言活动结合起来；学习者不仅注重语言的学习，而且关注学习过程本身；最重要的是任务的完成，评价任务是否完成要看有没有一个结果；需要学习者完成的任务既可以是生活中真正的任务或活动，也可以是在课堂内为了教育目标而设计的任务或活动；在任务型大纲中，任务与活动是根据任务难度来排列的。任务的难度取决于一系列的因素，如学习者过去的经历、任务的复杂程度、完成任务所需的语言以及能得到哪些支持等（龚亚夫等，2003：37—38）。概括起来说，任务型语言教学特别尊崇“在做中学”（learning by doing）的原则，认为语言习得是学习者在参与活动和完成任务的过程中通过交际性和有目的的交互活动而实现的。

程晓堂(2004:20—22)将任务型语言教学最突出的特点概括为“在做中学,在用中学”。这一特点在实际教学中体现为:第一,通过完成任务来学习语言。给学习者一系列交际性任务,要求学习者使用目的语来完成这些任务,并从中学习语言知识、语言项目和语言技能。第二,强调学习活动和学习材料的真实性。给学习者提供现实生活中的语言材料,如报纸杂志上的文章、小说或小说节选、广播电视节目、广告、通知、书信等。第三,学习活动以表达意义为主。课堂上以表达意义为主,不以操练语言形式为主。表达意义包括传递信息、发表观点和意见等,而这些“意义”大都是对方或其他人事先不知道的。第四,以学生为中心,而不是以教师为中心。课堂上多数时候是学生独立或以小组形式完成任务,学生是教学活动的中心。教师主要负责设计任务,提供必要的材料,提出活动要求,并监控学生完成任务的情况。第五,鼓励学生创造性地使用语言。在完成任务的过程中,学习者可以使用任何语言项目,而不必使用事先规定的语言。鼓励学生把注意力集中在意义的表达上,而不过多注意学生语言使用的准确性和正确性。第六,鼓励课堂活动之间的联系。一节课可以设计为一个大的任务,并可以分为若干小的任务,形成一个任务链,前后任务互为基础(准备)和发展(延续)。

2. 任务型大纲的制订与使用

选择任务和安排任务,是制订任务教学大纲的两项基本工作。选择哪些任务,如何确定任务的难度,如何安排任务的顺序,是制订任务型大纲必须面对的问题。

对此,有学者提出根据主题设计任务的构想。比如,主题“计划假期的活动”设计的任务包括:根据最佳路线决定到哪里去度假、预订机票、选择旅馆、预订房间。又如,主题“申请上大学”设计的任务包括:向大学提出申请、与系主任联系、咨询奖学金情况、选择专业、通过电话注册、计算并支付学费。

选择主题时要考虑学习者对主题的熟悉度、主题的趣味性和主题的相关性(是否与学习者日后的生活和工作有一定的联系)三个因素。由于主题没有明显的简单和复杂之分，因此难以按难易程度来安排主题的顺序。目前通常采用“由近及远”的原则，即以学习者为中心，与学习者关系密切的主题为“近主题”，相反为“远主题”。当然“远”和“近”都是相对的。每个主题下都有多项任务，安排任务顺序的关键是确定任务的难度，而这也正是任务派悬而未决的难题之一。

Ellis曾指出任务的难度受三个方面因素影响：一是任务本身的因素，如任务活动使用的材料（文字材料、图表等视觉材料、录音等口语材料）、任务的条件、推理过程及任务结果；二是学习者的因素，如由于学习者现有语言水平、语言潜能、记忆能力、学习动机等的不同，同一个任务对不同学习者来说难度就不一样；三是任务的实际操作过程的因素，如同一个任务的教学时间有长有短、步骤有简有繁、教师提供的帮助有多有少（程晓堂，2004：50—53）。把这些因素叠加在一起来确定任务的难度，其难度是可想而知的。因此，任务难度的确定及相应的任务顺序的安排，都只能是大致的、相对的。

任务型课程设计及任务型语言教学，主要涉及以下一些内容：一是目标追求。不仅仅关注语言的活动量和学习者的参与程度，语言的准确程度、综合运用程度、流利程度也都是任务型语言教学追求的目标。二是语料的输入。任务型语言教学的倡导者认为，在学生初步了解了语法、学习了一定的词汇之后，最好的办法就是给学生提供大量含有这些语法结构和词汇的输入。语言习得研究表明：充分的、内容广泛的语料输入是习得语言的重要条件。三是课堂活动与学习方式。初级阶段机械性的活动，如齐读、句型练习、模仿练习等，是必须和必要的；中高级阶段的相互采访、解决问题、角色扮演、讨论与辩论等，这些活动都可以看成是广义上的任务。提倡和鼓励参与性的学习方式，如打破有结构的、固定问题的、确定结果的封闭式学习方式，采取开放式的、不确定的、无结论的或是有多种结果的参与性学习；打破以教师为中心的、“从上到下”的传统结构，采取教师跟学生“一起学习”的方式，并预设教师可能遇到挑战，学生可能知道得更多；破除教师掌握所有的答案、课程目标预先设置的观念和做法，而是鼓励和帮助学生利用所学知识寻求答案，教师事先没有固定答案，学习目标随学习过程的变化而变化；等等。四是教师角色。实施任务型语言教学时，教师仍然承担重要的角色，但教师要注意更新观念，调整心态。教师应成为学习的计划者和组织者，学习方向和学习资源的提供者，言语行为的示范者，开展活动的协助者，学习者探索知识、开发学习技能和策略的同伴者，为学习者提供恰当反馈的评估者和记录者。五是学生角色。首先是学习的“参与者”，不再是被动地接受知识，而是要通过体验、交流、讨论、合作、探究等学习方式，发展听、说、读、写的综合语言技能。其次是学习的自我“监控者”，应为自己的学习行为负责，掌控自己的学习过程。并能在不断完成各种学习任务的同时，不断调整学习方法和学习策略。此外，还要成为学习的“探险者”，完成各种学习任务的过程中，要有一些冒险精神，敢于接受挑战，不怕出现语言错误。六是评价方式与评价内容。师生有一个共同的、具体的，以学生可以完成的任务作为评价的目标和内容；通过让受试者完成任务，不仅可以了解受试者的语言知识，更可以了解其实际的语言能力、语言水平；通过课上课下完成任务的情况，教师可以即时评价学习者掌握的语言知识和语言能力，也即可以做到把学习过程与评价过程结合起来；由于任务的内容和目标是师生共知的，所以小组或全体同学都可以参与相关的评价活动，教师不是唯一的评判者；还可以评价学生的分析、综合、判断能力，以及学习策略、合作精神等高层次的思维能力、创造能力及其他能力（龚亚夫等，2003：41－51）。以上六点大致反映出了任务型语言教学的课程设计和教学的基本要求以及基本特征。当然，课程设计和课堂教学都应体现任务型语言教学大纲的宗旨和要求，换言之，是在相关的任务大纲的指导下实施的。

任务型语言教学的教材设计有如下几个特点：

一是以任务为主线设计教材。任务型语言教学在实施活动和完成任务的过程中使用语言、体验语言，并从中学习和掌握语言。因此，编写任务型语言教材，就是要想方设法设计出适合学习者需要的各种各样的任务。当然，为了能够和更好地完成任务，必须利用某些语言材料、接触某些新的表达方式，并尝试使用熟悉和不太熟悉的语言知识，最大限度地运用既有的语言知识和语言技能。

程晓堂（2004：59）对任务型语言教学的教材与传统的语言教材做了如下

的区分：

表 4—2

	任务型语言教材	传统语言教材
排序顺序	◎以话题为主线安排教材的内容；知识体系只以暗线形式贯穿在教材中 ◎根据任务难度确定编排顺序	◎根据语言知识体系安排教材的内容和结构 ◎根据语言项目的难度确定编排顺序
知识处理	◎根据任务的需要引入语言知识 ◎不直接呈现语言知识 ◎不采用明示的方式复习和巩固知识 ◎根据需要对重点语言项目进行分析	◎把语言知识直接呈献给学习者 ◎根据语言知识体系有系统地引入语言知识 ◎采用明示方式操练和巩固语言知识
教材内容	◎教材安排各种各样的任务 ◎有一些以语言为焦点的练习	◎提供课文和对话 ◎提供大量的书面练习
输入材料	◎提供学生可能需要使用的材料	◎提供课文及可供模仿的范例
材料类型	◎教材中有大量图表等非文字材料 ◎有些材料需要学习者自己去获得（如通过调查获得信息）	◎主要是文字材料，也有一些装饰性的插图 ◎向学习者提供所有材料
版面设计	◎有大量空白处供学生完成任务使用	◎空白处较少，多出现填空类练习
活动形式	◎有大量的小组活动 ◎学习者有较多的自由发挥的空间	◎多数活动由学习者独立完成 ◎自由发挥的空间有限

上述区分可以较好地让我们了解任务型语言教材与传统语言教材在一些方面的明显不同。需要指出的是，这种对比只是展示两类不同教材的特点，并不存在高下之分，因为不同的理论背景、不同的教学理念和不同的教学大纲指导下的教材编写模式和内容呈现方式自然会有所不同，甚至完全不同。此外，这种对比都是就两类教材主要的特征而言，实际上，任务型语言教学并不忽视更不排斥基本的词汇和语法教学，只是更重视词汇和语法的实际应用价值，更注重通过做事情来学习和掌握词汇和语法；同样，结构型语言教学大纲指导下的传统语言教材也并不是毫不重视场景、语境的真实性，也没有完全放弃让学生利用所学语言知识（词汇、语法、语言点）去做事的机会，只是重视的程度和呈现的方式等有所不同而已。

二是提供真实的语言材料。以往在结构型语言大纲指导下编写的教材中，所使用的语言材料（短文或对话等）多数是编教者自己编写的，特别是初级教材，这些学习材料中特意包含要求该阶段学生掌握的某些词语、语法结构或语言点，并注重这些语言要素和语言成分在学习材料中的重现或反复重现，同时严格控制语言材料（课文和对话）的难度，注重课文之间的难易的渐进性，等等。中高级学习材料中即使是选择既有的作品，也要评估其难易程度是否合适，并且根据需要还可能进行必要的删改。这是迄今语言结构大纲指导下的教材编写仍然采用的套路，而且也可以说是一种比较成熟的编写套路，今后这种编写模式和编写规范仍将继续被采用。

然而，也有语言教育学者认为"控制语言材料的难度并使语言材料包含目标语言项目固然重要，但是学习者也必须接触现实中的语言，这样才能培养语言的实际运用能力"。于是，人们开始区分真实语言材料与非真实语言材料。前者指现实生活中出现的语言素材，如报纸、杂志、广播电视节目、录像、广告、公告、通知、产品说明书、操作指令、安装说明、书信等。后者指编教者或教师为了某种教学目的而专门编写的材料，而凡是为了教学目的而编写、简写、改写、剪辑、修正、删改过的材料都是非真实的材料（程晓堂，2004：60）。就对话材料来说，非真实的材料中，对话中的每一句话都是规范的、完整的；而真实材料中，对话中的多数句子都是不完整的，甚至有不规范的语句。任务型语言教学主张在做事情、在完成任务的过程中进行有意义的真实交际，并从中应用、感受和学习语言，因而在教材中尽可能提供真实的语言材料，同时强调课堂教学应进行有意义的、真实的交际活动，而不进行同学之间互问"你叫什么名字"或教师指着一本书问"这是什么"这类不具有真实交际需要、纯粹是为了操练语言形式的活动。[①]

3. 对任务教学大纲的基本评价

任务型语言教学流派的出现，是继交际语言教学流派后又一重要的外语教学路子。它吸收了功能语言学、认知语言学、社会语言学、第二语言习得、心理语言学及语言教学法研究的多种成果，开辟了一条新的语言教学途径。心理语言学的研究表明人们主要是通过交流互动掌握语言的，外语学习的实践

① 任务型语言教学倡导者的代表性人物 David Nunan 主编的 *Go for it*（《新目标英语》），由人民教育出版社 2002 年出版，可参阅并借以了解任务型语言教材设计和编写的基本情况。

也表明学习者的语言系统是通过有目的的交流活动发展起来的。课堂教学能否为学习者提供大量互动的机会就成为掌握语言的关键(龚亚夫等,2003:26)。因此,任务型语言教学明确"任务"教学有利于发展学习者的语言能力。主张把语言教学过程与语言使用过程结合起来。其主要的理据如下:第一,互动理论是任务型语言教学的重要理论基础,这一理论是任务型语言教学的主要倡导者之一 Michael Long 在 20 世纪 80 年代提出的。其基本观点认为:交际双方为了克服交流困难或障碍,就必须进行意义协商,即交流双方并不是一次性地、无障碍地成功表达意义或传递信息,而是要经过提问、证实、复述等一系列协商过程才可能实现。而学习者在意义协商过程中可以获得大量的可理解输入,从而有利于增长学习者的语言知识和语言能力。同时协商过程中的反馈也是促进语言学习的重要因素,反馈可以使学习者获得自己的输出正确与否、准确与否的信息,从而可以进行必要的输出调整,重新调动和修正既有的语言知识和语言技能(程晓堂,2004:13—14)。第二,建构主义理论是任务型语言教学的另一个重要的理论基础。其核心的观点认为,知识是由学习者自己建构的,而不是他人传授的。它强调学习者从自身经验出发,建构对客观事物的主观理解和意义,重视学习过程而反对现成知识的简单传授。它还强调人的学习与发展发生在与他人的交往和互动之中。该理论认为,人的认知是与经验共同发展的,知识是经验的重组与重构,是一种连续不断的心理建构过程,是体验、发现和创造的过程。真实自然的教学任务正是为学习者提供了这种宝贵的体验过程(程晓堂,2004:19)。此外,任务型语言教学强调"在做中学,在用中学"、"意义是最重要的",主张课堂教学以表达意义为主,课堂教学和教材编写应提供实际使用的真实的语言材料,等等,都具有坚实的理论基础和应用价值。

靳洪刚(2011)指出任务教学法与传统教学有以下不同之处:任务要有明确的交际目的和具体的预期结果;任务中的语言理解与表达是出于交际的必要,而不是出于礼貌或教师的压力;任务是一种涵盖操练、应用的语言使用活动,并不是单纯的语言操练;任务的关键是交流,是传达交换信息;任务要涵盖表达或理解任务,口头或书面完成的任务;任务实施的目的是使学习者在任务中进行各种认知性语言处理活动，如对信息的转换、选择、推理、分类、排列、分析、评估等；任务可以起到测试的作用，即任务完成与否，有无预期结果可以用来衡量语言交际能力。可见，任务教学是对传统教学的补充及进一步完善。

事实上，任务型语言教学的倡导者并没有把已有的教学法说得一无是处。他们并不反对语言知识的传授，他们承认句型操练、词汇讲解和语法教学的必要性。只是词汇和语法教学的目的和方式与以往的教学有所不同而已。其教学目的是为后续的完成任务做好准备，教学方式也不一定由教师来掌控，亦不一定都是在课上进行。不仅如此，任务型语言教学的操作过程一般分为任务前活动（前期任务）、任务中活动（核心任务）和任务后活动（后期任务）。任务前活动就有一些是语言准备活动，包括让学生接触并初步理解一些重点的语言项目（词汇和语法等）；任务后活动中也包括教师引导学生重点学习某些语言形式，主要是完成任务时使用得不太正确或该使用而没有使用的语言形式或语言项目。这些任务前的"语言准备"和任务后的"语言分析"，虽然要求和目的与传统的语言教学有所不同，但是认知和讲练这些相关的语言知识和语言项目，与传统的语言教学在本质上是没有什么区别的。也就是说，任务型语言教学并不完全排斥传统的、常规的、有效的语言教学的方式方法。任务法的倡导者之一 Nunan(1999)就曾明确表示：我们面临的最大挑战不是抛弃以往行之有效的方法，而是把新的与现有的做事方式结合起来（龚亚夫等，2003：132）。

自 20 世纪 90 年代以来，任务型语言教学已被广泛运用在各种语言教学中，成为一种主流的语言教学流派和第二语言习得研究的热门领域。它具有广泛的理论基础和一系列完整的操作程序，体现了当今语言教学理论研究的新发展和教学实践的新进展。我们应该积极吸收其中的新思想、新方法，特别是其中可行和合理的部分，以完善现有的教学理论和深化现有的教学实践。但是，新的教学理论和教学方法的出现，显然并不应简单地替代我们既有的成熟的教学理论和有效的教学方法。新的事物不一定全是合理的和有用的，旧的东西并不意味着就是落后的和没用的。具体而言，任务型语言教学，特别是任务型语言教学大纲也可能有它的局限性。

比如，最主要的问题是，任务的难易度难以确定。它涉及任务本身的因素、学习者的因素以及操作过程中的因素，这些因素所涉及的具体内容相当复杂，因此，要确定任务的难易程度并给任务排序是件十分困难的事情。

又如，任务型语言教学最突出的特点是强调“在做中学，在用中学”，这也是它的一个重要的理论基础，自有其可行和合理的一面，但也有其值得思考和怀疑的一面。语言能力的各个方面和语言学习的各个阶段是否都适合在做的过程中和用的过程中学习？是否能保证所有的学习者都会在使用语言的过程中习得语言？能否保证所有的学习者在用语言完成任务的过程中都达到了同样的理想的习得效果？这些都值得怀疑，或者干脆说回答是否定的。

再如，任务型语言教学的一些倡导者，批评传统的课堂上“学生只关注语言形式的操练，而忽视意义的表达”，因而强调意义是最重要的，要求课堂上进行有意义的真实的交际，认为学习者在表达意义和传递信息的过程中才能真正学习语言。那么，会不会出现与传统课堂上正相反的另一种情况，即“学生只关注意义的表达，而忽视语言形式的认知”呢？回答应该是有可能的，甚至是完全可能的。学习者为了完成任务往往集中精力把意思表达出来、把信息说出来，任务可能完成了，但对完成任务所用的语言形式和表达手段却没太留意。就如同饥不择食一样，肚子虽然饱了，可是对吃进去的东西的味道乃至吃进去的是什么东西却没有太注意，更没有好好品尝一下。

此外，任务型语言教学是在英美等西方社会环境和教育文化背景下产生的，与他们的教育理念和教育方式可能是相契合的。但是，是否也适合历史和文化特别是教育理念和教育传统与西方国家大不相同的中国呢？在中国土壤上从事的第二语言教学或外语教学，我们的师生特别是教师能否顺利地接受相关的理念和做法？这些都是我们在学习、引进和施行任务型语言教学和制订任务大纲时必须加以注意的。换言之，我们在学习和借鉴海外新的语言教学理论的时候，应该考量和评估相关的理论、模式、方法等是否可以、是否适合完全照搬，哪些既先进又可学可行、哪些虽先进但无法学不可行，哪些可以结合实际进行“中国化”处理，等等，这样才能使新的理论、观念和做法更好地为我所用。

当然，任务型语言教学大纲存在某些局限或缺陷不足为怪，因为任何一种教学法和教学大纲都不是十全十美的。何况上面列举的所谓局限有的并不一定是任务型语言教学及其大纲本身的问题，如可能会出现的异地“水土不服”的问题。任务型语言教学及其大纲存在的某些局限性并不能否定它的价值。研究和发现它的不足是为了全面地了解这一目前流行的教学法流派，从而更好地吸收它的长处，避免和克服它的短处。此外，就对外汉语教学界来说，我们在热情结识任务型语言教学这位“新朋友”的同时，也要不忘了我们的那些“老朋友”——既有的各种行之有效的教学理论。这样我们的“朋友”才能越来越多，我们的路子才能越走越宽广。

四　欧洲语言共同参考框架

《欧洲语言共同参考框架：学习、教学、评估》(2001)（以下简称《共同参考框架》）是欧洲理事会文化合作教育委员会组织成员国的应用语言学、外语教学等方面的众多专家，历时10余年在广泛讨论和反复修改的基础上制订的一部重要的外语教育的纲领性文件，是欧盟成员国语言政策、语言教育的指导性文献。这部《共同参考框架》自问世以来，“影响不断扩大、作用日益明显。欧洲国家的语言教学、测试等相关领域先后开始与‘框架’接轨。此外，欧洲主要国家的语言推广部门及其遍布世界各地的分支机构，如英国文化委员会、歌德学院、塞万提斯学院等，也在其语言教学、测试、教师培训、教材编写和教学推广中采用‘框架’的原则、方法和具体内容”（周首晋，2007）。“框架”体现了欧洲当代外语教学的某些新的方向和思潮，在很大程度上可以说，也体现了国际外语教育的新方向、新发展。

鉴于目前国内对外汉语教学界总体上对《共同参考框架》的关注、研究、评估和利用还远远不够，故在此相对详细地介绍一下《共同参考框架》的主要内容和某些理念，以便为汉语教学及汉语教材编写等提供必要的参考和借鉴。

1. 基本内容与基本功能

《共同参考框架》共九章，主要内容包括：《共同参考框架》出台的政治与教育背景、《共同参考框架》提出的外语教学新理念、共同语言能力量表、语言的使用与语言学习者/使用者的关系、语言学习者/使用者的能力、语言教学与学习、语言教学中的任务及其作用、语言多元化与学习模式、评估。另有四个附录：能力指标的制订、语言能力示范性量表、DIALANG 语言能力评估量表和欧洲语言测评中心协会（ALTE）的语言能力评估机制。

编制者在“致读者”中，明确了制订《共同参考框架》的两大主要目的。其一，鼓励包括学生在内的语言使用者，思考如下一些问题：我们在和别人口头或笔头交流的时候，究竟在做什么？是什么东西让我们这么做的？当我们需要使用一种新的语言的时候，我们应该学习哪些内容？怎样确定我们的学习目标？如何知道自己取得了进步？语言学习是怎么进行的？怎么帮助学习者更好地学习一门语言？其二，促进语言教师和学习者之间的沟通与交流。鼓励所有参与语言教学的人，以学习者的需要为本，充分考虑他们的学习动机、个人特征、既有的学习和社会阅历等因素。为此需要面对如下诸多问题：学习者将需要用语言做什么？为此，学习者应该学习什么才能具备运用语言的能力？促使学习者学习语言的动因何在？谁是学习者（年龄、性别、社会地位和文化程度）？为学习者授课的教师拥有什么知识、能力和阅历？学习者在多大程度上能使用教材、语法书和字典等参考书籍，以及电脑设备？学习者有多少时间、愿意用多少时间来学习语言？在对上述教学境况分析研究的基础上，从学习者的个人特性和现有资源出发，根据学习者的需求，尽可能精确地制订学习者切实可行的务实性学习目标。

《共同参考框架》是全欧洲的一个共同的参照基础，适用于制订现代外语教学大纲和考试大纲，也可用于设计外语能力评估体系表，还是编写外语教材的指南。《共同参考框架》全面介绍了外语学习者使用外语实现交际所必须学习的内容，详细列数外语学习者具备有效的语言行为所必须掌握的知识和能力，包括支撑语言的文化因素。《共同参考框架》为外语水平规定了等级，便于学习者在每个学习阶段和终身随时检测自己的外语学习进度和水平。《共同参考框架》为外语教育职能部门、外语教学大纲设计者、外语教师、外语教师培训工作者以及外语考评官员提供了反思和研究自己日常工作的工具,确保所从事的外语教育工作真正满足学习者的需要。《共同参考框架》就外语教学目标、内容和方法做了统一明确的规范描述,有利于增加全欧洲外语课程、教学大纲和结业证书的透明度,有利于在现代外语教育领域开展国际合作。

2. 基本主张与基本理念

《共同参考框架》是一部内容十分丰富的“超级大纲”、“超级标准”,其中提出或确认的新观点、新理念,不仅发展了外语教学的理论,更给包括汉语作为外语教学在内的外语教学带来了新的活力,有利于我们加深对外语教学目标、学习者的学习目标、教学要求、学习者的学习要求、教学方式、学习者的学习方式、测评方式等的认识,同时也为外语教材的设计和编写提供了新的启示。在此,我们着眼于国内对外汉语教学的现状和当下国际汉语教学的实际,将《共同参考框架》所强调的一些主要观念和主张择要概括如下:

(1)提出语言多元化的理念。这是欧洲理事会的一项重要的外语教育政策。“语言多元化”强调随着个人在自己生活的文化环境中语言阅历的增加,比如通过学校或者自学先学会自己家庭用的语言,而后是所处社会群体的语言,再后是别的族群所用的语言,个人不会把这些语言及其文化分割开来,互不联系,而是在建构一种交际能力。每学会一种语言,以及学习语言的每一次经历都在促进交际能力的建构。

(2)基于语言多元化的理念,指出外语教学面临深刻变化。它不再是“掌握”一两门语言,不再以培养“理想中的讲本国语的人”为终极目标,而是要培养具备各种语言交际能力的综合语言素质。这要求学校教授的语言多元化,同时基于外语学习已然成为人的毕生之事,因此,头等重要的任务是激发人们在走出校园之后继续学习外语的动力、能力和信心,必须坚持终生学习外语。

(3)强调必须时刻牢记,交际能力的发展不单纯是语言能力的培养,还包括对社会文化因素的敏感性、想象力和情商,以及自主学习的能力等。

(4)强调制订一个详尽、透明和缜密的外语教学框架标准绝不意味着建立一个单一和统一的体系。恰恰相反,《共同参考框架》必须是开放的、灵活的,以便能通过必要的调整，适用于各种特殊情况。为此，《共同参考框架》应具备：①多用途性，在规划外语学习及方式方法上具有非常广泛的指导意义；②灵活性，能适用各种不同条件的外语教学；③开放性，能推广并不断完善；④动态性，能根据反馈随时调整与改进；⑤亲和性，能直接被其服务对象所理解和运用；⑥非教条性，不机械地、一劳永逸地照搬语言学和教育学的任何理论与实践模式。

(5)提出面向行动的外语教学理念。这一理念的含义在于把语言使用者和学习者首先定性为社会人，他们需要在某一具体的社会行动范围内，根据特定的条件和环境，完成包括语言活动在内的各项任务。语言行为是通过语言活动实现的，而语言活动本身则是社会环境作用下的产物，正是社会环境赋予了语言活动充分的含义。一个或几个行为主体运用其掌握的能力去实现某一特定的目标，就叫行动或任务。从这个意义上说，任何形式的语言使用和语言学习都具有下列特征：语言使用和语言学习是作为个体的人，或者作为社会人完成的行动。在此过程中，他们发展了自己的综合能力，尤其是语言交际的能力。其中："能力"即是完成某种活动所必需的学识、才干和情绪。"综合能力"指进行各种活动所需要的基本能力，包括语言能力。"语言活动"指在某一特定领域，为完成一项任务，运用语言进行交际的行为，包括输入和输出文本信息。"策略"指完成任务所采取的有组织、有计划、目标明确的行动步骤。

(6)提出"个人综合能力"的概念。个人综合能力指个人已经拥有的知识、技能、精神境界以及学习能力等。具体而言：

"知识"包括来自于社会实践的经验性知识和正规习得的学院知识。就知识跟语言学习和使用的关系而言，从中发挥作用的知识当然不仅仅限于那些与语言和文化直接相关的知识。来自于学院的专业知识和来自社会实践的经验性知识，日常生活和个人生活方面的经验性知识，以及对其他地区和国家价值观、普遍的信仰（如宗教、禁忌、历史等）的了解，都对用外语进行语言交际发挥至关重要的作用。《共同参考框架》强调学习者必须对目的语国家的社会文化知识给予高度重视，因为学习者此前可能毫无积累，或因定型观念（或刻板印象)而使目的语国家的社会文化变得似是而非。《共同参考大纲》列出了能显示欧洲某一特定国家的社会文化与众不同的各个方面:①日常生活领域(如饮食、用餐时间、餐桌礼仪,法定假日,工作时间和工作习惯,娱乐活动);②生活条件(如生活水平,住房条件,社会保险);③人际关系(社会结构和阶层之间的关系,男女之间的关系,社会结构与家庭关系,代际关系,工作关系,种族与族群的关系,政治与宗教集团的关系);④价值观、信仰和行为举止;⑤体态语(肢体语言);⑥生活礼节,包括待人接物的常规(守时,送礼,着装,饮食,禁忌,做客时间,道别);⑦礼仪行为(宗教行为及其礼仪,出生、婚丧,听众和观众应有的举止,在舞厅、节日、庆典等的行为举止)。

关于"技能"。开车、演奏小提琴、主持会议等,概属于程序性知识,而学习外语跟学习开车存在某种程度上的类似,如学习发音和动词变位之类的语法知识。学习者围绕某一特定主题进行有效交际时需要掌握应用能力和技能,包括社会能力、日常生活能力、技术和职业能力、娱乐能力等。

"精神境界"包括个人对待自己和他人的性情、个性特点以及态度等。具体包括:①态度(对新经历、对他人、对不同观点、对外国人和外国文明的开放程度及其兴趣度,在多大程度上愿意将自己的观点及其文化价值体系相对化);②动机(内在动机和外在动机、工具型动机和融入型动机,交际的意愿和交际的本能需要);③价值观(包括伦理道德观);④信仰(如宗教、意识形态、哲学);⑤认知风格(如会聚型和发散型、分析型和综合型等);⑥个性特点(如沉默寡言/多言多语,开朗/腼腆,乐观/悲观,内向/外向,主动/被动,自责/不自责,无畏/怕尴尬,刻板/灵活,(思想)开放/狭隘,自然/矜持,勤奋/懒惰,有雄心/无大志,自信/不自信,自主型/依赖型,等等)。学习者言谈举止、个性特征等精神境界,常常成为外语教学研究的对象,因为这些个人因素不仅影响语言学习者(使用者)在交际行为中的角色,也影响他们的学习能力。一个人的精神境界无不带有深刻的文化烙印,是感知不同文化和建立跨文化联系的敏感场所。因此,培养学习者良好的精神境界应该成为外语教学的一个重要目标。

"学习能力"指的是善于同时调动自己的精神境界、知识和技能的能力。

广义上说，也指对学习新知识的观察力、参与力和将新老知识融会贯通的能力。学习能力主要是在学习过程中得以发展，它可以帮助学习者在学习一门语言时有效地迎接挑战、恰当地做出选择和最大限度地利用已有的条件。具体包括：①语言和交际意识。学习者应明确语言是有序的组织结构，语言学习要学以致用等。②语音能力。语音认知和识别，学会拼读规则，能辨别语流中音位和意义的不同等。③学习能力。有效地利用现有教学条件所能提供的一切机会，如始终认真听讲、及早并经常应用所学语言等；善于利用一切可能的条件自主学习；善于有效地学习语言和文化，如直接观察、参与交际等；善于发现自己的优缺点，能确定自己的学习需求并制订学习策略和实施步骤等。④发现能力。适应新学一门语言的过程（如结识新人、新语言、新的处事方式等），并在学习新语言的过程中发挥自己的观察、解读、记忆和归纳等各种其他能力；用目的语，特别是用目的语的参考资料发现、理解并在必要时传达新信息的能力；使用高科技搜集信息，如数据库、网络文本等。

（7）对“语言交际能力”做了如下的概括：语言交际能力包括语言能力、社会语言能力和语用能力。具体来说，“语言能力”指所有语音、词汇、句法，以及语言系统的其他应知应会的知识与技能，也即独立于社会语言学和语用学之外的纯语言能力。“社会语言能力”即对语言使用中的社会规约（指涉及人的言谈举止、礼仪、辈分、性别、身份、社会团体等通过语言实现的许多基本规范）的敏感力。“语用能力”指根据互动式交流进程和语境，功能化地使用语言的能力。包括对话语语篇语法结构和语义连贯的把握，识别文本的题材与体裁、讽刺与戏谑效果等。

《共同参考框架》在第五章详细介绍了语言能力的构成及其各项内涵，下面转录其中的两份“能力量表”（表4—3，表4—4），借以了解《共同参考框架》对相关语言能力的等级划分及描述，同时也了解一下《共同参考框架》对语言能力六个等级（A1 入门级，A2 初级，B1 中级，B2 中高级，C1 高级，C2 精通级）的设定情况。

表 4—3：总体语言能力量表（中译本 2008：106）

C2	全面而娴熟地驾驭题材非常广泛的话语，能准确表达自己的思想，会使用强调句和区分句式避免歧义，完全能畅所欲言。
C1	能在丰富的表达法中选择恰当语句不受限制地表达自己想说的话。
B2	表达清楚，看不出因受语言的限制而不能畅所欲言。
	语言表达比较丰富，能进行清晰的描述、表达自己的观点和论证。会使用复杂句式，基本上看不出需要寻词造句。
B1	语言表达比较丰富，能描述即刻出现的情境，比较准确地解释一个问题或观点的主要内容；能就抽象话题或文化话题，如音乐、电影等发表自己的观点。
	拥有足够的语言表达手段，足以应付诸如家庭、兴趣爱好、工作、旅行和时事等话题，但有时显得迟疑，会用一些迂回说法，而且因为词汇量有限，导致重复，有时甚至表达困难。
A2	拥有基本的语言表达手段，足以应付日常生活中常见的话题，但表达时一般需要现找词汇，而且会因为不能完全如愿表达自己的想法而不得不长话短说。
	能进行通常的简短表达，应对具体、简单的要求，如：处理自己的个人琐事和日常生活，表达自己的愿望和需求、问讯等。
	会用初级句式讲话，能用预先背诵的句子、词组和固定表达法跟别人谈论自己和他人，以及他人的活动和好处。
	会讲一些数量有限且背诵好的简短语句，内容为最基本的日常生活需求；遭遇突发事件时，表达常不连贯，误解误会频繁发生。
A1	能用简单和初级的语句讲述自己和日常需求。

表 4—4：语法能力量表（中译本 2008：109）

C2	语法始终非常正确，即使是注意力发散在别处的时候也不例外。
C1	语法始终高度正确，错误很少，几乎难以察觉。
B2	语法监控意识良好，偶有小错，还会犯一些非习惯性错误和细小的句法错误，数量很少，而且经常能及时自我纠正。
	语法监控意识较好，不会犯导致误解的错误。
B1	在熟悉的语境中能比较正确地表达。虽然明显受母语的影响，但总体看，语法掌握尚好。语法有错，但基本意思清楚。
	能根据常见的交际情境比较正确地应用常用的句型和表达法。
A2	能正确使用简单句式，但常犯基础性错误，如时态概念混乱，性数忘记配合等，不过基本意思还算清楚。
A1	初步掌握一些句型和一些只需要熟记的简单语法形式。

(8)《共同参考框架》的目的之一是帮助欧洲外语教学界业内人士根据现有标准、测试和考试手段来描述语言能力等级，以便对各种资格认定体系进行比较。为此，《共同参考框架》设计了语言水平等级划分标准和共同语言能力量表，二者合而为一，形成一个概念性的评估体系，供使用者进一步开发利用，以完善各自的评估系统。《共同参考框架》设计的独特的A、B、C三等六级语言水平等级及其语言能力量表如下：A1入门级(Breakthrough)，又称发现阶段；A2初级(Waystage)，又称求生存阶段；B1中级(Threshold)；B2中高级(Vantage)，又称独立学习阶段，即高于中级阶段，学习者具备了“有限的语言应用能力”，能够“在日常语境中做出恰当的回应”；C1高级(Effective Operational Proficiency)，或者叫实质性语言应用阶段，达到这一级的学习者已具备“有效的语言能力”、“恰当的语言应用能力”，能完成比较复杂的学习与交际任务；C2精通级(Mastery)，也称全面掌握阶段，学习者具备了“全面应用语言的能力”，这一级达到了欧洲语言测评中心协会(ALTE)制订的语言能力量表的最高水平。其中，A级(A1入门级、A2初级)为初学阶段；B级(B1中级、B2中高级)为独立阶段；C级(C1高级、C2精通级)为精通阶段。树形图如下：

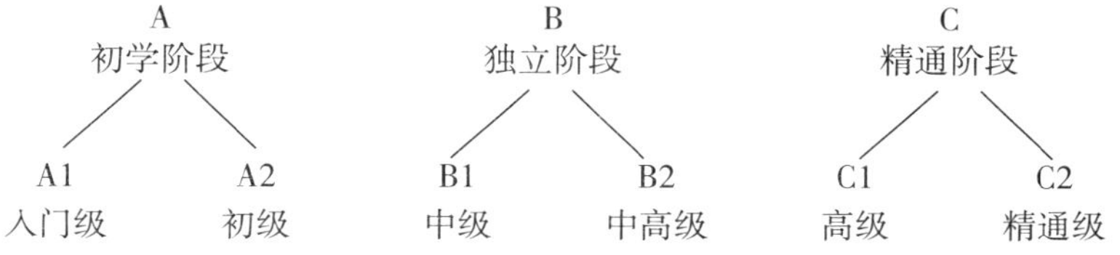

图4—2

《共同参考框架》的制订者们认为，这个三等六级的语言能力评估量表完全能涵盖欧洲语言学习者的各个方面。下面转录其测评总表(表4—5)，以供参考。

表4—5:语言水平等级标准和共同语言能力测评总表(中译本2008:25)

精通阶段	C2	能轻松理解几乎所有读和听的内容。能连贯地概述各类口、笔语信息，不漏内容及其论据。表达自如、精确、流畅。能把握复杂主题中细微的含意差别。
	C1	能理解广泛领域的高难度长篇文章，并能抓住文中的隐含之意。表达自如、流畅，几乎无需费心遣词造句。在其社会、职业或学术生涯中，能有效、灵活应用语言。对复杂主题表述清楚，结构合理，表现出对篇章的组织、衔接和逻辑用词方面的驾驭能力。

（续表）

独立阶段	B2	能理解一篇复杂文章中的具体或抽象主题基本内容，包括学习者专业领域的技术性讨论课题。能比较自如流利地跟本族语的人进行交际，双方都不感到紧张。能清楚、详细地谈论广泛领域的话题，能就时事发表自己的观点，并能对各种可能性陈述其利弊。
	B1	对工作中、学校里和休闲时遇到的熟悉事物，能理解别人用清楚和标准的语言讲话的要点。在目的语国家和地区旅游时，能用所学语言应对遇到的大部分情况。能就一些熟悉的主题和自己感兴趣的领域发表简单而有逻辑的看法。能叙述一起事件、一次经历或者一个梦。能介绍自己的期待和目的，并能对计划和想法做简单的解释和说明。
初学阶段	A2	能理解最切身相关领域的单独句子和常用词语，如简单的个人与家庭信息、购物、四周环境、工作等。能就自己熟悉或惯常的生活话题完成简单而直接的交流。能用简单的词语讲述自己的教育经历、周边环境以及切身的需求。
	A1	能理解并使用熟悉的日常表达法和一些非常简单的句子，满足具体的需求。会自我介绍和介绍他人，并能向他人提问，例如：住在哪里、认识什么人、有些什么东西等等，也能就同样的问题作答。在对话人语速慢、口齿清楚并且愿意合作的情况下，能与之进行简单的交流。

《共同参考框架》据此设计了“理解”（听、说）、“说”（口语会话、连贯口语表达）和“写” 三个维度六个等级（A1、A2，B1、B2，C1、C2）的“自我评价表”，以帮助学习者认识自己的语言能力。此外，还设计了“口语能力量表”等多种语言水平和能力量表，并对这些相关的量表的制订和使用做了详细的说明。系统的评估量表的制订不仅是《共同参考框架》的一个重要特色，也更增强了它的应用价值。

（9）《共同参考框架》提出多元化语言能力和多元文化能力的理念。基本内涵是：熟练掌握一门语言，其他语言则相对较弱；一种语言的听说读写等某一方面的能力有别于另一种语言，如某人可能两门外语的口语都非常好，但只有其中的一门能熟练用于写作；学习者的多元文化和多语言的素质构型不同，如非常了解某一语言社会群体的文化，但对其语言却知之不多，或者相反。多元化语言能力和多元文化能力的发展具有不均衡性和渐进性，但依然有助于提高学习者语言学习和文化学习的速度。可以通过多样化的语言和文化体验培养并发展学习者的学习能力。

基于多元化语言能力和多元文化能力的理念，《共同参考框架》还提出了“部分语言能力”的概念。“部分语言能力”指某一特定阶段尚不完善的外语能力，也正是多元化语言能力的一部分，是对多元化语言能力的丰富与发展。部分语言能力既可以指语言的输入活动能力，如突出发展听力理解和阅读理解能力；也可以指某一具体领域或特定任务，如要求邮局职员用外语向外国顾客讲解最普通的邮政业务能力；还可以指某些非语言的基本能力，如对目的语国家的特点及其人民的了解程度。可见部分语言能力是功能性的，是对学习者已有能力的补充性扩展。

(10)《共同参考框架》对教材编写和课程设计的要求是，教材编者和课程设计者不一定非要按照自己期望达到的目标培养学习者完成交际任务(当然也可以这么做)，但是，对于学习者应该学习的文本、语言活动、词汇和语法，务必做出详细而具体的规定。也即他们有义务对学生的课堂学习和课后活动与任务提出详细的要求，因为编写教材和设计课程对于教和学的进程、效率和质量影响重大，所以理所当然必须要有明确的依据。

(11)《共同参考框架》在语言教学和学习方法上，秉持这样的信念：尽可能全面、明确和透明地介绍各种教与学的方法，不倾向于其中的任何一种，也反对教条主义。所坚持的基本原则是，根据特定环境中学习者的具体情况，为实现既定目标而采取的教与学及其研究方法就是最有效的方法。学习者的动机、个性，以及可支配的人力物力资源决定着学习和教学的效率。按照这一原则，学习和教学目标必将丰富多彩，学习和教学方法以及教材也自然会更加丰富多彩。

如此等等，我们还可以看到《共同参考框架》在外语学习、教学和评估等各个方面提出和确认的一些理念、原则和要求。上面提到的这十几项内容大致能让我们看到《共同参考框架》的一些主张和观念，可以给我们汉语作为外语教学及教材编写一些有益的启示。

3. 对《共同参考框架》的基本评价

《共同参考框架》是欧洲理事会制订的关于语言学习、教学及评估的整体指导方针与行动纲领，是对几十年来欧洲语言教学理论与实践的系统总结。新型的语言政策和标准体现了欧洲现代语言教学和语言学习的新理念、新思潮。因此，尽管它不是一份一般意义上的具体大纲，但其所展示的欧洲语言教育的新方向、新模式以及相关的要求和理念，无疑使其成为一部重要的现代外语教育的纲领性文献。《共同参考框架》自颁布至今，影响不断扩大，不仅在全欧洲已经深入人心，在全球外语教育及决策中也开始扮演越来越重要的角色。毫无疑问，《共同参考框架》自然也值得汉语作为外语或第二语言教学在制订教学大纲、教学标准以及教材编写、课堂教学、评估测试中借鉴和吸收。

比如，《共同参考框架》提出的"面向行动的外语教学理念"就有一定的新意，它主张把语言使用者和学习者首先定性为社会人，他们需要在某一具体的社会行动范围内，根据特定的条件和环境，完成包括语言活动在内的各项任务。语言使用和语言学习是作为个体的人或者作为社会人完成的行动。强调正是社会环境、社会活动赋予了语言活动、语言交际以充分的含义。这种学习者首先是社会人，外语学习应该在某些社会行动中完成包括语言交际活动在内的各项任务的观念，不仅为"做中学"、"互动中学"、"用语言做事"等教学理念或原则提供了理论上的支持，而且也为外语教学跟社会现实、社会活动联系起来和结合起来，提供了理论依据。

又如，在面向行动的外语教学理念下，《共同参考框架》进一步提出了"个人综合能力"的概念。比之于以往的各类大纲，扩大了外语教育和教学的领域和领地，把外语能力的培养跟包括学习能力在内的个人综合素养、综合能力的培养联系起来，结合起来；突破了以往多数外语教学大纲和教学标准主要是就语言谈语言教学、就语言能力谈语言能力培养的观念和做法；突出了外语学习者和使用者首先是社会中的人，因此首先要有社会交往能力，并把语言能力置于这种社会交往的个人综合能力之中。

然而，我们也应该清楚，《共同参考框架》是欧洲一体化进程大背景下的产物。它是为面对和解决欧洲各国外语教学的方针政策、目标原则、方式方法及评估和认证标准而制订的通用性的参考框架。《共同参考框架》在学术和技术层面，谈的是语言教育、综合能力的培养，语言能力的分级、评估和各种能力量表的建构等，但在本质上是维护欧盟成员国语言和文化的多样性，根本上是要促进欧洲各国的外语教育、提升欧洲公民的外语交流能力，并着力解决外语教育中诸如能力等级相互认证的问题。因此，它既要求有关的内容和标准等尽可能地详尽、完备、透明和有可操作性，同时又明确绝不是想建立一个单一和统一的体系。《共同参考框架》必须是开放的、灵活的，以便能通过必要的调整，适用于各成员国及各种特殊情况。因此，它呈现出来的各种“量表”和评估标准等只能是欧洲语言“共同的参考框架”。

不难看出，《共同参考框架》的“欧洲特征”是非常明显的，这也是它做得比较成功的地方。比如，“语言多元化”、“多元化语言能力和多元文化能力”、“终生外语学习”等理念的确立。明确宣誓“制订一个适用于各个层次外语教学的欧洲框架性标准”，是为了“促进并方便各国教育机构的合作；为建立各成员国间外语资质相互承认的机制奠定一个坚实的基础；帮助学习者、教师、教材编写者、学业证书管理单位和教学行政部门协调一致，形成合力”（中译本 2008：5）。以及承认乃至鼓励学习目标和教学目标可以有所不同，允许和支持语言学习和使用者“发展部分语言能力”、“能力可以不均衡”、“语言能力功能化”等，这些都是基于欧洲各国的外语教学实际与欧洲公民流动和交流的实际需要出发的，很有针对性和实用性。又比如，《共同参考框架》凡涉及语言知识、文化知识，以及语言能力和语言技能等的描述，都体现出欧洲各语言及欧洲文化的特点。

“欧洲特征”的体现是《共同参考框架》的成功之处，但某种意义上说也是它的局限性所在。《共同参考框架》是基于同一语系的欧洲各语言设计的，这些语言之间在词汇、语法及相关文化等方面总体上说具有高度的相似性，听说读写等语言技能的难易程度及书写系统和书写方式也具有高度的相似性。《共同参考框架》就外语教学、学习和评估的所有“话语”都是基于这些具有高度相关性和相似性的语言而言的。因此，欧洲以外的语言，特别是像汉语这样跟欧洲各语言在语系关系、书写系统和方式、历史和文化传统等方面完全不同的语言，在借鉴《共同参考框架》时就必须考虑其适用性和适用程度问题。

尽管如此，我们认为，《共同参考框架》仍不失为当代外语教育的一份重要文献，它提出的一些外语教学理念和原则、展示的教学和学习的方式方法、设计的各种语言能力和评估量表，有许多不限于欧洲语言教学，而适用于各种外语教学，即可以为欧洲以外的外语教学吸收和借鉴。实际情况也正是如此，据报道：《共同参考框架》在“外语教学”和“本国语言推广”这两个方面的影响都已经超出了欧洲的范围。在亚洲，日本、韩国、泰国等国家已经开始思考对策或采取行动，应对《共同参考框架》带来的挑战与机遇，推动本国的外语教学和本国语言的国际推广（周守晋，2007）。

就汉语作为外语教学来看，我们对“框架”的“思考和行动”都还很不够。“框架”2001 年就正式出版了，而中译本 2008 年底才出版，[①]有关《共同参考框架》的研究文献更是凤毛麟角。实际上，不仅一般意义上的汉语作为外语教学需要研究和借鉴《共同参考框架》的有关成果，而且国际汉语教学界还面临着实际的挑战，因为欧洲的汉语作为外语教学已经无法游离于《共同参考框架》的总体约束之外，换言之，欧洲的汉语教学已然并将继续纳入和融入欧洲的外语教学体系之中。因此，包括中国国内对外汉语教学界在内的整个国际汉语教学界必须积极开展对《共同参考框架》全面的、深入的研究。这样一种研究、借鉴和吸收的工作，对国内对外汉语教学的学科建设、大纲建设、课堂教学和教材编写等是十分必要的，而对欧洲的汉语教学则不仅是必要的，更是“安身立命”的需要，因为欧洲的汉语教学必然要跟《共同参考框架》接轨。

第三节　汉语教学大纲概述

一　对外汉语教学大纲研制的基本背景

自 20 世纪 80 年代以来，随着来华留学生的不断增多，全国接收短期游学和长期留学的教学单位也随之不断增多，办学层次和规模不断扩大，不少留学生是来华学习经济、法律、历史、中医、西医以及理工等专业的，少数学校还开办了现代汉语专业或汉语言专业的留学生四年制本科教育。其中，随着全国范围内来华长期留学的语言进修生的不断增多，中高级对外汉语教学获得了空前的发展，同时也面临着挑战。中高级汉语教学的目标是什么、任务是什

① 中国台湾另有中译本，多媒体英语学会译《欧洲共同语文参考架构》，高雄和远图书资讯出版社，2007。

么，教材编写及选文的依据是什么，以至于什么是中高级汉语，中级和高级如何划分，高级汉语“高”在何处，等等，在当时不仅缺乏科学性的大纲的指导，连经验也相当匮乏。不仅中高级汉语教学的课程设置、课堂教学、教材编写、水平测试等需要有统一的、规范性的教学大纲来指导，而且，人们也开始认识到零起点开始的初级汉语教学也已经不能像以往那样仅凭教学经验来办事。一方面，教学规模扩大了，教学情况复杂了，学习需求多样化了，仅凭经验显然是不合时宜了；另一方面，初级阶段的教学跟中高级阶段的教学必须联系起来一并规划和设计，而不可能也不应该分而治之。更重要的是，对外汉语教学是一种外语教学，是一种第二语言教学，跟其他外语教学和第二语言教学一样，是一门跨学科的应用型学科的呼吁越加响亮，观念日益深入人心。于是，学科建设的问题成了对外汉语教学界的头等大事。在这种情况下，对外汉语教学界形成的一个共识就是，尽快制订各类教学大纲和水平等级大纲，特别是指导和规范全国对外汉语教学行业的综合性大纲，以改变基础汉语教学凭经验办事、中高级汉语教学的无序状况和盲目状况，尽快使对外汉语教学由经验型转变为科学型，以便更好地促进对外汉语教学学科建设的发展，适应教学实际深入发展的需要。在这种背景下，有关部门、学术团体及相关院校自 20 世纪 80 年代以来，陆续制订和出台了一些满足不同需求的“教学大纲”、“考试大纲”和“课程大纲”，以及相关的语言要素大纲。对外汉语教学界的有关专家和同行对各类大纲进行了广泛的研究和探讨。

二　对外汉语教学各类大纲简介

1.《汉语水平等级标准和等级大纲(试行)》

《汉语水平等级标准和等级大纲(试行)》(以下简称《标准和大纲》)，是中国对外汉语教学界最早研制和出版的大纲，也可以说是第一部对外汉语教学大纲。由中国对外汉语教学学会汉语水平等级研究小组编制，北京语言学院出版社 1988 年出版。

“编制说明”中写道：制订本《标准和大纲》是使对外汉语教学走向科学化、标准化的重要步骤，是学科的一项基础建设，是进行总体设计、制订教学大纲、编写各级教材以及课堂教学和测试的重要依据。《标准和大纲》设计由《汉语水平等级标准》、《词汇等级大纲》、《语法等级大纲》、《功能、意念等级大纲》(暂缺)、《文化等级大纲》(暂缺)五个部分组成。各项大纲等级间的关系如下：

表 4—6

<table>
<tr><th>等级标准</th><th>词汇大纲</th><th>语法大纲</th><th>功能、意念大纲</th><th>文化大纲</th></tr>
<tr><td>一级</td><td>甲级(1011)</td><td>甲级(133)</td><td>甲级</td><td>甲级</td></tr>
<tr><td>二级</td><td>乙级(2017)</td><td>乙级(249)</td><td>乙级</td><td>乙级</td></tr>
<tr><td>三级</td><td>丙级(2140)</td><td>丙级(207)</td><td>丙级</td><td>丙级</td></tr>
<tr><td>四级</td><td rowspan="2">丁级(拟 3000)</td><td rowspan="2">丁级(未拟)</td><td rowspan="2">丁级</td><td rowspan="2">丁级</td></tr>
<tr><td>五级</td></tr>
</table>

《汉语水平等级标准》分为一、二、三、四、五级。与四年制汉语本科教育的对应关系是：一级和二级对应一年级，三、四、五级分别对应二、三、四年级。《标准和大纲》对一级、二级、三级的听、说、读、写的等级标准分别进行了定性和定量的描述。

《词汇等级大纲》分为甲、乙、丙、丁四级，设计四级词汇累计分别为 1000 词、3000 词、5000 词、8000 词四个档次。但实际只选择和确定了甲、乙、丙三级共 5168 个词项。

《语法等级大纲》设计分为甲、乙、丙、丁四级，但实际只选择和确定了甲、乙、丙三级共 589 项。其中，甲级语法项目是个比较完整的体系，乙级语法项目是对甲级语法项目的补充、扩展和深化，丙级语法项目大部分是实用意义较强的常用词语及固定格式。

这部《标准和大纲》虽是“试行本”，并且是个未完成本，但毫无疑问它是我国对外汉语教学界第一部正式出版的综合性等级大纲，标志着对外汉语教学向着科学化、规范化和标准化迈出了关键性的一步，其开创之功不可小觑。它的问世，标志着对外汉语教学界同仁完成了由“大纲意识”到“大纲行动”的转变，是一次历史性的突破。它不仅自身有其理论和应用价值，其研制方法和经验及设计理念，以及提出的一些等级标准、等级框架、量化指标(如词汇量的“四档 8000 词”等)和具体选取的词汇、语法项目及等级认定，对后来的各类大纲的设计和研制，都发挥了重要的借鉴和参考价值。此外，它首次正式提出“结构、功能、文化”

三结合的教学法原则，在对外汉语教学理论研究、教学实践以及教材编写中产生了广泛而深远的影响，迄今已在对外汉语教学界形成了广泛的共识。

程棠(1989)指出《标准和大纲》值得肯定的地方在于：第一，明确提出把“结构—功能—文化相结合”的教学法原则作为大纲制订的指导思想。这样做，正像“编写说明”中指出的那样，“从理论到实践，是可行的、必要的”。第二，贯彻了定性描写和定量分析的原则。增强了《标准和大纲》的科学性和实用性。第三，充分体现了对外汉语教学的特点。第四，在一定程度上反映了对外汉语教学经验和有关科研成果。此外，程棠也讨论了《标准和大纲》存在的某些不足。比如，由于“功能意念等级大纲”和“文化等级大纲”尚未研制，而在没有这两个大纲与之相互参照的情况下，所拟定的“词汇等级大纲”和“语法等级大纲”的科学性和实用性“就不能完全保证”。又如，甲级语法项目系统性很强，乙级和丙级的系统性就差一点，甲级语法项目的难点突出是个优点，但难度似乎过于集中。此外，有关的量化(如有关听力的语速、阅读的速度等)还缺乏实验研究数据的支持。

2.《汉语水平词汇与汉字等级大纲》

《汉语水平词汇与汉字等级大纲》由国家对外汉语教学领导小组办公室汉语水平考试部编制，北京语言学院出版社1992年出版。2001年，国家汉语水平考试委员会办公室考试中心对《汉语水平词汇与汉字等级大纲》进行了修订，改由经济科学出版社出版。

“前言”中明确：本《大纲》不同于一般的教学大纲，是一种规定性的水平大纲。其主要用途是：可作为初中等汉语水平考试(HSK初、中等)和高等汉语水平考试(HSK高等)的主要依据；可作为对外汉语教学总体设计、教材编写、课堂教学和成绩测试的重要依据；可作为国内少数民族汉语教学以及中小学语文教学的重要参考；可作为编制汉语水平四级通用字典及其他辞书编撰的框架范围。

表4—7

	甲级	乙级	丙级	丁级
词汇(8822)	1033	2018	2202	3569
汉字(2905＋附录41)	800	804	590(＋11)	670(＋30)

《汉语水平词汇与汉字等级大纲》吸收了当时国内汉语词汇和汉字计量研究的主要成果和最新成果，借鉴了对外汉语教学和汉语本体研究的相关成果。《汉语水平词汇与汉字等级大纲》出台后不仅对汉语水平考试、对外汉语教学大纲的制订和教材编写起到了极大的促进作用，而且由此带来的规范化、科学化、标准化的"大纲意识"在对外汉语教学界逐步而广泛地深入人心。这部"词汇和汉字"大纲的出台，在当时主要以经验为主、按经验办事的对外汉语界产生了巨大的、震撼性的影响。其影响力波及国内的语言学界以及海外的汉语教学界。在国内的对外汉语教学界，人们开始拿大纲"说事"，利用大纲、研究大纲和研制大纲，在此后的一段时间里似乎成了一种不大不小的风气。不仅如此，《汉语水平词汇与汉字等级大纲》出台后，利用它及后来出版的大纲进行词汇和语法等汉语要素及汉字的本体研究，以及利用大纲进行面向对外汉语教学的本体研究也已然成为风气，至今在对外汉语教学的各种学术讨论会及学术刊物上，还可以看到基于或利用《汉语水平词汇与汉字等级大纲》以及其他大纲进行相关研究的学术论文。迄今，在各种汉语词表和汉字字表中，这部《汉语水平词汇与汉字等级大纲》仍然是比较权威和颇具影响力的一种。

然而，我们也应看到，《汉语水平词汇与汉字等级大纲》出版已近 20 年，20 年来中国社会生活和语言生活都发生了许多前所未有的变化，汉语教学研究和汉语本体研究都取得了很大的进步，因此，至少其中的"词汇等级大纲"从理论上和实际上看都有些陈旧的色彩。而且，由于主客观条件的限制，这部大纲本身在当时就不能说是十全十美的。比如，张凯(1997)在相关的统计分析的基础上认为，《汉语水平词汇与汉字等级大纲》把汉字的教学量定为 3000 是合适的，而把词汇量定为 8822 是有些保守的，他建议可以考虑将词汇总数定为 10000 至 12000。此外，李清华(1999)、赵金铭等(2003)、姜德梧(2004)等，都对大纲存在的问题及修订进行了很好的讨论。

2001 年出版的修订本主要是更换了"粮票"、"万元户"等个别词语，调整了个别词序、修订了少数词的词性、订正了个别词语的写法等。基本上可以说是一次小修小补，严格地说算不上是真正意义上的"修订本"。

3.《对外汉语教学语法大纲》

《对外汉语教学语法大纲》由中国国家对外汉语教学领导小组办公室组织编写，王还主编，北京语言学院出版社 1995 年出版。

“出版说明”写道：该《大纲》的编写、出版是为了适应对外汉语教学的需要，为对外汉语教师提供教学和教材编写的语法方面的依据和参考。内容由五个部分构成：(一)汉字、音节、词；(二)词类；(三)词组；(四)句子成分；(五)句子。不难看出，这个框架是基于汉语本体的语法体系。虽然在具体内容的选择和陈列中，能够看出对对外汉语教学的关照，但总体上是一部基于汉语语法本体研究的共识性体系。该《大纲》体系性很强，知识的陈述、分析和举例都很恰当稳妥，但没有切分出语法项目、语法点，更没有等级划分和排序。因此，该《大纲》出版后似乎影响不大。不过，该《大纲》由多位对外汉语教学界的语法专家和资深教师合作编写而成，内容比较详尽，知识可靠，完全可以作为教师语法学习、课堂教学和教材编写的参考依据。

4.《汉语水平等级标准和语法等级大纲》

《汉语水平等级标准和语法等级大纲》由国家对外汉语教学领导小组办公室汉语水平考试部编制，高等教育出版社 1996 年出版。

《汉语水平等级标准和语法等级大纲》是在《汉语水平等级标准和等级大纲(试行)》(1988)和《汉语水平词汇与汉字等级大纲》(1992)的基础上、参照相关的词频与语法统计资料及语法著作等编制而成，是一种规范性的等级标准和水平大纲。其主要用途包括：作为总体设计、教材编写、课堂教学和课程测试的主要依据；汉语水平考试(HSK)命题的主要依据等。

“汉语水平等级标准”分为一级、二级、三级、四级、五级标准。每一级标准都从话题内容、语言范围和言语能力三个方面做了描述，每一级标准都规定了读、听、说、写、译(三、四、五级才有)应达到的水平。其中，一级和二级标准为初等水平，三级标准为中等水平，四级和五级标准为高等水平。

“语法等级大纲”包括甲级语法 129 项、乙级语法 123 项、丙级语法 400 点、丁级语法 516 点，共 1168 项/点。其中，甲、乙、丙三级语法分别跟汉语水平等级的一、二、三级标准相对应，丁级语法与四、五级标准对应。

《汉语水平等级标准和语法等级大纲》实质上是《汉语水平等级标准和等

级大纲(试行)》(1988)关于汉语水平等级标准和语法等级大纲的"放大版"、"调整版",即它将《汉语水平等级标准和等级大纲(试行)》的三级标准扩大为五级标准,甲、乙、丙三级语法项目扩大为甲、乙、丙、丁四级语法项目。其中,语法项目除了增加语素、句群两种语言单位外,还增加了"离合词",及丙级语法中的"词组"、丁级语法中的"词的构成"、丙级和丁级语法中的"口语格式",等等。毫无疑问,这种内容上的修订、增加和调整是一种进步。《汉语水平等级标准和语法等级大纲》的另一个重要特点是努力将"汉语水平等级标准"和"语法等级大纲"级别的确立和描述与《汉语水平词汇与汉字等级大纲》(1992)的"词汇等级大纲"和"汉字等级大纲"联系起来、照应起来和整合起来。这样,关于汉语水平的五个等级的划分就有一个系统的描述,而且将词汇、语法和汉字各自四级(甲乙丙丁)内容配合起来,通过先后出版的两部《大纲》共同完成了汉语水平等级的划分标准,以及汉语词汇、语法和汉字的水平等级划分及内容确定。应该说,这部《汉语水平等级标准和语法等级大纲》实现了上述意图。不仅如此,《汉语水平等级标准和语法等级大纲》的四级语法等级划分,由于内容比较全面,选项和用例精当,为对外汉语教材编写、水平测试以及对外汉语教学语法研究等所广泛使用和参照。

5.《高等学校外国留学生汉语言专业教学大纲》

《高等学校外国留学生汉语言专业教学大纲》由国家对外汉语教学领导小组办公室编制,北京语言大学出版社 2002 年出版。

《高等学校外国留学生汉语言专业教学大纲》由国家汉办组织有关院校的专家学者、在充分调研的基础上研制而成,是指导和规范全国高等学校留学生汉语言专业本科教学的纲领性文件。该《大纲》总结了对外汉语教学特别是本科教学的经验,广泛吸收了第二语言教学研究、语言习得研究和汉语本体研究的理论和成果,充分借鉴和利用了既有的各类教学大纲和水平大纲的成果,因此其科学性、针对性和实用性都得到了很好的保证。

《高等学校外国留学生汉语言专业教学大纲》的内容包括教学对象、教学目标、教学内容、教学安排、教学原则、课程设置和教学要求七个部分。另有五个附表,分别是词汇表、汉字表、语法项目表、功能项目表和课程介绍。其中:

词汇表(总词汇7554个),一年级词汇表收词2704个(一级词汇993个,全部复用式掌握;二级词汇1711个,其中复用式词汇763个);二年级词汇表收词2215个;三、四年级词汇表收词2635个。汉字表(总汉字2503个),一年级汉字表收字1491个(一级字795个、二级字696个),二年级汉字表收字545个,三、四年级汉字表收字467个。语法项目表,一年级语法项目表(词类、短语、句子成分、句子、几种特殊的句式、动词的态)、教学语法项目序列(102项),二年级语法项目表(合成词的构成及其语素意义、词语的联系与扩展、词类、短语、句子成分、句中特殊的句式、复句、语段、省略、强调的方法),三、四年级语法项目表(语素、词类、短语、句子成分、句中特殊的句式、倒装句、复句、紧缩句、固定格式、语段)。功能项目表包括纲目(从言语交际的角度分为社交表达、情况表达、态度表达、情感表达、使令表达、谈话技巧六大类,共100项)、细目表(对100项纲目中的每一项均列出相关的各种典型的表达方式及其例句,并按难易度排列,共有数百项)。

《高等学校外国留学生汉语言专业教学大纲》是对外汉语教学界迄今唯一一部汉语言专业本科教学大纲,也是一部相对完整的综合性教学大纲。它增加和凸显了语素教学、语段教学,特别是所整理出的汉语功能项目表比较系统和完整,堪称汉语功能大纲,尽管其框架主要来源于20世纪70年代欧洲的功能大纲,但对汉语来说仍具有一定的创新性。此外,词汇表中的词语有注音、有词性,并进行了最简单的释义和例示,方便实用,是个进步。该《大纲》有原则性,并且相关规定具体而明确,而在一般性问题上则具有一定的弹性和灵活性,允许和鼓励各学校根据实际情况进行必要和适当的调整。这些特点也可以视为该《大纲》的一些优点。

《高等学校外国留学生汉语言专业教学大纲》问世后在对外汉语教学和教材编写中发挥了积极的作用,促进了全国有关院校汉语言本科学历教育逐步走上科学化、规范化的轨道,有利于避免本科教学的盲目性和随意性。《高等学校外国留学生汉语言专业教学大纲》以及同时出台的《高等学校外国留学生汉语教学大纲(长期进修)》(2002)和《高等学校外国留学生汉语教学大纲(短期强化)》(2002),毫无疑问都是对外汉语教学学科规范化建设和大纲建设的重要成果，并且都有其自身的学术和应用价值。当然，它们也都存在不同程度的问题和需要改进的方面，已有学者对此进行了探讨，如张宝林(2007)就讨论了这些大纲在词汇、语法方面存在的某些问题。

6.《国际汉语教学通用课程大纲》

《国际汉语教学通用课程大纲》(以下简称《课程大纲》)由国家汉语国际推广领导小组办公室编制，外语教学与研究出版社 2008 年出版。

《课程大纲》的“说明”中对研制目的、原则、内容、适用对象等分别做了阐述。“研制目的”：为顺应世界各地汉语教学迅速发展的趋势，满足各国对汉语教学内容规范化的需求，中国国家汉语国际推广领导小组办公室组织研制了这部《课程大纲》。该《课程大纲》是对汉语作为第二语言课程目标与内容的梳理和描述，旨在为汉语教学机构和教师在教学计划制订、学习者语言能力评测和教材编写等方面提供参考依据和参照标准。“研制原则”：在科学性方面，以语言交际能力理论为指导，借鉴了多种外语和第二语言教学大纲的经验和成果，吸收了国际汉语教学的经验，并在较大范围内进行了调研；在实用性方面，从指导国际汉语教学实践的角度出发，对课程目标及学习者所应具备的语言知识、语言技能、策略和文化意识等方面进行了分级分类描述，并提供了八个有实用参考价值的附表供使用者参选；在针对性方面，根据国际汉语教学日趋走向大众化、普及型、应用型的发展趋势，最大可能地兼顾到小学、中学及社会人士等不同使用对象的特点，最大限度地降低了汉语学习的难度，并突出汉语交际能力培养的核心地位；在通用性方面，参照了国际认可的语言能力标准，吸收了现阶段国际汉语教学的成果与经验，对典型的汉语知识和文化知识进行了梳理，并提供了有可操作性的示例建议。“大纲内容”：国际汉语教学课程的总目标是使学习者在学习汉语语言知识与技能的同时，进一步强化学习目的，培养自主学习与合作学习的能力，形成有效的学习策略，最终具备汉语综合运用能力。语言综合运用能力由语言知识、语言技能、策略、文化意识四方面内容组成，语言知识和语言技能是语言综合运用能力的基础，策略是提高效率、促进学习者自主学习和发展自我能力的重要条件，文化意识是培养学习者具备国际视野和多元文化意识、更得体地运用语言的必备元素。“分级目标”：

参照《国际汉语能力标准》将课程内容划分为五个等级，并对各等级的目标进行了描述。比如“一级目标”要求学习者能理解有关个人或日常生活的基本语言材料，可以较准确地进行词句复述、背诵及抄写；开始培养学习汉语的兴趣和信心；在教师的指导下，初步接触简单的学习策略、交际策略、资源策略和跨学科策略；开始了解中国的文化知识，开始具有初步的跨文化意识和国际视野。“适用对象”：《课程大纲》旨在为国际汉语教学工作者和汉语学习者提供服务。适用对象包括成年与未成年人、在校与社会学习者、有汉语背景与无汉语背景者等。在校学习者包括公立及私立小学、初高中学校、国际学校及大学的学生，社会学习者包括成人夜校、成人周末学校及汉语补习学校的学生。此外，《课程大纲》对中国的国际汉语教师及志愿者教师也有参考价值，同时也为编写国际汉语教材提供了参考。

《课程大纲》共有五章，每章的内容按如下框架进行描述：

表 4—8

	一级 目标及内容	二级 目标及内容	三级 目标及内容	四级 目标及内容	五级 目标及内容
第 N 章	一、目标 二、语言知识 三、语言技能 四、策略 五、文化意识	一、目标 二、语言知识 三、语言技能 四、策略 五、文化意识	一、目标 二、语言知识 三、语言技能 四、策略 五、文化意识	一、目标 二、语言知识 三、语言技能 四、策略 五、文化意识	一、目标 二、语言知识 三、语言技能 四、策略 五、文化意识

目标包括各级目标描述，可参见上文所例示的“一级目标”描述。语言知识包括对语音、字词、语法、功能、话题、语篇的目标描述。语言技能包括对综合技能和单项技能（听、说、读、写、译）进行的目标描述。策略包括对情感、学习、交际、资源、跨学科等策略的目标描述。文化意识包括对文化知识、文化理解、跨文化意识、国际视野的目标描述。

《课程大纲》有八个附录，分别是《汉语教学话题及内容建议表》《汉语教学话题及内容举例表》《中国文化题材及文化任务举例表》《汉语教学任务活动示范列表》《常用汉语语法项目分级表》《汉语拼音声母、韵母与声调》《常用汉语800 字表》《常用汉语 1500 高频词语表》。

世界范围内汉语教学不断升温，汉语学习的人数、层次和需求不断增加，国际汉语教学面临着新的发展机遇,同时也面临着缺乏汉语教学内容和教学标准的规范化的挑战,《课程大纲》就是在这样的大背景下出台的。它的研制和发布有利于促进国际汉语教学的有序发展、科学发展和高效发展。它不仅为现阶段国际汉语教学提供了一份标准化的、规范性的课程大纲,同时也为世界各地的汉语教学提供了一份可资借鉴的参考性指导文件。它建立的五级课程标准和内容,应该适合现阶段大众化、普及型国际汉语教学的现状。

《课程大纲》的突出特点或者说成功之处主要表现在以下几个方面:第一,内容具有综合性、集成性和实用性。不仅五级标准(目标)及其内容自身内涵比较全面,涉及教学目标、语言知识和语言技能、外语学习策略、文化意识等语言教学和学习的多方面内容,而且八个"附录"也有效地配合和丰富了《课程大纲》的内容。在相当程度上说,这八个"附录"对目前的海外汉语教学和教材编写更具有指导意义和实用价值。特别是对起步阶段的各类学校或汉语培训单位以及新手汉语教师,《课程大纲》及其"附录"为其课程设置、教学内容的选择和安排,以及课堂教学活动和教学任务的选择与实施等,都提供了具体而实用的参考素材和例示。第二,构架新颖,理念先进。整个大纲的内容虽然大体涉及初、中、高各学习阶段,但没有按初中高"三级"来设计,而是设计了五级教学阶段,这可能更适合海外多样化学习群体和学习层次的需求。而在五级目标及内容中均突出了"策略"和"文化意识"的描述,前者是以往汉语大纲中未曾涉及的,后者是以往汉语大纲中或未曾涉及或虽有涉及但未能如此全面的。此外,附录《汉语教学话题及内容举例表》《中国文化题材及文化任务举例表》《汉语教学任务活动示范列表》充分体现了时下广为流行的任务型语言教学思想,甚至可以说《汉语教学话题及内容举例表》就是一部基于任务的日常生活和学习的"话题及其活动大纲"、《中国文化题材及文化任务举例表》就是一部基于任务的基础性的"文化及其活动大纲"、《汉语教学任务活动示范列表》就是一个在校学习者和社会学习者不同层级的微型的"课堂任务活动操作指南"。第三,可能是迄今为止的汉语教学大纲中最具国际性的一部大纲。《课程大纲》的设计理念、架构及内容取向体现了国际外语教育的一些共识性理念,如以培养学习者具备"语言综合运用能力"为终极性目标,而在具体的课程实施即学习汉语知识和技能的过程中，注重强化学习者的学习目的、注重培养学习者自主学习的能力、注重学习策略的开发和引导、注重文化理解能力的培养等，而其内容的多元化取向，也应和了当代外语教学大纲研制的主流性倾向。《课程大纲》充分体现了任务型语言教学的路子，而任务法是当今外语教学的主导性流派。此外，《课程大纲》的研发团队也具有充分的国际性，特别是跟以往对外汉语教学界研制的各类大纲相比，这一点是非常突出的。据《课程大纲》"说明"中表示，有关部门先后组织世界各地300多位汉语教学专家和教师参与大纲的研制。另外，大纲陈列的90余篇参看文献中，只有3部中文文献，其余均为外语文献。这后两点或许也可以算作大纲"国际视野"的体现。

当然，无论从理论还是从实践上，这部《课程大纲》都可能存在某些问题和不足，因为此前国内汉语教学界还没有这类外向型汉语教学大纲可以参考。因此，在为这部首次面向海外大众化、普及型汉语教学的《课程大纲》出台欢呼的同时，也需要在理论上进一步加以研究，分析其成败得失，并在教学实践中不断检验、完善和修正，以期更好地服务于海外的汉语教学。基于这样的考虑，我们可以做如下的讨论。比如，"说明"中表示，"在编写过程中，最大可能地兼顾到小学、中学及社会人士等不同使用对象的特点，最大限度地降低了汉语学习的难度，对目标等级也做了适当调整"。这是值得讨论的。首先，中小学的汉语学习跟成人的汉语学习，在学习目标、学习内容、学习需求及学习方法上就会有所不同，甚至会有很大的不同，因此，兼顾起来并不容易，难免顾此失彼，出现有些内容对某学习群体合适而对另外的学习群体并不合适的情况。如《课程大纲》中多次出现的"能理解工作或社交场合中的谈话或发言"、"能读懂工作及社交中的普通信函、电子邮件、通知等文字材料"一类的目标描述，以及"了解中国的几种名酒，如茅台、青岛啤酒等"等任务要求，就不适合中小学的汉语教学。这类情况不在少数。其次，《课程大纲》没有说明是如何"最大限度地降低了汉语学习的难度"的。事实上，从附录《常用汉语语法项目分级表》中并没有发现多少"降低了学习难度的"做法，汉语语法的基本内容和主要内容几乎"应有尽有"，甚至连不必关注的"兼语句"也都出现了；从附录《中国文化题材及文化任务举例表》中不仅未能读出"去繁琐化"的味道，反而觉得无论是面向中小学还是面向社会人士，都有些相当繁难和不必要的内容，如了解中国的“地形特征”、“地势特征”、“气候多样性及其主要特征”，“了解当代中国金融的基本状况：几家大的银行、股票与基金、外资银行等”，“了解中国经济的特点”，“你对中药和西药有什么不同的看法”。当然，“难易”及“必要与否”都是见仁见智的问题，但是，我们似乎没有体会到《课程大纲》的“降难”措施。从理论上说，一种语言整体、局部或个体语言现象的难易问题，对于某种语言文化背景的学习者及学习者群体来说，可能是存在的。特别是学习一种有亲属关系的语言跟学习一种没有亲属关系的语言相比，这种难与易的感觉会是明显的。那么，降低学习难度的可能做法是“去难就简”、“删繁就简”。也即某种语言现象只要有难的，就不学这个难的；有难有易的，就只学易的；有繁有简的，就只学简单的；如此等等。否则“降低难度”就无法落实。理论上说，一种语言及其局部或个体现象的难度，是无法通过主观的努力去降低的。采取上述所说的去难就简的“断臂”措施可能会起到降低学习难度的作用，但“断臂”是要付出代价的，会使语言学习变得“支离破碎”，而难以成为系统的语言学习。举个简单的例子来看，有的初学汉语者对写“谢谢”两个字可能会感到“难”，那么怎么降难呢？最爽快的做法是不写，或是只写汉语拼音，而这两种办法都是以不会写汉字为代价的。又如，《课程大纲》在处理“中国内容”（汉语、汉字、中国文化的教学）与“海外教学环境”的关系上并没有一个明确的指导意见。不过，可以看出大纲还是尽可能不涉及“中国环境”，尽可能利用“通用环境”或海外环境，但是做得不够彻底。如所例示的常用语句就有“去北京大学怎么走”、“到故宫坐几路车”、“一张颐和园”、“去人民大会堂”，海外的汉语教学对这样的内容就得变通利用，否则就会缺乏真实性。

毫无疑问，《课程大纲》存在这样那样的问题与不足，但是任何一部大纲都会存在问题与不足。作为汉语母语国，能够面向海外汉语教学的需要、从无到有出台这样一部颇有特色和新意的大纲，本身就是值得肯定的，《课程大纲》确实在一定程度上可以为海外的汉语教学提供指导和参考。而从国际汉语教学学科建设的角度看，这部《课程大纲》本身的意义和价值远大于它存在的问题和不足。实际上，它的外向型特点和国际性“风貌”，以及它所呈现出的现代外语教学理念和当代主流的教学法，在汉语作为外语教学的大纲建设和发展历程中必将占有一席之地。

7. 其他的各类汉语教学大纲

除了上面详略不等介绍的六部大纲外，对外汉语教学界还出版了如下一些大纲：

《中国汉语水平考试大纲(初、中等)》，北京语言学院汉语水平考试中心编制，现代出版社 1989 年出版。

《中国汉语水平考试大纲(高等)》，北京语言学院汉语水平考试中心编制，北京语言学院出版社 1995 年出版。

《中高级对外汉语教学等级大纲(词汇·语法)》，孙瑞珍主编，北京大学出版社 1995 年出版。

《HSK 中国汉语水平考试大纲·基础》，北京语言文化大学汉语水平考试中心编制，现代出版社 1998 年出版。

《对外汉语教学初级阶段教学大纲》，杨寄洲主编，北京语言文化大学出版社 1999 年出版。

《对外汉语教学中高级阶段功能大纲》，赵建华主编，北京语言文化大学出版社 1999 年出版。

《对外汉语教学初级阶段课程规范》，王钟华主编，北京语言文化大学出版社 1999 年出版。

《对外汉语教学中高级阶段课程规范》，陈田顺主编，北京语言文化大学出版社 1999 年出版。

《高等学校外国留学生汉语教学大纲(长期进修)》，国家汉办编制，北京语言大学出版社 2002 年出版。

《高等学校外国留学生汉语教学大纲(短期强化)》，国家汉办编制，北京语言大学出版社 2002 年出版。

《商务汉语考试大纲》，国家汉办、北京大学编制，北京大学出版社 2006 年出版。

《国际汉语能力标准》，国家汉语国际推广领导小组办公室编制，外语教学与研究出版社 2007 年出版。

《新汉语水平考试大纲》(HSK 1—6 级),国家汉办、孔子学院总部编制,商务印书馆 2009 年至 2010 年出版。

《新中小学汉语考试大纲》(YCT 1—4 级),国家汉办、孔子学院总部编制,商务印书馆 2009 年至 2010 年出版。

自 1988 年第一部大纲发布后,对外汉语教学界迄今已经出版了 20 部各类教学大纲。这些大纲的功能类型主要有:汉语教学大纲、汉语水平等级大纲、汉语考试大纲、汉语能力标准、通用课程大纲、课程规范。“汉语教学大纲”又分为综合性大纲和词汇、语法等语言要素教学大纲。“汉语水平等级大纲”也分为包括等级划分、等级描述及确定语言要素等的综合性大纲,以及不做等级划分和描述仅是确定语言要素等级的单项性大纲。“汉语水平考试大纲”有按初、中、高等级划分的,也有按四级或六级划分的;有通用汉语水平考试大纲(又分为用于成人的和用于中小学生的),也有专门用途的考试大纲(如“商务汉语考试大纲”)。“汉语能力标准”是制订各类教学大纲、考试大纲和课程大纲的指导性、纲领性文件,也可视为是制订各类大纲的“大纲”,这类“超大纲”的“标准”研制还刚刚起步,目前仅见一份描写“学习者使用汉语能力”的标准。“通用课程大纲”是综合性教学大纲。“课程规范”规定课程的性质、教学目的和教学要求(原则)、教学内容和教学重点、教学环节和教学方法、测试和评估的方式方法,并附有相关阶段课程的教案。因此,课程规范虽不是严格意义上的教学大纲,但是它的内容(包括教案设计)对相关课程的教材编写却有着直接的参考价值,所以,我们在基于教材编写而介绍各类大纲时一并将课程规范算在其中。

总起来说,现有这些性质和功用不同的汉语教学大纲,都在不同时期、不同范围内发挥了积极的作用,在促进和规范对外汉语教学的学科建设、各类测试、教学设计、教材编写和课堂教学等方面发挥了重要的作用。在提高汉语教学质量和效益、促进汉语的国际化进程等方面做出了贡献。至今这些大纲仍在程度不同地发挥着作用。但是,从大纲之于外语教学应有的重要作用来看,从当今海内外不断发展、快速发展的汉语教学实践来看,从建设国际汉语教育大学科的角度看，我们的大纲建设还很薄弱，现有的各类大纲还不能很好地满足国际汉语教学实践的需要。具有国际水准的汉语教学大纲实为少见，在"超大纲"的各类"标准"建设方面更是刚刚起步，而这类标准或框架则是制订各类大纲的基准和依据。因此，急需谋划、研究和研制。现有的多数大纲无论从理念上和具体内容上都需要修订和完善。并且现有的多数大纲都是以词汇、语法、汉字等语言要素的等级划分和等级归属为重点，这是非常必要的，但仅有这些"结构型"大纲是不够的。还应该进一步研究和开发各类综合型大纲，以及功能、情景和文化等专项教学大纲。实际上，我们更应借鉴近些年来国际上一些有影响的大纲或教学法流派，淡化具体语言要素范围划分和等级确定的做法，而是注重综合语言能力的培养，重视语言能力的等级描述和量表的制订，从而为不拘一格使用各种手段和方法来提升学习者语言能力创造条件和"预留空间"，如"欧洲语言共同参考框架"以及任务型语言教学流派，就是采取"淡化"语言要素范围确定和等级划分的做法。这是很值得海内外汉语作为外语或第二语言教学界积极加以吸收和借鉴的。

第四节　教学大纲与教材编写

一　三类汉语教学大纲及其相互关系

从以上几节的叙述中可以得知：教学大纲是根据教学计划制订的，教学计划是根据一定的教育目的和培养目标制订的教育和教学工作的指导文件，是制订各类大纲的重要依据。据此并结合汉语作为外语教学的实践和当今外语教学各类大纲的性质和特点，为说明问题方便，我们把相当于传统意义上的教学计划称作"语言标准"，如"汉语标准"、"汉语能力标准"、"汉语知识框架标准"等；把相当于传统意义上的教学大纲以及海内外教育界和外语教学界称为课程目标、课程纲要、课程标准的，如外语学习目标或外语学习标准，一律视为"语言大纲"，其中包括各类综合的和专项内容的教学大纲、课程大纲、考试大纲；在语言标准和语言大纲之下的传统意义上的课程规范仍称作课程规范。

这样来看，汉语作为外语教学的“大纲”就包括“语言标准”、“语言大纲”和“课程规范”三类。其中，语言标准是最上层的大纲，是关于某种语言作为外语教学的总体规划、发展纲要、方向政策以及知识和能力教育教学的总方针，是该语言作为外语或第二语言教学的纲领性文件，指导和影响着各类语言大纲的规划、制订和内容的取向等。语言大纲是中层的大纲，是根据相关的语言标准制订的各类教学大纲、水平大纲、考试大纲、通用课程标准等。课程规范是最下层的大纲，它是根据相关的语言标准和语言大纲制订的各类课程的性质、作用、要求、内容、方法及评价等的说明。

显然，无论是语言标准、语言大纲和课程规范中哪一类外语大纲，实际上都是十分重要的。因为它们对外语教学的总体规划和设计、教学大纲的设计和编制、教材的设计和实施、课堂教学及各类测试，都具有标准性、规范性、指导性的作用，都可以在相关问题、特定范围、有关方面起到决定性或支持性的作用。语言标准和语言大纲尤其具有“决策者”的权威地位。

举例来说，假如我们只以普通话的标准语音作为汉语语音教学的标准，并把这样的要求作为国际汉语教学“语言标准”之一的“语音标准”，那么这个标准在现阶段的国际汉语教学实践中就是理想化的高标准，实际操作起来即使对国内的汉语教学也并不容易完全做到；假如在确立以标准的普通话语音作为汉语教学标准的同时，把带有各地方音色彩的普通话语音也算作是规范的，并把这样的语音教学要求确立为“语音标准”，那么在国内外开展汉语教学就更加方便可行；假如对海外的汉语教学取大华语的概念，在不影响相互交流和理解的前提下，将各种靠近“普通话”、接近“国语”，以及海外不同区域、不同国别和社团的“共同官话”的语音，都视为汉语（华语）的语音规范，并把这样宽式化、多元化、区域化的汉语语音规范作为汉语国际化进程初始阶段的“语音标准”，那么海外的汉语教学和传播将便利易行。可见，三种不同的“语音标准”对汉语教学和传播会有三种不同情形的影响。如果我们再把词汇、语法等标准包括进来，结合世界各地汉语（华语）使用和教学的实际，进一步来考虑汉语（语音、词汇、语法、汉字）教学和传播的“语言标准”问题，那么同样会有三种跟上述语音标准宽严取舍一样的情况，而“语言标准”不仅会对海内外的汉语教学和传播产生重大的影响，对教材编写、课堂教学、评估测试等也会产生直接而重要的影响，甚至直接影响到汉语（华语）教师的标准及其选任。这是“语言标准”影响语言教学和传播的方针、政策、进程以及语言教学内容取向和要求的例子。

同样，根据语言标准制订的各级各类语言大纲，更是直接或间接地影响着语言教学和传播的各个方面。例如，海内外不同国家和地区、不同学校和机构的“汉字标准”，就直接影响汉字教学大纲的制订。当然，假如有学校的汉语教学标准之一就是“只教拼音，不教汉字”，那就又当别论了。不过，这也是语言标准（政策）具有“生杀”大权的一个例证。假如有关国家、学校的语言标准中有“教授汉字”的规定，那么就有一个汉字教学标准问题。汉字标准主要指汉字教学的繁简字取向，以及汉字教学的数量标准等。那么，依据汉字标准制订的汉字教学大纲就应该按照“标准”规定的繁体字或简体字教学取向及教学字量规定，结合本单位汉语和汉字的教学目标制订出相应的汉字教学大纲，规定汉字教学的等级划分及教学原则和要求等。进一步来看，有关的汉字标准、汉字教学大纲又规定或指导着“课程规范”特别是其中汉字教学规范的制订。海内外各类汉语教育机构的“汉字标准”中，除了“不教汉字”以外，不外乎有这样几种“标准”：只教简体字（中国大陆也称规范字），只教繁体字，教繁体字但也认简体字，或教简体字但也识繁体字。那么，据此制订的课程规范就将涉及是否设置单独的汉字课的问题。如果单独开设汉字课，其课程规范如何制订？教材如何编写？如果有繁简汉字“照应性”教学的话，那么二者如何照应？如果不单独开设汉字课，那么汉字教学主要安排在哪种课型中？其课程规范如何制订？教材如何编写？诸如此类的问题都足可以说明语言标准、语言大纲决定和影响课程规范的制订。而语言标准、语言大纲和课程规范，都直接或间接地影响着汉语教材的设计和编写。

二 高度重视各类大纲的研究和建设

各类外语大纲性质不同、管辖的范围不同，但对于外语教学和传播的重要性却是共同的。大纲之所以重要，就在于“语言标准”类大纲可以为语言教学和传播确定目标、方针、政策、标准；依据语言标准制订的各类“语言大纲”能够为语言教学提供水平等级标准和教学等级标准、水平测试标准和教学测试标准，能够为不同等级的教学提供相关的教学内容、教学要求、教学方法建议，为教材编写提供等级标准和教学内容资源，等等；而在语言标准和语言大纲指导下，结合教学目标制订的各类课程和课型的“课程规范”，能够明确其课程性质、课程目标、课程任务、教学内容、教学原则、主要教学环节与方法、主要活动方式和训练手段、评估测试的原则与方法，从而可以为教材编写提供多种具体的参考，等等。正因为不同性质和类型的大纲分别有着如此重要的功能，这就要求我们应高度重视大纲的设计和研制。

对于所有大纲而言，其本身都应具有科学性、针对性、规范性和实用性。也就是说，大纲无论是做出决断、确立标准还是提供资源，都应具有上述这些特性，这是对各类大纲的基本要求，也是各类大纲能够发挥应有作用的基本保证。就语言标准而言，其最重要的外在功能是“把握语言教育的方向”，在语言教育和教学的重大问题上“做出决断”、“确立标准”。就语言大纲而言，其最重要的外在功能是“使语言教学置于科学的轨道上”，能够最大限度地保证“语言教学高效益”。就课程规范而言，其最重要的外在功能是“确保理论与实践的结合”、“确保相关的标准和规范落到实处”、“确保把成功的教学经验升华为课程规范”。然而，这些内在特性和外部功能，是各类大纲应该具备的性质和功用，实际制订或编写的大纲未必都能具备这些特性和功能。

因此，要加强汉语作为外语教学的大纲研究和体系建设。就国际汉语教学的现状和发展趋势来看，我们应该将汉语教学大纲的研究和建设视为国际汉语教育学科建设的重要领域，就当前来看，应作为头等重要的工作来抓。汉语教学的语言标准、语言大纲和课程规范建设，有利于国际汉语教学的规范、有序和高效，避免教学无秩序、无章法、低效率。

制订汉语大纲要以科学研究为基础。首先就要加强各类汉语大纲自身的研究，包括各类汉语大纲的性质、功能、构成、体系，制订原则和程序，等等。在此基础上，制订一部具体的大纲，至少还需要做如下几项工作：其一，进行大规模的调查研究、实证研究、统计分析，并进行相关的学术研讨。以保证相关大纲建立在充分的理论论证和广泛的数据支撑的基础之上。其二，制订大纲更要有先进的外语教学理论、教学理念和科研成果来支撑，这样可以保证大纲具有时代性和理论价值。因此，要积极吸收相关的、先进的外语教学和习得研究的成果，特别是外语大纲研究和建设的成果。其三，制订大纲还要密切结合汉语教学实践、教学现状。脱离教学实际的大纲就不会发挥其应有的作用。因此，要广泛深入地观察和调查教学实践中的问题和需求，以便制订有针对性和实用性强的大纲。其四，制订汉语大纲要结合汉语、汉字、汉文化的特点，这样的大纲才能更好地服务于汉语教学实践。因此，要加强汉语、汉字及汉语教学的文化研究，特别是汉语语言要素和文化要素的教学实践研究，总结经验，提炼理论，并上升为标准或规范。

就汉语大纲研究和建设的现状看，应该说我们已经取得了不少成果和很大的进步，在教学、测试、教材编写等多方面已然发挥了很大的作用。没有这些大纲的指引和规范，对外汉语教学还将在盲目无序和经验型的状态中蜗行。但是，在充分肯定现有大纲价值的同时，也要充分认识到一些大纲总体上看还存在如下问题：教学理念不突出，或缺乏先进的教学理念和教学理论的指导；内容更新不够，有些内容已经大大落后于时代，特别是词汇方面；新的教学研究和习得研究的成果未能及时加以择优吸收；大纲的种类不够齐全，尤其缺乏专门用途汉语教学大纲，如商务汉语、医学（中医）汉语、职场汉语、科技汉语等都还没有教学大纲，而顶层的“标准”类大纲更是缺乏；现有各类大纲虽然初步形成一个框架性的体系，但还不够完善和齐全。可以说，汉语教学大纲的研制和建设，已经明显地滞后于汉语教学实践发展的需要。

三 教学大纲与教材编写

实际上，大纲的修订、更新和创建不仅应成为学科建设的基础工作和经常性工作，更应该成为学科建设的前沿领域和重大项目。大纲研制、研究和建设的成果应该成为学科发展的标志性成果。教学工作的开展和教学实践的深入，离不开各类大纲的指导和约束，大纲在教学、测试和教材编写等外语教学理论和实践中应该起到引航和规范的作用。因为大纲高度凝练了外语教学学科的理论、理念和教学法理论发展的成果，科学地集成了语言要素、交际功能、交际任务、文化知识等语言教学内容和教学方法研究的各项成果。汉语作为外语教学的各类大纲同样应该具有这样的学科地位和对学科发展的促进作用，对汉语教材的设计和编写同样具有指导、支持和约束作用。

总体上说，各类大纲对外语教学的全局或局部领域有着全方位、多领域的指导作用。概而言之，整个教学活动、全部教学工作，都是在教学大纲的指引下进行的。汉语教材自不例外，同样要受到教学大纲的指导和约束。换言之，教学大纲的思想、内容、要求等多数要通过教材来体现和实现。可见，教材与大纲之间有着密切的关系，甚至可以说教材是大纲的“微缩版”、“简易图”，也即教材必须体现大纲的“影子”（思想、理论和理念等）和“实物”（大纲中的语言要素等教学内容）。这就要求，编教材必须首先研究相关的大纲乃至多种大纲，并从中汲取营养，选择与教材水平或等级相关的内容。这是教材编写的一道基本程序，而且是不可逾越的一道程序。否则，所编教材或者营养不足或者营养不均衡，导致其“发育不良”。事实上，我们迄今编写的一些教材正存在这样的问题。不重视大纲的权威地位和指导作用，至今仍是一些教材编写者的惯常行为。

退一步看，如果教材编写不接受大纲的指导、不遵循大纲的要求、不从大纲中选择教学内容、不按照大纲划分的等级来编写教材，那么，所编教材的科学性就难以保证，表现为教材等级、难易程度以及所融入的词汇、语法、汉字、文化知识等内容，还有所涉及的功能项目、场景情景、所确定的教材目标和教学理念等，就难以保证恰当、适量、有序、系统、准确、先进，从而最终难以保证教材的质量和应有的效益。

在很大程度上可以说，大纲是为教材编写服务的，当然大纲的功用不限于此，但各类大纲特别是各类“语言大纲”其主要的和经常的功能是服务于教材编写，尤其是其中的教学大纲，如语法、词汇、汉字及功能、文化大纲。即使有的大纲主要是为了别的目的而制订的，如水平等级大纲主要是为水平测试服务的，但也可以为教材编写提供参考，乃至成为教材内容的选择资源。

综上，我们可以明确一个简单的事实——大纲在前，教材在后。即：先制订大纲，后编写教材；先解读大纲，再编写教材。这是教学活动中，大纲和教材之间的一条基本的逻辑顺序和逻辑关系。这样一种逻辑关系可以有效地避免教材编写的盲目性、随意性，可以保证教材编写的科学性、实用性和适用性。教材编写要依据大纲、利用大纲，根本的目的就是为了保证所编教材的高质量、高效益。当然，各类大纲本身必须具有科学性，必须是在科学研究基础上制订的。

小结与余言

就外语教学来讲，教学大纲是否科学和完善、是否先进和实用，是各级各类外语教学学科建设是否规范和成熟的重要标志。一方面，不同性质和功用的大纲，应该是该类大纲所涉及的理论与实践的结晶，是外语教学理论、语言习得理论、教学实践经验的科学集成与体现，而绝不仅仅是词汇、语法等语言要素或功能项目的等级分类表。好的外语教学大纲不仅应该反映和代表当时学科理论研究的水平，还应具有理论超前性和理论创新性。一些新的外语教学法流派和外语教学理念，恰是通过教学大纲来体现和传播的，这在外语教学史上不乏其例，功能意念法主要就是通过功能意念大纲得以体现和传播的。另一方面，教材编写首先要求有教学理论、教学思想和教学经验的支撑，而绝不仅仅是编写的方法问题和技术问题。一部科学实用的教材，特别是有新理念、新理论、新方法的教材，必然是吸收了外语教学的新思想、新观念、新成果的产物，而各类科学实用并具有时代水平的大纲，应该也必须体现这些新的思想和新的研究成果。

正因为大纲在很大程度上反映和体现了外语教学研究的理论水平，包括先进的理念、科学的结论、公认的成果、成熟的教学经验，乃至超前的理论意识和创新观念；而好的教材、更新换代的教材、引领航向的教材，必须在编写理论、编写设计和编写实施中有创新、有特色。而各类大纲不仅是教材编写获取“资源”的地方，更可以是教材编写获取“灵感”的地方。所以，本章不厌其烦地介绍教学大纲的相关知识、理论和代表性的成果，意在引起教材编写者更多地关注教学大纲的研究和发展，充分吸收和利用大纲反映出的语言教学理念、教学思想和具体内容。实际上，大纲与教材的关系十分简单，并不需要进行学术论证。但是，以往的事实表明，在编写汉语教材时我们往往忽略对大纲的遵循和利用，更谈不上主动吸收和借鉴英语等其他外语教学大纲、教学法流派的思想和理念，因此，许多教材缺乏科学性和创新性。这实在是一种极大的失误。诚然，现有一些大纲内容有些陈旧，缺乏新理论和新理念等，但这是大纲本身的更新和建设的问题，不应该成为我们"淡忘"乃至"拒绝"大纲指导的理由。

本章针对目前对外汉语教学界对大纲建设的重视和研究不够，在教材编写实践中缺乏大纲意识和对大纲的利用不够的实际状况，花了较多的篇幅介绍了海内外有关外语教学大纲研究和建设的情况。具体而言，介绍了教学大纲的基本含义、外语教学大纲的种类和基本内容；介绍了外语教学中的语法大纲、功能大纲、任务型语言教学大纲、欧洲语言共同参考框架，并分别进行了相关的讨论和评价；重点介绍和评估了自 1988 年第一部对外汉语教学大纲问世以来的 6 部不同性质和功用的大纲，并罗列了 14 部其他大纲。肯定了这 20 部大纲在学科建设和教材编写中的贡献，也探讨了它们总体上的不足和缺陷。本章讨论了教材与教学大纲的关系问题。首先将汉语作为外语教学的大纲分为"语言标准"、"语言大纲"和"课程规范"三类，探讨了它们之间的关系；在此基础上，呼吁要高度重视大纲的建设，加强各类大纲的开发、完善和修订工作，并提出了相关的建议；最后论述了教学大纲对教材编写的指导作用和资源提供功能，强调教材编写必须以大纲为依据，在研究相关乃至各类大纲的基础上设计和编写教材。

本章反复强调各类教学大纲都应该程度不同地反映和体现新的教学理论、教学理念和教学手段与方法，而教材编写绝不仅仅是编写方法和技巧的问题，因而指出和呼吁教材编写要接受大纲的指导。但实际上，教材编写必须接受大纲的指导和约束还有其内在性的理据，主要表现为：语言本身是由语音、词汇、语法及文字等多种要素构成的体系；语言现象是复杂的；人们的言语作品——语言事实是无穷无尽的；恰当的语言运用是由交际双方的关系及语境和语体等多种因素决定的；外语教学及其教材编写是一项系统性的工程；学习者的语言学习时间有限，所接触的语言样本是十分有限的；等等。所有这一切都强烈地表明：教材编写必须以对语言构成要素进行统计分析及等级划分的语言大纲为依据，否则教材语言要素的选编就将是随意性的，缺乏科学依据。而教材编写不仅需要选择和确定语言要素，还要选择和确定语言功能项目、话题范围及内容、学习任务和任务活动项目、语言运用场景及文化知识和文化因素等，因此，教材设计和编写不仅要接受综合性的教学大纲、课程大纲的指导和约束，还要接受各类单一内容、单一功能的大纲的指导和约束。此外，一种教学大纲可以体现几种教学理论，一种教学理论也可以派生出几种教学大纲。因此，现代外语教材编写的趋势是越来越倾向于借鉴和利用多种大纲的指导，吸收多种大纲的思想、理念和资源。完全按照一种大纲的要求和资源来编写教材的情况越来越少。

最后，需要指出的是，教材编写理所当然要接受大纲的指导和约束，要体现和渗透教学大纲的思想、理念及相关的教法。但是，教材编写也不能过于迷信大纲的理论、方法和相关的原则要求、等级划分、数据规定，而应根据所编教材的实际需要合理地吸收和借鉴，不搞生搬硬套和不越雷池一步，而应有所发挥和突破。同时，教材编写还要遵循教材编写理论、编写原则的指导，并且同样要有所突破和创造。

思考与练习

1.说说外语教学大纲有哪些基本的内容，这些内容与教材设计和编写有什么样的关系。

2.阐述外语教学的语法大纲、功能大纲的基本内容和特点，说说它们在教材编写中有什么样的作用。

3.什么是任务？如何将任务型语言教学大纲的思想和理念运用到教材设计和编写中？

4.“欧洲语言共同参考框架”提出了哪些基本的主张和理念？这些主张和

理念对教材的设计和编写以及课堂教学有哪些指导意义和应用价值?

5.请对现有的汉语教学大纲进行总体评估,结合汉语教材编写的实际需要提出你对汉语教学大纲建设的意见和构想。

6.本章结合现有的各类汉语教学大纲及国际汉语教学和教材编写的需要,将汉语教学大纲分为“语言标准”、“语言大纲”和“课程规范”三类,请对此进行评论,发表意见。

7.不同性质和用途的教学大纲对教材设计和编写有何种影响?请举例说明教材的设计和编写为什么必须接受教学大纲的指导和约束。

第五章　教材编写相关问题探讨

第一节　汉语教学与教材的语言标准

一　汉语教学语言标准问题

普通话是规范化了的汉民族的共同语，是汉语的标准语。中国《宪法》规定“国家推广全国通用的普通话”。本国的通用语（标准语），不但是“发展本国的经济、文化，维护和加强国家统一的需要”，也是“外国人学习这种语言的需要”（许嘉璐，1997）。20世纪50年代以来，对外国人的汉语教学一直以普通话为教学内容。近些年来，世界范围内学汉语的人数不断增长，层次不断提高，对汉语教学的需求也呈现多样化的趋势。与此同时，对教学内容及相关问题的研究也开始受到人们的重视。

事实上，学术界和海内外汉语教学界一直有学者呼吁要深化、扩大汉语教学的范围，要给汉语方言教学以一定的地位；海内外的汉语学习者也有人表示学了普通话，到方言区还是不能跟中国人进行有效的交际。相关的代表性意见主要包括：

其一，不宜过分强调规范。澳大利亚的汉语教授徐家祯认为，“现在教外国人，过分强调汉语的规范”。因此，学生学了相当长时间的汉语，两年或者三年，到中国来还是会遇到许多困难。比如说，他走到湖南、四川这些地方，听不懂那里人的话。他走到市场上，看见许多字不认识。因此建议“汉语教学的内容应该扩大些，丰富些”。并表示“这不只是他一个人的意见，在国外教汉语的同行很多人跟他有大致相同的意见”（转自吕叔湘，1987）。

其二,应该增加汉语方言知识。这类观点认为,教授外国学生学汉语,尤其是汉语入门,当然要学习尽可能标准的普通话。但在高年级的汉语教学中,应该讲一点汉语的统一性和分歧性,讲一点汉语方言的知识,这样可以提高学生在广大的汉语交际社会中的适应能力(张振兴,1999)。“有必要在对外汉语教学中安排一定量的汉语方言内容”,包括方言的语言本身(如常用的方言词语)和有关汉语方言的基本知识(丁启阵,2003)。

其三,不能对普通话做狭义的理解。有学者认为,把对外汉语教学理解为教外国人学普通话,当然“不能说是错的”,但“不够全面,不够深刻”。因为普通话从来就不是孤立的语言系统,它和汉语方言有着千丝万缕的联系;普通话载荷着丰富的中国文学、习俗、文化等方面的信息。目前人们还普遍地对对外汉语教学采取狭义的理解,即“纯粹作为语言技能的汉语标准语即普通话的教学”,而狭义的对外汉语教学“几乎是不存在的”。① “这种状况如果不改变,将不利于对外汉语教学整个学科的发展。”(丁启阵,2003)

其四,对外国人的普通话教学不必要求太高。这种观点认为,普通话只存在于各种媒体,十几亿中国人中能讲标准普通话的人只占极少数,普遍使用的是带有方言色彩的宽式普通话,许多汉语教师的普通话也并不标准,因此不必对外国人的普通话要求过高。有学者明确指出:“能说标准北京话的人在全国只占少数。那么,为何非得让外国人学纯正的‘京腔’呢?”(张德鑫,1988)

上述观点在海内外都有一定的代表性,其中也确实指出了某些客观事实,提出了一些值得认真思考的问题,是值得欢迎和重视的。但是,这些意见和建议是否都合理和可行,也还有必要进一步加以讨论,尤其是在海内外汉语教学大发展的今天,讨论普通话在国际汉语教学中的地位及其相关问题就显得更加重要和迫切。

二　国际汉语教学性质、目标和任务

“国际汉语教学”的提法至少在 1985 年召开的第一届国际汉语教学讨论

① 我们认为这一命题是不成立的,对所谓狭义普通话的解释可能也只是作者个人的理解,并不是“人们普遍地理解”。所以,连作者自己也说“狭义的对外汉语教学‘几乎是不存在的’”。

会上就已经使用了，以后历届国际汉语教学讨论会及其编辑的论文选都延续了这一说法。吕叔湘(1987)在第二届国际汉语教学讨论会的发言中也使用了这一说法，他说自己“对国际汉语教学当然感兴趣，很关注这个事业的发展”。近年来，人们发现“对外汉语教学”不适合称说国外的汉语教学。于是开始较多地使用国际汉语教学的说法，并赋予新的含义。王路江(2003)指出“国际汉语教学指的是在中国本土进行的对外汉语教学以及国外所有的汉语作为第二语言的教学”。这个定义是清晰的。不过，也可以考虑更简洁的概括：国际汉语教学指的是海内外把汉语作为外语或第二语言的教学。但这样界定也仍然有它的局限性。比如，它不能包括对国内少数民族进行的汉语教学，因为这种教学虽然也属于第二语言教学，但汉语对于少数民族学习者来说不属于外语，因此不宜用“国际汉语教学”来称说。又比如，在国外某个国家进行的汉语教学也不宜用“国际汉语教学”来称说。但是，“国际汉语教学”这个概念在特定的学术层面和特定的工作层面上还是可以使用的，尤其是站在中国的话语立场上。毫无疑问，在使用这个概念的同时，以往人们熟悉的一些说法仍可继续使用，比如，在中国国内对外国人进行的汉语教学仍可称“对外汉语教学”，在国外对外国人(非华裔)进行的汉语教学仍可称“中文(汉语)教学”或“普通话教学”，在国外对华裔进行的汉语教学仍可称“华语(华文、中文)教学”，国内对少数民族进行的汉语教学可继续称作“少数民族汉语教学”、“汉语教学”。概念的增加也许正能说明学术的进步和事业的发展。

国际汉语教学的性质，在其定义中已经明确，即它是一种第二语言教学或外语教学。这样一种性质的教学，其基本的教学目标是，培养学习者运用目的语进行交际的能力。这是所有常规的第二语言教学的基本目标。通俗地说，就是把语言作为工具来教、作为工具来学、作为工具来用。明确这样一种教学目标，接下来就是教什么的问题，也就是教什么样的目的语。既然第二语言教学以培养学习者的目的语口语和书面语交际能力为基本目的，那么通常都是选择目的语国家的通用语(或称标准语)来教，这是常规的第二语言教学普遍性的基本任务。因为这种语言不但有明确的标准，而且适用面广、通行范围大、使用几率高，是目的语国家通用的、主流的、法定的交际语言。一般方言在目的语国家则不具有这样的优势地位。然而，问题并不那么简单。通用语或标准语往往是以一种或几种地域方言为基础形成和规范起来的，它跟相关的方言之间存在着密不可分的联系，从而使标准语与其基础方言之间往往界限不清，而跟另外一些非基础方言之间又可能存在较大的差异。这种状况给第二语言教学带来的麻烦是，某些语言现象是否是标准语模糊不清，而学了标准语在另一些方言区又常常难以进行有效的交际。在这种情况下，提出“增加方言教学”之类的意见，以及抱怨“学了标准语在方言区并不能进行很好的交际”，也就不足为怪了。

但是，就上文提到的有关普通话教学标准尺度的掌握问题、增加方言知识的问题乃至涉及对学科性质的认识等问题，其合理性和可行性都还是可以进一步讨论的。

第一，所谓过分强调汉语规范的问题是不存在的。就语音教学来说，不仅谈不上“过分”，很可能由于认识上和教学方法上的问题，导致“对外汉语语音教学的效果不够理想”，原因之一就是对学习者“要求不高”（程棠，1996）。汉语学习者的洋腔洋调问题始终是一个没有解决好的问题。至于说，一个外国人学了几年汉语，到了湖南、四川，听不懂那里的话，并不足为奇，中国北方人也不一定完全听得懂湖南话、四川话，反之亦然。外国人想跟这些地方的人交流或到这些地方旅游、经商的话，如有必要，应该专门学习那里的方言。就词汇和语法现象来说，也没有过分强调规范的问题，相反，不规范的现象、方言成分并不罕见，特别是中高级汉语教材中（参见钱学烈，1997；杨德峰，1997；李宝贵，2004）。外国人学了普通话到汉语方言区交际有困难，这肯定是事实，但这不是“过分强调汉语的规范”造成的，只能说明普通话跟这些方言差别较大。退一步讲，不强调汉语的规范怎么办？教带方言味儿的普通话？带哪种方言味儿？抑或是一边教普通话，一边教方言？这能否可行？教哪种方言？教了这种方言，到了另一种方言区仍然会有交际困难的现象，又该怎么办？

第二，关于增加方言知识的问题比较复杂，不宜一概而论。但是，我们总的意见是倾向于慎重。因为第二语言教学的基本目标是教授和掌握通用的、标准的目的语。但是，就汉语来说，有些情况下适当增加一些方言知识，包括普通话与相关方言的比较，可能还是必要的。比如，在上海、广州等地学习汉语的外国留学生，为了便于生活和学习、便于适应当地的语言环境，以适当的方式讲点当地的方言知识，乃至于学点常用的方言用语，是合乎常情的。再比如，对于学习汉语言专业的本科留学生，通过讲座或选修课适当地给他们介绍一下普通话与方言之间的关系、让他们了解一下“汉语的统一性和分歧性”，以便加深他们对汉语的全面把握和理解，提高他们在汉语社会的实际交际能力，也应该是必要的。但即使在这样一些情况下，方言知识的介绍和方言教学也要注意适当，不能喧宾夺主，因为这毕竟是具体的、次要的甚至是临时性的目标，而教标准语普通话才是基本的、主要的、永久的目标。

第三，认为把对外汉语教学理解为教外国人学普通话，是对学科性质还“缺乏全面、深入的认识”，而深化对外汉语教学应“引入汉语方言内容”，这是“合乎对外汉语教学事业发展趋势的”（丁启阵，2003）。这种看法可能是不恰当的，也是行不得的。我们认为，恰恰是基于对学科性质的全面认识和深刻认识，才更应该明确提出对外国人的汉语教学要教汉语标准语——普通话。因为教一种语言的标准语（通用语）恰是第二语言或外语教学常规的、基本的选择。如果需要“引入汉语方言内容”，那也仅仅是为了某种特殊目的，“方言课”也并不因此而属于汉语作为第二语言教学的学科内容。就像中文系可以开设历史课，但历史课不属于中文系的专业课程，历史系可以开设古代汉语课，而古代汉语课不属于历史系的专业课程。至于说普通话“和汉语方言有着千丝万缕的联系”、“载荷着丰富的中国文学、习俗、文化等方面的信息”，这当然没有错，但这并不能成为引入方言的理由。此外，把“对外汉语教学”分为狭义和广义的，前者指“纯粹作为语言技能的汉语标准语即普通话的教学，它的最终目标是使学习者的汉语标准语水平达到相当于汉语水平考试（HSK）9 级的程度”，后者指“对学习者进行以培养其汉语标准的能力为主的包含文学、文化等方面内容的较为系统的教学体系，类似于给母语非汉语的学生开设的中国语言文学系的预科”（丁启阵，2003）。这种分法及其具体说明，令人耳目一新，但恐怕缺乏理论和事实依据，不容易让人接受。

第四，主张“对外国人的普通话教学要求不必太高”的理据还不是很过硬，至少不是一种积极的主张。显然，我们不能因为许多外国人的普通话讲得不够好，就降低对外国人的普通话教学标准。古人云“取法于上，仅得其中，取法于中，不免于下”，没有高标准的要求，哪里来理想的效果？顺便指出，对外汉语教学要教的是普通话，不是北京话，也不是所谓的“京腔”，普通话不等于北京话，尽管二者关系最为密切。

三 普通话在国际汉语教学中的核心地位

在国际汉语教学中，常规的汉语作为外语教学，应始终坚持普通话教学的核心地位。这既是学科性质及其基本教学目标所决定的，同时也符合中国的法律法规，符合中国的语言现实和语言规范发展的方向，符合汉语学习者长远的、根本的利益。

首先，普通话在国际汉语教学中应占据核心地位，这是由国际汉语教学的性质及其基本教学目的所决定的，对此上文已有所论述。这里想补充说明的是，为什么是“核心”地位而不是“唯一”地位。这是因为：其一，普通话除了语音标准是相对明确和具体的以外，其词汇基础和语法规范相对来说还是比较笼统的，一些语言现象是否是普通话还不十分明确；其二，中高级汉语教学不可避免要涉及汉语方言现象；其三，为了某种特殊目的也可以主动教些相关的方言和方言知识；其四，国际汉语传播的特定时期、特定地区，事实上不可避免地要采用“大华语”的概念；如此等等。但是，从学科性质及其基本教学目标上来讲，普通话教学应当是国际汉语教学的首选标准和核心内容。如果学习者的目标就是想学习某种方言（如广东话）则又当别论了，这属于特殊目的的汉语教学，而不是常规意义上的汉语教学。

其次，现行的法律法规明确规定了普通话在国家语言生活中的核心地位。[①] 1982 年公布的《中华人民共和国宪法》第十九条规定：“国家推广全国通

---

① 早在 1955 年 10 月召开的“全国文字改革会议”和“现代汉语规范化学术会议”上，就明确了以“普通话”作为汉民族共同语的正式名称。1956 年 2 月，国务院发布《关于推广普通话的指示》，正式规定了普通话的内容：“以北京语音为标准音，以北方话为基础方言，以典范的现代白话文著作为语法规范。”

用的普通话。”2000 年 10 月 31 日，全国人大常委会通过了《中华人民共和国国家通用语言文字法》，其第二十条规定：“对外汉语教学应当教授普通话和规范汉字。”2004 年 8 月 23 日，中华人民共和国教育部颁布了第 19 号令《汉语作为外语教学能力认定办法》，其第七条规定：“申请中级、高级证书者普通话水平需达到中国国家语言文字工作委员会规定的二级甲等以上。”这就是说：对外汉语教学应当教普通话，不教方言；应当教规范汉字，不教不规范的汉字；应当用普通话教普通话，不用方言教普通话。这表明中国政府明确规定了对外国人的汉语教学，应以普通话为教学内容，从事对外汉语教学的教师应当具有相应的普通话水平。这或许可以认为是在法律上赋予普通话在对外汉语教学中以核心地位。

再次，以普通话为国际汉语教学的基本内容，以培养和提高汉语学习者的普通话交际能力为基本目标，符合中国的语言现实和语言规范发展的方向，符合学习者的根本需求。几十年来，中国政府为推广和普及普通话做出了不懈的努力，取得了明显的效果。近年来中央政府和各地政府正在加强推广普通话的工作力度。可以说，推广普通话、维护和加强语言文字规范化，是中国政府的既定方针和既定目标。目前的中国，能讲标准普通话的人的确是极少数，但是，能讲不很标准的普通话的人、能讲带有方音方言味道的普通话的人则是越来越多，用普通话进行交际的范围和场合越来越广，普通话已经成为汉语不同方言之间人们交际和汉族与少数民族之间人们交际的首选语言和主要工具。真可以说“学会普通话，走遍中国都不怕”（许嘉璐，1997）。可见，学习和掌握普通话，不仅是常规的国际汉语教学的基本目标，也符合把汉语作为外语和第二语言来学习的广大汉语学习者的根本利益。

四　教授普通话应成为国际汉语教学的基本策略

正是由于普通话是中国国家通用语、汉语标准语，其应用范围广、交际效率高，具有其他地域方言和社会方言无可比拟的学习价值，因此普通话理所当然应成为汉语作为外语或第二语言教学的目的语。不仅如此，无论是着眼于历史、现实还是未来，着眼于国内还是国外，我们都应该明确：教授普通话应该成为国际汉语教学的一项基本策略。这项基本策略的内涵包括：

其一，常规的国际汉语教学应该以普通话为首选目的语、第一目的语。应该毫不犹豫地以普通话的语音、词汇、语法以及这些语言要素的组合规律、表达规律（包括与语言理解和交际密切相关的文化因素）的教学为基本内容，以培养和提高学习者的普通话口语和书面语交际能力为基本目的。汉语的其他地域方言或社会方言，即使需要的话，也应该是次选目的语、第二目的语。

其二，应该坚持用高标准的普通话教学（卞觉非，1992），教师应努力达到规定的普通话标准，这也应该是坚定不移的目标。“我们不希望教师用不合格的普通话教学”（张宁，1990）。可以说，用普通话教普通话，是国际汉语教学的一项基本原则；用标准的普通话教标准的普通话，是国际汉语教学的一项理想化的原则。前者应该做得到，后者应该努力做到。

其三，各类汉语教学大纲和汉语水平等级大纲的制订、测试、教材编写、课堂教学等，都应以普通话为基准，尽量排除方言和不规范的语言现象。

其四，在坚持普通话是国际汉语教学的首选目的语、第一目的语的前提下，根据需要，特别是对来华的中高级水平的汉语学习者，可以适当训练他们听一些带方音的、比较标准或不太标准的地方普通话，以更好地适应他们当前学习、生活和未来利用汉语进行交际的需要。但仅仅是希望他们听懂某些不规范、不标准的普通话，而不提倡他们去学说不规范、不标准的普通话（卞觉非，1992；张宁，1990）。同时，还应该明确：这不是一项长久之计，而是考虑到现实所采取的变通办法。

其五，与普通话教学相关，还应明确在国际汉语教学中要教授《汉语拼音方案》和规范汉字（简体字）。《汉语拼音方案》已为国际社会所接受，是国际化的标准，在国际汉语教学中应充分发挥它的功用。简体字是中国国家法定的规范汉字，教授简体字同样应该成为国际汉语教学的一项基本策略。

五　基本结论

我们的基本观点是：普通话教学在国际汉语教学中应占有核心的地位，教授普通话和规范汉字应成为国际汉语教学的基本原则和基本策略。在这样的前提下，如果确有必要，可以适当的方式介绍一些有关的方言知识，但不能喧宾夺主，否则将有悖于常规的汉语作为第二语言教学的基本要求。对待繁体字也一样，为了某种特殊需要，可以适当的方式加以介绍。我们不主张降低普通话的教学标准，更不赞成深化对外汉语教学应“引入汉语方言内容”的主张。但是，我们不反对在华的中高级以上水平的汉语学习者，以适当的方式听一些不太标准的普通话，以方便他们在华生活和学习，或是满足学习者的某种特殊需要，前提仍然是确有需要。

事实上，学术界和汉语作为第二语言教学界的绝大多数学者和汉语教师还是赞成坚持以普通话（和简体字）为教学内容的。比如，李宇明（2005）从宏观的角度，以更加开阔的视野，对与此处相关的问题和基本相同的看法进行了深入的阐述，不妨转述如下：“在对外汉语教学中，应当提倡教普通话和简体字。这是因为：第一，普通话和简体字是《国家通用语言文字法》法定的国家通用语言文字，教外国朋友学习汉语，就应当教规范的汉语汉字。第二，从长远看，要同中华人民共和国打交道，就必须使用普通话和简体字，方言和繁体字只适用于特殊的领域和特殊的地区，只有那些学习和研究这些特殊领域的外国人、只有那些同某些特殊区域进行交际的外国人，才需要学习方言和繁体字。第三，对外汉语教学也是重要的教育经济活动，用简体字教普通话的教材，用简体字编写辅助教学读物等等，其经济利益最终汇集到中华人民共和国。第四，更为重要的是，制造汉语需求、提升汉语价值，在汉语汉字不一致的情况下，其实主要是要制造对普通话和简体字的需求，提升普通话和简体字的价值，这是从国家利益出发的。”我们完全同意李宇明的论述，只是更加强调不是“应当提倡教普通话和简体字”，而是“必须坚持教普通话和简体字”，至少国内的汉语教学应当如此。

然而，需要再三强调的是，汉语作为外语或第二语言教学，应以标准的汉语普通话作为汉语教学和教材编写的语言标准和语言规范，这是基于常规和学理而提出的主张，实质上是高标准、严式规范。但是，针对国际汉语教学的现状，特别是基于现阶段国际汉语教学正处于大众化、普及型、多元化的实际考量和传播策略上的考量，我们不反对在坚持以普通话语音、词汇和语法作为国际汉语教学和传播的“语言标准”这一核心理念的同时，结合海外汉语教学及传播的历史和现实，以及汉语国际化初始阶段的教学目标和传播理念，秉持多元化的语言标准，采取大汉语（大华语）的教学和传播策略：在不影响交际和交流的情况下，将接近普通话、国语以及海外不同区域、不同国别、不同语言社团通行的带有方言色彩的海外汉语“官话”，一并视为“宽式规范”的汉语教学标准。

第二节　汉语教学与教材的语体问题

一　汉语教学与语体

汉语作为外语或第二语言教学的根本目的，就是培养学习者的汉语言交际能力。但是，什么是语言交际能力？不同的研究领域、不同的理论体系，有不同的回答和表述。一般来说，语言交际能力是一种综合能力，由多种因素构成。但从语言交际的基本方式（媒介）来看，语言交际能力无外乎口语交际能力和书面语交际能力两大类别。在国内外第二语言教学的历史中，不同语种、不同时期、为着不同目的，或侧重口语教学，或侧重书面语教学。但多数情况下，口语和书面语教学兼而有之，这是常规第二语言教学全面培养学生语言交际能力的基本要求。既然语言交际能力包括口语交际能力和书面语交际能力两个方面，而这二者的教学目的、教学要求、教学方式和方法，以及教学语料选择和编排都很不相同，那么作为第二语言教学的对外汉语教学，为全面培养和提高学生的汉语交际能力，就不仅要对口语和书面语两种语言能力的教学目的、要求及教学的方式方法等加以研究，更要对口语和书面语两种语体本身加以研究；而且不仅要研究口语和书面语两种语体之间在句式、用词、省略以及表述的规范性、严谨性、逻辑性等方面的差异，更要对口语和书面语两种语体内部做进一步的研究和分类。显然，口语和书面语只是大而别之，实际上这两种语体内部更需加以分类研究，特别是着眼于对外汉语教学，着眼于全面提高语言学习者在各种语境下、熟练运用各种语体进行交际的能力。学生的语言交际能力，实际上就是准确地把握和熟练地运用各种语体的能力。因此，要想培养和切实提高学生的语言交际能力，就必须进一步加强对汉语语体的研究。

然而，目前面向对外汉语教学的汉语语体研究还相当薄弱，教学和教材编写中语体意识还不够凸显。有关语体的认识，大都是汉语本体研究的成果，可资应用的知识十分有限。对外汉语教学界自身对语体的研究还很不够，甚至对语体研究的重要性也还认识不足。具体来说，研究口语教学的文章不少，研究口语本身的文章不多；研究精读、阅读和写作教学的成果很多，研究书面语特点的成果很少；初中高各阶段都开设口语课，但对各阶段应教什么样的口语，从理论到实践都不很明确，往往是跟着经验走；至少在中高级阶段都开设书面语类课程，但精读、阅读类课程涉及的往往只是文学作品，实用性文体（如商品广告、产品说明、经贸类文章、政论类文章、科普类文章等）则极少见或根本就不涉及。从实践上看，在课堂上学口语不如到社会上学口语，课堂上学的书面语或用不上或使用范围有限，致使学生书面语能力不强。造成以上种种现象的原因是多方面的，有观念的问题，有教法的问题，有教材的问题，等等，但是我们认为，也有对汉语作为第二语言教学过程中语体的重要地位认识不足、研究不够的问题。因此，无论是为了进一步拓宽和完善学科理论建设，还是为了解决实际问题，都应大力加强对语体及其在教学中的应用研究。实际上，语言教学是教授具体语体背景下的语言，语言习得是习得特定语体中的语言。语言是语体中的语言，语体是语言的功能变体。语言交际一定意义上说是选择和运用具体语体去做事。如果的确是这样的话，那么也就不难看出语体在语言教学、语言习得和实际语言交际中所具有的重要地位，以及语体研究在对外汉语教学学科理论研究中所应具有的重要地位。

二　教材编写中的语体问题

教材的研究往往集中在编写模式的探讨上（如是以结构为主还是以功能为主，结构、功能和文化如何结合等）、词汇和语法的选排问题上、体例体系的创新上，等等，这些方面的研究无疑都是十分重要的，但对教材编写的核心性问题——语体的关心远远不够。有些研究虽然涉及或直接探讨课文语言问题，但着眼点却是语言的规范性和实用性，而不是基于篇章和语体的考虑。因此，现有的许多教材语言不可谓不规范，但从语体上看，不少教材存在着把口语或对话以叙述体的形式堆在一起当作书面语的现象，而口语教材又存在着大量使用书面语词汇、过于追求语句的规范和完整、把大段大段逻辑严密的书面表达方式当作口语对话的问题。比如，有些精读或阅读教材大段或整篇地以“老张说……”、“老李回答说……”、“老张又问道……”、“老李解释说……”、“老张说：那好，我再问你……”、“老李这才承认，但又辩解说……”贯穿全文，这算一种什么语体？又怎么去教？而口语教材中又常可以看到类似下面的句子：

(1)比　尔：我认为酒也是中国的特产。例如茅台虽然很厉害，但是香味儿好闻极了。

(2)李小姐：是啊，你们向两岸望去，那些山峰忽远忽近，真是千姿百态。

(3)珍　妮：这么多人在宽阔的湖面上进行划船比赛，真壮观！

(4)铃　木：你百忙之中还来看我，这使我非常感动。

看一看画线的语句是不是口语成分和口语表达方式，想一想在具体语言环境中我们能不能说这样的话，也就不难想见我们的一些口语教材所存在的问题了。可见，教材编写应该加强语体意识，恰当地把握语言的语体特征是提高教材质量的重要一环。

应该承认，我们在教材编写过程中都不同程度地注意到了语体区分的问题。但是，由于初级阶段语言能力的限制，加上人们观念上的某种固定的认识，因而，从语汇和语法方面来看，实际上现有的多数通用教材语体的区分并不十分明显，其语汇为普通话的基本语汇，语法为普通话的基本语法。这大概就是不少学者强调的中性语体。比如，盛炎(1994)表示“外国人学习中文，语体学习不妨从中性(neutral)语体开始。所谓中性语体，就是介乎正式和非正式之间的语体”，“随着中文程度的提高，语体的学习也随之加强”。刘珣(2000：310)指出：“在语体上，初级阶段既不宜过于口语化(不利于掌握基本结构)，也不宜过于书面化(难于掌握，也缺少现实的交际价值)，要注意学习口语和书面语都能用到的‘中性’语体。从中级阶段后期开始，加强两种语体的区分和转换。高级阶段要特别加强书面语的教学。”这些意见是教学实践经验的高度概括和总结，并有相当的理据，因而具有广泛的代表性。但在实践中，教材的中性语体比重太大、使用的阶段性太长（跨初、中、高三个阶段）；而中级及以后的所谓书面语很大程度上又仅局限于文学作品。这种状况是很值得思考的。

由于现有教材大多是中性语体，因而许多口语教材和书面语教材在语言材料和表达方式上并没有大的差别。下面两段课文或许可以印证这一点：

【案例一】

迈克：我们去参观了一所寄宿制小学。进校门的时候，几百名学生排着军人一样整齐的队伍欢迎我们。看到他们好奇、天真和兴奋的笑脸，我知道他们是真心欢迎我们的。我们参观了他们的教室、宿舍和食堂。校长告诉我们，这些孩子的家大都在山区，因为住得分散，每天上学很不方便，于是父母把他们送到这儿来，一个星期回一次家。这儿的费用并不贵，所以想送孩子到这里来上学的挺多。孩子们在这里除了学习、娱乐，还要学会自己管理自己，他们要学会洗小件衣物，打扫宿舍的卫生。我们听了二年级的一节语文课。也许是因为有客人在旁边吧，孩子们坐着的时候腰都挺得直直的，老师一提问题，他们的小手都举得高高的，争着回答，声音也特别响亮。不过我也见过一两个"小淘气"，不注意听讲，眼睛东看西看，还朝我们做鬼脸——跟我小时候一样。听他们的课真让我感到不好意思，因为他们说的话有很多我听不懂，可这才是小学二年级的水平啊！下课以后，我们和孩子们聊天儿，了解他们的家庭情况。这些孩子大概很少和外国人接触，说话有点儿紧张。可是后来和我们一块照相、做游戏的时候，他们那活泼、可爱劲儿就全出来了。（摘自《中级汉语口语》下册第九课，XX出版社，1997）

【案例二】

我看你还年轻，结了婚没有？没有。好，那我跟你说说这夫妻之道。我结过两次婚，可以说有那么一点经验。我的第一个妻子是个陕北姑娘，因为家乡生活太苦，到新疆来投靠姨妈。这姨妈只想把她早点推出去。

我看这姑娘一脸正气，不是个轻狂的样子，就和她结了婚。这陕北姑娘是个好姑娘，人勤快，针线锅灶都能拿得起、放得下，跟邻居没有一句闲话，从不惹是生非。每个月交她的钱怎么花的，一五一十她都记在小本子上。我收车回去，热饭热菜总在桌上等着我；衣裳脏了、破了，不等我说话，早给我拾掇好了。可要说感情呢，那是绝对地没有！

我也学着培养感情。那些年，你也知道，外头乱哄哄的，想为国家多出力都出不上，只好一心建设自己的小家庭。我打了不少家具，什么大衣柜、酒柜、沙发等等。反正我出车巴基斯坦的时候攒了一笔钱，每个月的工资也足够两口人花的。……这几年允许私人营业以后，两口子摆了个小吃摊，专卖陕北小吃。我看他们的生意比维族人的烤肉摊还好。

现在，我们两家经常来往。我爱人每次来乌鲁木齐，都要吃他们摊上的羊肉水饺。我劝你也去尝一尝，真不错！（摘自《实用中级汉语教程》下册第九课，XX 出版社，2000）

这两段课文都出自中级汉语教材，都是下册的第九课。从语体上看可以说没有什么两样，总的说来大概都属于所谓的中性语体。值得思考的是，上面两段课文从用词、音节、省略、句式长短、语气、语调、表达风格等方面来看，前一段出自口语教材的似更书面化，后一段出自书面语教材的似更口语化。这很可以说明某些汉语教材存在语体“错位”现象。如果是这样，那就偏离了教材的设计目标。其结果就是口语课学不到口语，书面语课学的不是书面语。另外，例一是迈克跟朋友的对话，可是迈克一口气说了这么长一大段话（460多字），显得不够真实，因为真实的言语生活中，没有一个人一口气上说 40 多句（包括小句），而另一个人就是在一边听着，一句话不说。而且这样的“长话”也不便于教和学，不便于课堂操作。问题是初级教材自不必说，就是到了“中级教材”的下册还是通篇的中性语体，就不知这种中性语体在教学中所占的比重是否过大、所用的时间是否过长？此外，从现有教材的实际情况来看，几乎所有教材都缺乏语体知识的介绍，甚至根本就没有语体方面的注释和说明；几乎所有教材的生词都只标注词性不标注语体，几乎所有教材的练习都不大涉及语体方面的内容，因此，教材编写的语体问题，从理论到实践都需要做进一步深入的研究和探索。

由于目前口语类和书面语类教材绝大多数都可以归入所谓中性语体和文学语体，因此在实际教学中我们教授给学生的主要就是这两种语体。其中，初中级教材都趋向于选用常用的、基本的、共核性的语汇和语法，使用比较严密和规范的、介于正式和非正式之间、既不过于口语化也不过于书面化的表达方式来编改课文；所选择和改编的文学作品类课文也尽量向上面所描写的口语和书面语都能用的中性语体靠拢。中性语体和文学语体都是十分必要的第二语言教学语体，但是这二者不能包打天下。“中性语体”到底是一种什么性质的语体，它在整个教学过程中应该占有一个什么样的地位和比重？文学作品在书面语体中、在整个教学过程中占有什么样的地位和比重？文学作品内部（如不同时代和风格的小说、散文、报告文学等）的语体风格如何，分别在教学中应占有什么样的地位？概而言之，中性语体和文学语体在第二语言教学过程中的定性、定位和定量等问题也是我们必须从理论和实践上加以研究的。著名应用语言学家皮特·科德在《应用语言学导论》中指出，引起语言学家兴趣的某一语言的各种方言所共有的语言成分——语言“共核”，从实际应用的观点看，“它也有危害——如果你把大纲压缩到仅仅包含一切代码所共有的东西，那么这份大纲就没有任何一点‘非遵守不可的作用’。同样，如果一个学生只懂得一种代码的所有各种用途共有的东西，那么他在任何场合都不会恰当地使用这一语言”。科德认为，中性语言虽然只是一个抽象概括，“但它仍然是获得语言功能方面有用的知识所不可缺少的一个基础，尽管它本身始终不足以应付任何目的”。中性语言仅仅是任何教学目的（一般的、特殊的、日常的、专门的）所必须掌握的最低量，是任何大纲的一个基础，因此我们“不能把教学只局限于中性语言”。——“假如我们的教学不单纯局限于讲规则、举例子，那么我们就不能停留于中性语言范围之内，同时必须教一些使用得体的语言例子”（皮特·科德，1983：198）。科德关于中性语言的看法，对我们认识中性语体是极有参考价值的。受其启发我们可以得出这样几个基本观点：第一，中性语体是有用的——是获得语言功能方面有用的知识所不可缺少的基础，是教授语言基本规则和基本语汇的范本，是学习和掌握其他语体的依凭和中介。

第二，中性语体是有害的——如果只教这种口语和书面语共有的代码（语体），那么学习者在实际交际场合就不会恰当地使用这种语言；抽象的中性语体本身缺乏“个性”（因为它忽略了口语和书面语各自特有的语法、语汇和语用特征），与具体语境下应使用的各种语体都有差距，因此它不能代替其他语体的教学；中性语体兼顾口语和书面语“两体”，这与其说是它的优势，不如说是它的先天不足——不兼顾不成其为中性语体，而越兼顾得好也就越缺乏实际使用价值，至少使用面不如我们想象的那么广。第三，需要教授中性语体，因为在特定的教学阶段它是有用的；但要有限制地教授中性语体，因为它不能代替一切。实际上我们所能教授的样板语体已经是抽象化了的东西，中性语体是更为抽象化的东西。抽象化的程度越高，实际应用价值就越低。同样，文学语体也是有用的，但过多了也是“有害的”。

以上就面向对外汉语教学的语体研究及教材编写中的语体问题做了初步的探讨。实际上，应该研究的问题还有很多，比如，现有教材中课文语体调查分析，学习者的语体意识和语体偏误的调查分析，汉字教学跟书面语教学关系的研究，面向对外汉语教学的汉语语体分类研究，中性语体的口语跟不同语境下实际使用的口语之间的对比研究，中性语体的书面语跟特定领域具有实际用途的书面语体的对比研究，语体研究与工具书、教学辅助读物的编写，等等。在现有的条件下，汉语教材编写应注意把握中性语体使用的阶段性，中高级汉语教材应突出口语语体和书面语语体及其语域风格的多样化特征。

第三节　教材内容的文化取向

一　文化内容取向的总原则

对于以语言交际能力培养为目标的教材来说，文化内容的取向首先应该符合外语教学的目标和教学规律，必须选择的是属于外语学科范畴之内的文化内容，即与外语理解和交际密切相关的文化，而不是泛泛的包罗万象的文化内容。否则就将偏离外语教学的学科性质和教学规律。这应该成为以语言技能培养为目标的外语教材文化取向的总原则。实际上，早在十几年前，对外汉语教学界在语言教学和文化教学的关系上，就曾经有过这样的共识："语言教学本身不能脱离文化因素的教学。这里所说的文化因素，是指跟语言理解和语言表达密切相关的文化因素。语言教学的目的是培养学生用这种语言进行交际的能力，而交际能力的培养与相关文化因素的教学有连带关系。语言是文化信息的一种载体，每一种语言都打着民族文化的印记，不存在脱离文化的语言。因此，在学习一种第二语言或外语时，如果不同时学习这种语言中所包含的文化因素，就无法理解这种语言，在交际中也不可能进行正确的理解和表达。"(中国对外汉语教学学会等，1995)

可见，所谓文化教学是对外汉语教学不可缺少的组成部分，其中的"文化"是有特定内涵的，即跟汉语的理解和表达密切相关的文化因素，主要是隐含在汉语结构系统和表达系统中反映汉民族的价值观念、是非取向、衣食住行、风俗习惯、审美情趣、道德规范、生活方式、思维方式、行为方式等方面的文化内涵。具体来说，这类文化因素体现在汉语的语汇系统、语义系统、语法系统、语用系统和汉字系统中，也体现在汉语交际过程及其行为中，它们对汉语的理解和运用有着重要的甚至是不可或缺的规约作用。因而这类文化因素、文化内容，是汉语教学文化取向的主要内容、核心内容。如与问候、打招呼、称呼、感谢、致歉、请求、拒绝、礼尚往来、宴饮聚会等语言交际活动相关的语汇、表达方式、套语套话等语言现象和非语言现象(手势、动作、行为)。

而与汉语本身及其汉语交际不是直接相关的知识文化(如社会历史、思想观念、书法绘画、园林艺术、文学艺术等广义的文化)则不是对外汉语教学和研究所不可或缺的，因而也不是文化取向的主要内容。换言之，与目的语理解和表达密切相关的所谓交际文化，对学习者来说是雪中送炭；而广义文化中的所谓知识文化，对学习者来说只是锦上添花。前者是语言教学的必有内容，因而属于外语学科研究范畴之内的问题(但目前对汉语交际文化的内涵特别是具体内容研究得还很不够)；后者则不属于外语学科研究范畴，但完全可以为留学生开设"纯文化"知识类课程，编写相关的文化类教材。只是要明确编写这类教材的目的是为了学习者学习语言，还是单纯了解相关的文化知识，而无论哪一种目的都需要教材的语言及内容能够为学习者理解和接受，这是编写文化知识类教材的总体要求。

二 文化内容取向的基本原则

文化内容的取向和具体内容的选择应与语言教学的水平阶段相适应，与学习者目的语学习的真正需要相适应，与文化因素教学和文化知识教学的服务性相适应。这应该成为国际汉语教学语境下，文化内容取向和选择的一些基本原则。具体来说，文化点的融入、文化知识的介绍应该跟学生的汉语水平相适应，与学生当前的汉语学习内容相关联，并且应该铭记语言教学为主、文化因素和文化知识的解释和讲解为辅，不能喧宾夺主。除了跟语言理解和交际密切相关的所谓交际文化以外，广义文化中的许多知识文化并不属于对外汉语教学必需的和应有的教学内容。这是我们在汉语教学和教材编写中，选择文化内容、文化因素和文化现象时同样应该把握的基本原则和理念。

"语言教学和文化教学在教学目的、教学内容、教学原则和教学方法等方面都有根本的区别，是两种不同性质的教学，教学规律也没有足够的共同点，所以它们不可能属于同一学科。"（中国对外汉语教学学会等，1995）比如，某种一般知识文化的教学可能属于哲学、文学、史学、建筑学、人类学、民俗学、文化学等学科内涵，而不属于外语教学学科范畴的必有内容。当然，这并不表明，外语教学及其教材编写不能选择广义文化的各种内容。相反，理论上说，任何话题、任何方面的文化知识都可以成为汉语教学的内容，前提是要符合外语教学的目标和教学规律，符合上述几个"适应性"原则。比如，用汉语教学的方式来对零起点的汉语学习者讲"中国的园林艺术"、"京剧艺术"，或是讲"天人合一"、"贵和尚中"等中国文化基本精神（张岱年等，2004：286－299），就不符合这个阶段的教学目标和教学要求，也无法进行操作。

三 文化内容取向的具体原则

在众多的文化教学研究文献中，目前看到的以"文化取向"为题的文章只有两篇。李铭建《中国文化介绍的取向》（1990）一文指出：留学生来到中国，不是做一个旅游家、美食家，更不是做一个万事通，因此，“文化介绍，应改变面面俱到、‘琳琅满目’的大杂烩和旅游手册式的‘列菜谱’方法”；不少文化教材过于偏好我们悠久的传统，实际上文化介绍的重点应“放在对当代中国人的介绍上”；中国民族众多，风俗习惯千差万别，“对文化的介绍，应当注意不同地域、民族之间的对照”。赵金铭《论对外汉语教材文化取向》(1997)一文指出：第一，不同文化之间共同的成分是大量的，不同之处是少量的，教材的文化取向应先认同，后找差异。第二，应取双向文化的态度，介绍自己，亦应旁及他人。凡涉及异文化应准确无误，更不宜褒贬。第三，文化内容切忌幼稚，力避说教，毋需宣传，更不宜居高临下，强施于人。第四，文化取向上，不要迎合某些外国人好古猎奇的心理，应以介绍今天为主，以树立当今国人形象及行为准则为务，力戒渲染消极文化，对传统文化的简单肯定或否定都会使自己陷入尴尬的境地。第五，教材要立足于当代文化，立足于主流文化。其内容应厚今薄古，不能相反。这是两篇难得的专门探讨教材文化内容取向的文章。前文专门讨论文化类教材的文化取向，迄今已有 20 年，不仅有率先之功，亦不乏创建；后文主要讨论语言类教材的文化取向，全面而深入，创建颇多，发人深思。两文从不同角度提出了文化取向的一些原则性意见，很有针对性，很有借鉴和指导意义。

四　文化内容取向的学习者视角

这里还想提出一个教材文化取向的特别原则，即“学习者视点”原则。也就是说，不仅应站在教授者的立场上来考量教材的文化取向，还应站在学习者的角度来考量文化内容的取向和选择。所谓学习者视点，是说在课文内容、文化内容和文化点的取向和选择上，应多从学习者的视角、从跨文化的角度来抉择，要充分考虑中外文化的差异，考虑学习者的感受，考虑所选内容的实际教学效果，而不能完全以编教者个人的视点、爱好来衡量内容的取舍。

比如，我们有教材介绍“刮骨疗毒”的故事，意在表现关羽的大英雄气概，可是有些西方学生的感觉是太血淋淋、太恐怖。朱瑞平(2006)曾指出：“很多外国青年人看了中国的武打电影后，得出的基本印象是：中国武术就是打人的，暴力是中国人解决问题的唯一手段。这完全是对中国武术的误解。”实际上，外国人对中国和中国文化的误解绝不止武术。又如，一位来自法国的华人中文教师曾遇到这样的情况：她教法国中学生青海民歌《在那遥远的地方》时，法国学生不能理解：为什么愿抛弃了财产，跟她去放羊？为什么愿做一只小羊，跟在她身旁？为什么愿她那只细细的皮鞭轻轻不断打在我身上？他们认为这是暴力、变态，不是爱情。[①] 这正如程棠（2000：172）指出的那样："有不少课文，中国人认为是容易理解的，而外国人不明白；中国人认为寓意深刻，而外国人觉得可笑；中国人认为是天经地义合乎情理的，外国人认为不合法；中国人认为是真善美，外国人则不以为然。"程棠举例说，他上个世纪70年代在法国教《东郭先生和狼》，以及《愚公移山》《白毛女》等课文，自认为"在教学中也未见得能收到我们预期的效果"。

但也有例外，郭振华（1991）在提到教材选文时指出："社会主义真的善的美的东西是完全可以大力宣传的，也会受到外国朋友欢迎的。"他举例说，一位日本留学生读了"我们的同志在困难的时候，要看到成绩，要看到光明，要提高我们的勇气"这句话后，写道："这个句子，让我特别感动了，我想毛主席的文章有鼓舞人的力量。"

看来，我们在教材选文、选文化内容、选文化点时，要多从"学习者视点"来加以考量，要考虑到学习者可能的感受及教学的实际效果。但是，这类问题实际上是很复杂的：是不是学生不理解、不喜欢，或干脆就是"不可理喻"地误解，我们就不教呢？那首美丽动人的青海民歌就不唱了呢？是不是只要是中国文化（如愚公移山、刻舟求剑、守株待兔、孔融让梨、白蛇传、庖丁解牛等），不管你喜欢不喜欢、可笑不可笑、反胃不反胃，我们都要教呢？因为"这"就是中国文化。显然，这是需要我们研究和探讨的，甚至可以说，这些问题是汉语跨文化教学中文化教学内容取向的"尖端"问题，因为做出一个取向的抉择也许不难，难的是如何才能让异文化学习者能够真正理解这些文化，而不是误解或曲解，甚至反而觉得中国、中国人、中国文化"很诡异"、"很怪异"、"很不可理解"。

---

① 实际上这首民歌反映了我国草原上的少数民族的一种叫"姑娘追"的求爱风俗。男女青年到达规定的起跑线，小伙子先跑，姑娘在后面追。如果姑娘看上小伙子，追上就用鞭子轻轻晃一晃；反之，则用鞭子狠命地抽打，小伙子只得抱头逃窜。这是男女青年相互表白爱情的一种别致方式。

五　语言教材的文化取向分析

近些年出版的汉语教材，特别是一些广泛使用的、影响较大的单项技能类和综合技能类教材，总体上看，其文化内容取向①已经大大突破了以往以古为主、以文学作品为主的倾向，而是越来越贴近当代中国社会的现实问题，展示当代中国的社会风貌和人民的生活现状。这是教材编写的可喜现象，不仅有利于学习者了解当代中国社会及其文化，其语言也是更加实用的“现代汉语”，这样一种内容取向符合常规的汉语作为外语教学的规律。因为对正在学习和打算学习汉语的外国人来说，他们首先要学习的是现代使用的汉语，首先想要了解的是当代中国的社会现状，因为对极大多数的学习者来说，他们是要用现代的汉语跟现代的中国人打交道。当然，这类“现代化”的教材其中也还不乏少量“涉古文化”和“名家名篇”的选文，但大都选择和处理得比较好。事实上，诸如节日类涉古文化（如端午节）、观念类涉古文化（如古今价值观）等，当然是文化内容的一类取向，只是不要太多、不要太“细”，并且应涉及其发展变化，要联系当今现实状况。而文学作品本来就是教材选择的一个方向，只是同样不要太多、不要太“古”，并且要适合语言学习和技能训练。

但是，包括这类整体上较好的教材在内，其中的课文也还包括诸如“国宝大熊猫”、“藏羚羊”、“可可西里”、“长角苗和生态博物馆”、“楼兰古国”、“沙漠里的奇怪现象”、“安乐死与法律纠纷”、“器官移植中的伦理观”、“祥林嫂”、“武则天”、“张良捡鞋的故事”、“忠告烟民”，等等。这类内容和文化取向可能会让一些人感觉：有的是炫耀（如国宝大熊猫）、猎奇（如可可西里）、少见（如“长角苗”、“沙漠里的奇怪现象”，甚至永远也见不到，如“楼兰古国”）；有的离现在的中国社会太遥远、太隔膜、太难理解（如张良、武则天、祥林嫂）；有的学起来会让一些人感觉不舒服、不快乐、太“反胃”（如安乐死、器官移植）；有的可能让个别人有些反感（如忠告烟民，讲吸烟的害处、吸二手烟更有害等）。

当然，没有绝对的理由可以说这类内容不能选编为课文，因为这是见仁见

① 这里所说的语言教材的文化内容取向和下文的文化教材的内容分析中的“文化”都是广义的。

智的问题。选编者自有选编的理由和意图，可能还没被我们了解和理解。因此，这里“说好说坏”、“说三道四”，不过是借此“说事”，请教材编选者能够注意到这类问题。比如，描写大熊猫的长相、身长、体重、生活习性、兴趣爱好，以及对大熊猫的保护、研究和大熊猫的友谊传播“大使”功能等。又如，写中国古代名人张良小时候，一个白胡子老人先后两次故意把鞋子丢到桥下，让张良给捡，张良两次到桥下给老人捡鞋。然后老人夸张良是个好孩子，答应给张良“一件重要的东西”。可是，因为张良两次迟到，老人没有给张良那东西。第三次天还没亮张良就到桥上等老人，这次老人把礼物“一本兵法书”送给了张良。张良刻苦学习，后来成了军事家。再如，写武则天设计弄死亲生女儿，嫁祸于唐高宗的妻子王皇后。后来武则天自己成了皇后，就用残酷的方法杀死了王皇后：砍去她的手和脚，把她装在一个坛子里。如此等等的这类课文内容，不知道编者有何种编写意图，是否考虑对异文化背景的学习者来说能否达到编者的预期效果？也不知道成年的外国学生是否会对这样的课文有兴趣，学了这样的课文会有什么样的“中国认知”、“文化联想”或“胃觉反应”？

六 文化教材的内容分析

一般认为，文化内容取向应以当代为主、主流文化为主。作为一项基本原则是对的。但是，从文化教材本身来说，对这一基本原则不能绝对化，看成一种倾向性原则也许更恰当。因此，我们主张文化内容特别是文化教材的文化取向应采取柔性策略，即有倾向性但不绝对化（李泉，2007b）。这是因为，文化是一种历史积淀，有延续性和发展性，许多情况下古代文化跟当代文化不容易截然分开，如“敬老”的传统、“家乡”观念等；而主流和次主流有时也不是泾渭分明的，如中国的佛教和道教，谁是主流，谁是次主流？即使能分出主流与非主流，如相对于儒家文化，老庄哲学所代表的道家文化不如儒家文化影响那么大，但是，无论从老子和庄子的思想本身，还是从中国文化史的角度来看，老庄思想和老子庄子的故事都应该成为教材内容的选择取向。

又如，“语言文化”教材把语言学习跟文化学习结合起来，把文化的体认与语言交际能力的培养结合起来，[①]既可以当作文化教材用，也可以当作语言技能教材用，其中内容选择上“把古代跟现代联系起来，并以现代生活和文化为主”也只是一种倾向性的原则。而“纯文化”教材，其文化内容的取向就更不宜绝对化，既可以是古代的，也可以是现代的；既可以是主流的（如儒家文化），也可以是非主流的（如“风水”、“面子”），并且不同取向的文化内容在教材中所占的比例也不可能有一个绝对的标准，因为这类“知识文化”教材，本身就是汉语教学辅助教材，只要学习者有需求、有兴趣就可以编写。

文化教材存在的主要问题是“语言太难”、“无法阅读”。如某出版公司出版的《中国文化》，内容丰富而准确，包括中国地理概况、中国古代神话、汉字、中国少数民族、中国古代四大发明、中国石窟艺术、中国古代历法、中国陶瓷、中国烹饪、中国古代建筑、中国古代诗歌、中国画、中国书法艺术、中国医药学等31个专题，并有200余幅插图。作者在“说明”中说这本书“适合二年级外国留学生使用。一年级第二学期亦可视情况试用”。但据我们的教学经验，该书三四年级留学生都无法使用。周小兵等（2010）系统地考察了九部汉语文化教材，通过词汇统计分析得出的结论是“语言太难是中国文化教材的通病之一，也是难学难教的重要原因”。精确的词汇等级统计分析得出的“硬道理”证实了我们的“经验观感”。我们认为，“太难”的原因可能是介绍得太细、太专业、太深入。可是，似乎不这样介绍就失去了相关文化的“原汁原味”，有一些专业性强的知识文化，如书法、中国画、医药学等，可能也很难通俗化。因此，究竟要不要编写这类教材，如何增强这类教材的通俗性和可学性，编写这类教材的目标、原则和策略为何，都值得思考研究和探索尝试。

第四节　教材中文化偏误分析

一　文化介绍偏误定性

文化教学是外语教学不可分割的组成部分，但是，介绍哪些文化（即文化

① 这类教材如《汉语文化双向教程》（北京语言大学出版社，1999），《中国传统文化与现代生活》（北京大学出版社，2001），《说汉语、谈文化（第二版）》（北京语言大学出版社，2008）等。

介绍的取向问题)、怎样介绍相关的文化内容(即文化的解说问题),目前的研究还不够充分,尚未形成共识。本节探讨汉语教材中文化介绍存在的偏误现象,包括文化取向偏误和文化解说偏误。所讨论的“文化”,既包括教材体例中的“文化点”,[1]也包括教材的文化注释。

文化是一种传统,是一种习惯,其自身无所谓正确和偏误。然而对文化的介绍却可以有正确和偏误之分。前者是指教材中文化点的选择恰当,适合学习者的需要,并且观点客观平实,表述准确得体;后者是指教材中文化点的选择不够恰当或内容的解说不够准确。文化点的选择不够恰当,是指所选文化点不具有代表性、对学习者来说缺乏应用价值、不利于学习者准确地了解中国文化和中国国情、容易误导学习者,也表现为文化内容与教学的阶段性不相适应、与学习者的真正需求不相适应,以及文化点的选择存在“以古代今”、“一味弘扬”或“一味迎合”的现象,等等;文化点的解说不够准确,是指对文化内容的说明不够全面或与实际情况不相符、观点过于绝对化、有宣传说教的味道,也表现为立意或表述上缺乏古今联系、缺乏必要的中外对比、缺乏对学习者理解和应用方面的考量,等等。

对文化介绍正确和偏误的认定,是基于常规的汉语作为外语教学的需要,对教材文化内容的选择和介绍的恰当与否做出的主观评价。这与我们对学习者语言偏误的认定大不一样。对学习者语言偏误的认定,虽然也有个人语感上的偏差,但多数情况下人们的看法是一致的,比如,汉语母语者都知道“我见面他三点钟”、“我是9月1号从东京来了”是偏误句。可以说,对言语偏误的认定是客观性的,绝大多数情况下对就是对,错就是错。但是,对文化偏误的认定则是主观性的,绝大多数情况下,“对”和“错”可能是见仁见智的问题,很难区分出绝对的对和绝对的错,除非是“关公战秦琼”之类的问题,更多的可能是合适与否、准确与否及其程度的问题。

尽管如此,我们认为,开展文化偏误的理论研究和实例分析是非常必要

① 作为教材体例中的一项,每课专门介绍一个文化问题,栏目名称叫“你知道吗?”、“文化点”、“文化点击”、“中国文化介绍”、“学做中国通”、“文化注释”等。文化内容的解说,有只用外文的,有中外文对照的,有只用中文的。

的，不仅可以丰富外语教学中文化教学研究的内涵，而且使得偏误研究由语言偏误拓展到文化偏误，从而进一步深化外语教学的理论研究。应该说，文化偏误分析与语言偏误分析具有同等重要的地位。语言偏误研究有助于学习者的语言学习，有助于课堂教学和教材编写，有助于偏误规律的探索和理论假说的建立；同样，文化偏误分析可以为教师的教学和学习者的文化理解提供帮助，可以为教材编写及其文化诠释提供参考和借鉴，可以为探索文化介绍的原则和策略乃至建立文化介绍的模式提供依据。事实上，语言更多的是应用，因而错了可以有更多的机会得到纠正；文化更多的是理解，而理解出了偏差则不容易得到纠正。因此，教材编写更应该尽量做到文化点的选择有较强针对性和实用性，内容介绍准确适度、可接受性强。

基于上述考虑，本节考察了若干初中级汉语教材中的文化和国情介绍情况，初步分析了其中的文化偏误现象，并将文化偏误分为取向偏误和解说偏误。不过，这只是大致的分类，因为就目前收集到的材料看，多数是内容的选取不恰当，同时解说也存在可商榷的地方，或者主要是文化解说方面的问题，同时所选的文化点是否合适也值得考虑。这里涉及的教材，有的是正式出版的，有的是初稿。下文引例一律隐去真实出处，以避免给有关教材带来不必要的影响（事实上这些教材都很有特色，整体或局部多有创新），因为我们自己对相关文化现象的了解和理解还相当表面，对如何选取和如何介绍文化点还缺乏成熟的考虑，因此，对教材文化偏误的认定是商榷性的、探讨性的，意在引起对有关问题的重视。

二　文化取向偏误分析

【案例一】摆脱无奈的方法

中国是一个含蓄而又有忍耐力的民族，一般对于自己不喜欢的人或事不会公开表示抗议或不满，实在不可忍受，也只是委婉地建议一下。比如，对方的谈话使他非常不感兴趣，但他不会公开说“请你不要说了”这样的话，甚至连不耐烦都不会表现出来。如果真的感到忍无可忍了，也就是

转移话题，或找一个借口离开。（《SHW汉语》“文化点击”，2004）

偏误分析：(1)该文化点的设定可能没有仔细考虑这是不是一个问题。(2)个别人或少数人的性格、特点或做法，不能轻易当成是“中国的”、“民族的”介绍给外国人。

偏误评价：该文化点的题目就颇令人费解，是一个比较典型的选题偏误的例子。这样的文化取向及其内容表述，不知想告诉汉语学习者什么样的知识，想教给外国人什么样的方法。如果学习者真的了解了这段话的意思，那么很可能被误导，“中国人”、“汉民族”或“中华民族”的性格特征很可能被曲解。该文化点偏误指数为最高级5级：★★★★★。

【案例二】大学校园里的社交

大学校园是个小社会，在这个小社会里也需要社交。在外面的大社会，人们大多送一些有实用价值的东西作为礼物，而校园内大多是送精神礼物。第一是送书，这是校园内最普遍也最有历史传统的交际方式。学生们认为送书既高雅又实用，还有纪念意义。第二是送鲜花，这是近年来在中国大中城市兴起的新的交际方式。校园里的年轻人乐于选择此种方式，显得既高雅又有情调。第三是电话问候，更直接更及时。一声亲切的问候，通过电话传送给对方，这是书信所不及的。第四是点歌点唱，大学生为朋友、为家人、为老师点播一首歌曲也是经常用的方式。（《JR汉语》“文化点”，2003）

偏误分析：(1)“大学校园里的社交”作为文化点来介绍其价值不大，尤其就现有的内容和解说来看。(2)内容表述多有不够周全或不切实际之处。例如，说送书“是校园内最普遍也最有历史传统的交际方式”与实际颇有差距；“送花”的交际方式即使是男女朋友之间也不是很普遍的，而一般朋友之间也用不着这么“热情”。此外，“电话问候”、“点歌点唱”等也都不大切合实际，不具普遍意义。

偏误评价：这个文化点的选择和解说都不太恰当，对学习者了解中国的人际交往、了解大学校园生活不会有实质性的帮助。实际上，如果确需介绍中国大学校园生活，那么考托出国、考研考博、考公务员、考四六级、求职就业、文体社团等也许更值得介绍，至少比上例这样介绍校园社交要真实得多。该文化点偏误指数为 5 级：★★★★★。

【案例三】什么时候说“谢谢”？

> 中国人在真正接受别人的恩惠或帮助时才说感谢的话。一般的情谊只需要口头说声“谢谢”就可以了，但如果是一份很重的感情，那就要送上一份礼物以表谢意。但在很亲近的人之间或一家人之间反倒不把感谢说出来，只是心里牢记，以后会找到适当的机会偿还。当听到别人的赞扬时，传统的中国人是不说“谢谢”的。在中国，你到服务行业去接受服务，一般是消费者对服务员说“谢谢”，服务员不会因为你给他提供了赚钱的机会而对你说“谢谢”。(《SHW 汉语》“文化点击”，2004)

偏误分析：(1)如果这样介绍“什么时候说‘谢谢’”，那么是否有必要很值得怀疑，因为上面对“谢谢”使用的说明，不但没有介绍出值得介绍的内容，很可能让人不知所措，不知所以然。(2)这段话有些说明不很确切，外国人更不容易把握。比如，何种情况才算“真正接受别人的恩惠或帮助”？何谓“一般的情意”、“一份很重的感情”？谁是“传统的中国人”？(3)有些说法过于绝对。比如，“在很亲近的人之间或一家人之间反倒不把感谢说出来”，但“只是心里牢记，以后会找到适当的机会偿还”。这样说明可能不大准确，因为亲人或亲近的人之间“不言谢”恰是中国人的习俗，说了反而显得见外。此外，“服务员不会因为你给他提供了赚钱的机会而对你说‘谢谢’”之类的说法，过于绝对化。[①] 事实上，当今的中国人说感谢话的机会、场合和频率比以往任何时候都多得多。[②]

---

① 比如，服务行业人员说“谢谢”、“欢迎再来”、“感谢光临”等越来越多。有些服务行业不是因为服务态度好、礼貌待人就会多赚钱，因为服务员的工资是固定的。此外，顾客对服务员说“谢谢”，是基于感谢服务员提供了帮助和便利。服务员不说“谢谢”，正说明不是以顾客给了自己赚钱的机会为致谢的因由。

② 对这一观点及“感谢”是否需要注释和如何注释，在全英汉语教学研究会 2006 年年会上，剑桥大学阚茜老师指出，即使当今中国人说感谢话的场合和频率比以前增加了，也还不如英国人说“谢谢”和“对不起”的场合多和频率高，许多情况下中国人认为不需要说“谢谢”和“对不起”的时候英国人也说。阚茜老师的意见很值得重视，如果教材是针对英国汉语学习者的，就有必要说明这一现象，以利于消除因致谢和致歉使用的场合和频率不同而可能给英国汉语学习者带来的“文化障碍”。

偏误评价：该文化点的立项和解说都缺乏针对性，对学习者的汉语学习和运用，对他们了解当代中国的人际交往，不会有太大的帮助，反而可能引起误解。该文化点偏误指数为5级：★★★★★。

【案例四】“不用”就是不需要帮助吗？

当你想给中国人提供某种帮助的时候，即使他真的需要帮助，他可能也先说“不用了”。但是，如果你认为他真的需要帮助，你就要继续表示你愿意帮忙，这时他可能会说“不好意思”、“麻烦你了”表示他接受了。如果他确实不需要帮助的话，他会继续拒绝。（《SHW汉语》“文化点击”，2004）

偏误分析：(1)该文化点设定的必要性不充分。事实上，学习者完全能够知道“不用”的意义和用法，也完全能够根据实际情况和交际语境来确定要不要帮助别人。(2)中国人之间，特别是交往不深的人之间，确有这种“先婉拒后接受”的情况，但即使如此，也还要看需要帮助的事是否重要。对于那些迫切需要帮助的事，是不会先说“不用了”。(3)事实上，持不同语言和文化背景的人们之间，在语言交际和人际交往的过程中大都会注意到双方文化背景不同这一情况，因而常常有意识地调整自己的言语和行为方式，这应该是跨文化交际的一个特点。上面这个文化点的选择和说明，可能没有考虑到跨文化交际的这一特点。

偏误评价：该选题作为文化点值得商榷。如果一定要对“不用”进行注释，那么，是否在使用范围、事情轻重、交际者之间亲疏关系及其程度等方面做出说明，同时说明婉拒别人帮助的心理因素，否则外国人可能不会理解中国人“为什么要这样”。此外，还要说明这是中国人之间的习惯，中国人在跟外国人交往时未必一定如此。该文化点可能无意间把中国人描绘成了缺乏透明度而“难以捉摸的怪异人群”，把外国人当成了“需要百般呵护的幼稚人群”。该文化点偏误指数为5级：★★★★★。

【案例五】实在没办法（课文题目）

课文讲的是一对刚结婚不到一年，感情很好的老年夫妻“被逼”离婚的事。原来老先生有一些钱，在市中心还有一套房子，每月可以得到一笔租金。儿女们早就想怎么分他的遗产了。老人再婚让他们很失望，他们不想让老太太分走父亲的遗产。所以就天天和父亲吵架。实在没办法，两位老人只好离婚。离婚以后，老先生把财产都分好了，儿女们才同意他们复婚。(《JJ汉语教程》第三册，2004)

偏误分析：这个故事可能是真实的，真实生活中还有比这更寡情、更让人心惊心寒的事，同时这样的课文也会很有讨论性。但是，这样的事例究竟有没有代表性，在多大程度上反映了当代中国社会生活的实际，是应该考虑的。上例是有真实生活依据的，但是这种真实在当今中国社会中应该是不多见的，那么把这种个案及其反映出的伦理道德介绍给汉语学习者，从更为宏观的层面上看就显得"不够真实"，因为它不能全面客观地体现当代中国家庭伦理关系的现状。从这个意义上讲，该例的国情文化取向是有偏差的。

偏误评价：我们不主张在汉语教学中一味弘扬中华文化，同样也不主张专讲"黑色"或"灰色"现象。在学生汉语水平不高、对中国社会了解还不够多的情况下，把某种极端性的事例选入课文并不利于学习者准确把握当代中国的家庭伦理道德观念。当然，教学内容的取向既是一个理论性问题，也是一个实践性问题，需要研究和探索。这里，我们姑且认为，本案例所说的情况普遍性较差，同时内容取向不符合教学的阶段性要求。但是，这种偏误认定毕竟主观色彩太强，因此我们把该例的偏误指数定为3级：★★★。

【案例六】代买

当你自己没有时间或不方便的时候，朋友或同事可以代你购买东西。在中国，一般的单位里有食堂或餐厅，它们供应食品都有固定的时间，如果错过开饭时间，就不能在那里就餐了。所以当你工作忙时常常没时间去吃饭，同事或朋友就可以帮忙代买一份盒饭带回来。解决你的饥饿问题。中国人对于请别人代买物品习以为常，不会觉得有什么不适，而且当委托人要付给代买人钱时，代买人常常会说"不用着急"之类的话，当涉及的钱很少时，甚至会说"算了吧"之类的话，这是一种客气的表示。

（《SHW 汉语》"文化点击"，2004）

偏误分析：(1)把请同事带回一份盒饭或请朋友顺便捎回一份快餐也当作一个文化点让外国人来"点击一下"，有点小题大做。现有的说明可能不但没有起到文化疏通的作用，反而使学习者感到糊涂，比如，"当委托人要付给代买人钱时，代买人常常会说'不用着急'之类的话，当涉及的钱很少时，甚至会说'算了吧'之类的话，这是一种客气的表示"。不知学习者能否明白"不用着急"、"客气的表示"是什么意思，到底想不想要那钱，还是无所谓？(2)表述冗余，比如，"如果错过开饭时间，就不能在那里就餐了"、"解决你的饥饿问题"。(3)个别说法过于武断，比如，"中国人对于请别人代买物品习以为常，不会觉得有什么不适"。

偏误评价：设立该文化点的必要性不充分。表述有多余和不恰当之处。对学习者不仅没有什么帮助，还很可能误导学习者。该文化点偏误指数为5级：★★★★★。

三　文化解说偏误分析

【案例一】中国人的礼让

> 中国人在很多场合都要表示谦让，而且经常反复表示谦让，特别是对尊长更要礼让。当中国人对你表示谦让时，你最好不要直接接受，也要谦让一下。比如，在进门的时候，别人请你先走，你最好不要就先走，而应该请对方先走，否则给人感觉你很不客气。在同桌就餐时（不是分餐），中国人总是要等到尊长先动筷子。但是请你记住，在付账的时候，中国人是绝不礼让的，他们都尽量争抢去付。（《SHW 汉语》"文化点击"，2004）

偏误分析：(1)建议外国人"当中国人对你表示谦让时，你最好不要直接接受，也要谦让一下"比较空泛，也并不一定实用，甚至可能是"乱支招"。比如，中国人说"大卫，你先尝尝我做的这个菜味道怎么样"，大卫说"不，还是您先尝尝吧"，这岂不怪哉！(2)对如何"进门"的建议实在没必要。其实，"如何进门"根本不用教，外国人"生活自理"的能力强着呢。(3)"付账的时候，中国人是绝不礼让的，他们都尽量争抢去付"，不仅说法有些绝对，因为显然不都是这样，而且很可能使学习者感到莫名其妙，因为没有继续说明“争抢付钱”的原因，所以外国人就只好自己“犯糊涂”，或者觉得中国人“有毛病”。事实上，现在人们生活好了，吃顿饭和谁付钱都不是个大问题了，“争抢付钱”的现象比以前少了。(4)“中国人在很多场合都要表示谦让，而且经常反复表示谦让，特别是对尊长更要礼让”，这说法有点绝对和空洞，让外国人知道这类“广告词”式的话语，实际意义不大。

偏误评价：该例有些说法过于空洞或绝对，或让人无所适从，或点出问题不做解释。该文化点偏误指数为最高级 5 级：★★★★★。

【案例二】中国人的谦虚

> 中华民族是一个自谦的民族，不喜欢炫耀自己的优势，而对自己的成绩却常常低调处理。在得到褒奖时，一般总是谦虚地说自己还有很多不足，做得还很不够等等。所以当你听到中国人对你的夸奖表示“哪里，哪里”时，你千万不要以为他们不同意你的夸奖，其实他们心里非常高兴，只是表面上客气一下，以示谦虚。否则就会被当作自高自大的人。(《SHW 汉语》“文化点击”，2004)

偏误分析：(1)“中华民族是一个自谦的民族，不喜欢炫耀自己的优势，而对自己的成绩却常常低调处理”，这句话已经不大谦虚、不大低调了。“谦虚”还是别人来说为好。我们虽然不能说谈中国人的谦虚是个禁区，但怎么个谈法还真得琢磨琢磨。显然，外族和异文化中肯定不是都不讲究谦虚的。(2)“中国人对你的夸奖表示‘哪里，哪里’时，你千万……”一段话的表述也值得商量。比如，“其实他们心里非常高兴，只是表面上客气一下，以示谦虚”，这样的表述会不会让外国人产生误解，觉得中国人虚伪、滑稽、好玩？此外，在当今的中国青年人之间、“文化人”之间以及电视等媒体上，对待别人的夸奖大都以感谢的方式来回应，很少说“哪里，哪里”，对来自外国人的夸奖更是喜欢用“谢谢”来回应，而且好像我们也并不认为这样回答就是“自高自大”。可以说，今天的中国人在自谦问题上已经相当“洋化”，甚至可以预测，以感谢的方式来回答赞扬，将会在更大的范围和更多的场合替代传统的用自谦的方式来回答别人的赞扬。如果是这样，那么上例应该适当联系一下现实，而不能只讲传统的方式。

偏误评价：谈中国人的谦虚最好有所对比和针对，谈出在哪些方面和什么场合都是怎么表示谦虚的，才更有指导意义和实用价值，该例在这方面做得还不够到位。此外，对“谦虚”的解说有“下定义”、“贴标签”的倾向，这不利于学习者的理解和把握。该例主要介绍了“哪里，哪里”的实际意义和用法及其文化心理，这种通过实例来说明问题的方式是可取的，但是解说的内容和文字还应该打磨。此外，没有联系实际亦是该例的一个缺憾。该文化点偏误指数为5级：★★★★★。

【案例三】中国人待客的礼俗

> 如果你到中国人的家庭去，你会发现，他们是非常热情的。他们会请你抽烟、喝茶、吃糖、吃水果，有时还会请你吃一些小点心。这时你尽可无拘无束地享用，因为他们是真诚的。可能你已经觉得很丰盛了，但他们还会说“真对不起，没什么招待你”，或者说“做得不好，请多吃一点”，这时你千万不要认为是东西真的很少或不好，这只是他们谦虚。当你告别时，好客的主人会邀请你以后再来玩，你也不必认真地去确定时间，因为这是他们的礼貌。（《SHW汉语》“文化点击”，2004）

偏误分析：中国人待客的礼俗是可以介绍给学习者的，但是介绍哪些内容、如何介绍却是值得探讨的。上例表述中有些地方还需打磨。比如：(1)请客人“抽烟”和“吃糖”要不要介绍、怎样介绍都需要认真思考。以现今的人际交往来看，送礼时送烟酒的比以前少了，送保健品和健康食品的比以前多了；在公共场合和家庭中敬烟的比30年前少了；劝人不吸烟或少吸烟的人多了；媒体上宣传吸烟有害和商场里买戒烟品的多了，而这些都是30年前所不能相比的。在这种背景下可能不会贸然给一个来家里做客的外国人敬烟。(2)现在，还有没有人说或者还有多少人说“真对不起，没什么招待你”、“做得不好，请多吃一点”、“我做得不好，大家凑合吃吧”这样的话，是很值得怀疑的，那么把这类话语套子教给外国人，又不给个“历史交代”，对学习者的语言学习和交往没有多大益处。(3)有几个外国人听到"主人邀请你以后再来玩"时会"认真地去确定时间"？千万不要一不留神就把外国人都当成了智障者，或者一不小心就把我们自己摆在了"幼儿园阿姨"的角色上。

偏误评价：该文化点联系当今中国社会实际不够，似乎还在重复30年前的礼俗习惯和言语习惯。低估了外国人的认知能力和跨文化交往能力。忽视了近30年来中国社会所发生的巨大变化及其对人们生活、习俗和心理等各个方面的深刻影响，包括外来文化对中国人的影响。该文化点偏误指数为5级：★★★★★。

【案例四】文化知识：谦辞

面对称赞，中国人往往表现出谦虚，相应地，汉语里有一些表示谦虚的说法，叫"谦辞"，"哪里"就是一个谦辞。当别人称赞、夸奖我们时，我们不像说英语的人那样说"谢谢"，而是说"哪里哪里"。如：(1)你的汉语很不错。——哪里哪里。(2)你的衣服真漂亮。——哪里哪里。"哪里"是"您说到哪里去了"的缩略形式，意思是你对我的评价过高了。我本来在"这里"(这个水平、程度等)，而你称赞说我到了"那里"(比我的实际水平高)，于是我说，你说得不符合实际，即"你说到哪里去了"，其简略形式是"哪里"。当然，这不说明中国人不愿意接受赞美，也不是说我真的认为你的称赞言过其实，而只是我们面对称赞的一种谦虚的表示。习俗文化随着时代在不断变化，现在年轻人也有用"谢谢"来回答别人夸奖的，但多数人仍习惯于用"哪里"。(《XSHY汉语课本》第一册，教师手册，2002)

偏误分析：这个文化注释应该说相当不错，没有采取贴标签的办法为文化做广告，而是有说明有例证、追源溯史地对一个具体问题做比较全面的说明，同时进行了必要的中外对比，联系了中国社会现实。如果要找点不足的话，是不是有这几个问题：(1)谈"哪里"的来源和含义有点过多，解释到"'哪里'是'您说到哪里去了'的缩略形式，意思是你对我的评价过高了"就可以了。"我本来在'这里'(这个水平、程度等)，而你称赞说我到了'那里'(比我的实际水平高)，于是我说，你说得不符合实际，即'你说到哪里去了'，其简略形式是'哪里’”这段文字有绕脖子和俗解的味道，当删。(2)例子不够多，作为教师手册更应该多举些例子。另外，第二个例子有点生硬和突兀。(3)用“谢谢”来回答别人夸奖的年轻人不是“也有”，而是越来越多，并且不限于年轻人。另外，是否“多数人仍习惯于用‘哪里’”，还真得对各类人士调查调查再说。

偏误评价：该例的注释方式和注释角度是非常可取的，也是值得借鉴的。但具体的文字说明还不够精练和完美，个别表述也还有商量的余地。该文化点偏误指数为2级：★★。

【案例五】中国人的道歉

> 中国人一定要在真正伤害、影响了别人时才能说“对不起”来表达道歉。比如不小心弄坏了别人的东西、无意中碰掉了别人的物品、没注意踩了别人的脚、做了什么事使别人花了很多钱等等，都需要赶紧说“对不起”。但是对于生活中的一些司空见惯的事，比如在公共场合抽烟、问路等情况却不用说“对不起”。因为中国人认为后者没有给对方带来什么损失和影响，所以用不着道歉。(《SHW汉语》“文化点击”，2004)

偏误评价：如果真能把“中国人道歉”介绍出新意或特别值得汉语学习者注意的方面，那当然很好。然而，本案例主要介绍了“对不起”使用的场合，其实这是不用介绍的，因为连孩子都知道“弄坏了别人的东西”应该说“对不起”。此外，该文化点的表述和观点有可商之处：(1)“做了什么事使别人花了很多钱”，这话令人费解。(2)说在公共场合抽烟和问路等不用说“对不起”，这话有点绝对。且不说许多公共场合本身就不能吸烟(如医院、商店等)，就是在公共场合(广场、有些车站等)吸烟的那些人，也不是所有的人都心安理得，更不是所有的人都认为在公共场合吸烟“没有给对方带来什么损失和影响”。实际上，在公共场合吸烟而不说“对不起”的人，多数可能是延续千百年来的习惯而无意识而已。

偏误评价：该文化点选题的意义值得再考虑。解说方面有的说明意义不大，有的似乎又言过其实。其相关的社会心理分析有不够恰当之处。在说明文化现象和社会习俗时，不能轻易使用“中国人”这样的周遍性指称，因为中国人那么多，什么样的人都有，不能用一种观点、一种做法、一种现象来概括所有中国人，否则就可能造成以偏赅全，不利于客观地介绍和了解中国人、中国现象和中国文化。该文化点偏误指数为5级：★★★★★。

综上可以看出，造成文化介绍偏误的原因大致包括以下几个方面：(1)文化点选择不当。表现为所选文化点不具有代表性、对学习者来说价值不大乃至于使人觉得是为了介绍而介绍，或文化点过于久远、过于褊狭、过于专业、过于猎奇。[①] (2)解说上有贴标签、下定义的做法，立意上时有自我炫耀的意图。(3)观点和表述不当。表现为解说不够准确、缺乏针对性、过于强调差异、过于绝对和夸张、观点推敲不够、表述较多使用全称和泛指等。(4)缺乏应有的古今对比和中外对比。对近30年来中国社会所发生的巨大变化及其带来的传统观念、社会习俗等的变化关注不够、联系不够；对学习者的文化背景关照不够，对比不够。(5)缺乏对语言学习者言语和行为的恰当建议。

第五节　专门用途汉语教学与教材编写

所谓专门用途外语是相对普遍使用的通用外语而言，指用于某种特定范围、固定场合、专门领域的外语。外语教学的理论与实践表明，现代外语教学早已打破了通用外语教学一统天下的格局，专门用途外语教学已经成为外语教学和研究的重要组成部分。专门用途外语教学，英语称作 English for Specific Purposes(ESP)，与通用英语教学 English for General Purposes(EGP)共同构成了英语作为外语教学与研究的主流。

在汉语加快走向世界的过程中，无论是基于现状还是展望未来，作为汉语的母语国都应大力推进专门用途汉语教学的发展，以满足学习者对汉语的多

① 如见于《JR汉语》(2003)的文化点：中国的四大发明、李时珍和他的《本草纲目》、中国麻醉术的发明者——华佗、中国的工艺美术、中国的陶瓷、久负盛名的中国刺绣、中国的绘画艺术、中国的书法艺术、中国气功、傣族丢花包的习俗、泸沽湖边上的摩梭人、大连女骑警。其中有许多内容很难介绍，也很难理解；有的虽然不难介绍和理解，但内容对于学习者(特别是初学者)来说意义不大。

元化需求。下面对专门用途汉语教学及其教材编写的历史进行简要回顾，进而探讨专门用途汉语教学的发展趋势、学科定位、理论基础、研究框架及教材编写研究的相关议题，最后提出专门用途汉语教学和教材编写的若干原则和理念，并进行必要的阐释。

一　相关研究回顾与现状评估

专门用途汉语教学及教材编写始于20世纪80年代。为帮助来华学习理工、医学等专业的留学生更好地入系学习专业，80年代初国内有关院校先后开设了科技汉语、医用汉语等课程。其中，北京语言学院（今北京语言大学）在国内较早开设了理工班、中医班、西医班等专业汉语课程，并于1982年至1987年间先后编写了《科技汉语教程》（包括听说、阅读、听力课本，每种课本分为四册，一、二册内容为日常生活和学习生活，三、四册内容为科学常识和数理化知识），《中医汉语》（包括读写、说话、听力课本），《医学汉语教程》（包括读写和听说课本各四册）等教材。从教材编写发展史来看，这批教材的出现，表明对外汉语教材由通用教材向专用教材发展，由单一的综合教材（同一教材用于听、说、读、写综合训练）向系列专能教材发展，由结构法向结构—功能法发展（吕必松，1990：69—72）。此外，中国对外汉语教学学会1987年在全国范围内组织理工、医学院校分别编写了《大学科技汉语教程》《大学医用汉语教程》（张亚军，1990：54）。90年代初出版了《外贸口语30课》《商用汉语会话》《经贸初级汉语口语》等专业汉语教材（刘珣，2000：331）。90年代末期特别是进入新世纪以来，商贸汉语教材的编写发展较快，已出版有关教材几十种，如《国际商务汉语》（1997）、《商务汉语》（1998）、《经贸洽谈ABC》（2002）、《商务汉语提高》（2005）、《经理人汉语》（2005）、《体验汉语·商务篇》（2006）等（参见路志英，2006）。

伴随着专门用途汉语教学的开展，专业汉语教学研究也陆续开展起来。杜厚文《汉语科技文体的语言特点》（1981）是中国大陆最早一篇基于对外汉语教学来探讨科技汉语词汇和句法特点的文献。文章指出科技汉语的一些特点：大量使用专门术语（正数、负数，比重、惯性，硫酸、氧化）；大量使用抽象词语(物体、体系、而、所、以);保留部分文言词语和严谨的书面表达方式(设有两个变量X和Y,若对于X的变化范围内的每一个值,Y按一定规则由一个确定的值与之对应,则称Y为X的函数);外来科技词语、科技反义词使用较多(伏特、夸克,开方和乘方、化合和分解);连词、介词和具有关联作用的副词用得比较多;科技汉语文体中多用陈述句,疑问句和祈使句主要见于习题和操作说明中,几乎不用感叹句和倒装句;科技文体在描述实验、下定义、表达定理时,有许多固定格式和词组(与……成正比/反比,把……分解成……,设……则……,过……作……,如图……所示,由此可见);科技文体中单句复杂化,并较多使用假设、条件、让步等复句。由此,我们可以了解科技汉语的语汇、语法、语体和语用上的某些特征。

类似的专业汉语及教材编写研究还有不少,比如,黄慰平《科技汉语教材的"五性"》(1987)、郑玉《如何设计〈大学科技汉语〉》(1988)、石金才《关于编写外交人员初级汉语教材的设想》(1990)、洪材章《〈大学医用汉语〉的特点》(1991)、褚福章《大学理科教材语言现象探析》(1991)、王砚农《谈谈中医汉语系列教材》(1992)、罗燕玲《短期商贸汉语教学的总体设计及其教材的编写设计》(2002)、褚佩如《〈外交公务汉语〉的编写特点》(2004)、张黎《商务汉语教学需求分析》(2006)、辛平《面向商务汉语教材的商务领域词语等级参数研究》(2007)、关道雄《商务汉语教材的范围、内容和开放式架构设计》(2007)、赵悦《基于目标与对象差异的商务汉语课程体系框架设计》(2007)、程乐乐等《医学汉语教材编写刍议》(2008)、李晓琪《系列商务汉语教材编写探索》(2009)、张晓慧等《关于研制商务汉语教学功能大纲的思考》(2010),等等。毫无疑问,这样一些研究成果对专业汉语教材建设、教材编写研究和专业汉语教学都有着重要的启发和借鉴意义。

综上不难看出,专门用途汉语教学与20世纪80年代初以来国内普遍开展的通用汉语教学几乎是同步进行的,并且在教学体制、教学模式、教学方法以及教材编写和研究等方面取得了一定的成果。专门用途汉语教学是对外汉语教学研究和学科建设的重要组成部分,它的建设和发展不但拓展了对外汉语教学的空间和专业领域,也标志汉语作为外语教学逐步走向完善和成熟。

80年代中后期由于有关部门的重视，科技汉语（包括医学汉语）教学研究及教材编写曾经“小热”了一阵子，遗憾的是这种发展势头没有保持下来。21世纪以来由于中外经贸交流的扩大，经贸汉语特别是商务汉语教学研究及教材编写呈现一花独秀的趋势。先后召开有关研讨会10余次，“目前国内已出版的商务汉语教材已逾80种”（李晓琪2010：41），发表的有关论文大约60余篇，另外，有关部门研制了《商务汉语考试大纲》（2006），商务汉语水平考试已在新加坡、韩国、美国、日本、泰国、法国等20多个国家举行。所有这些都表明商务汉语在各种专门用途汉语教学研究中不仅走在了前面，而且方兴未艾。

然而，总的来看，专门用途汉语教学、教学理论研究、教材编写及研究还很薄弱。表现在：(1)现有对外汉语教学学科理论体系研究的重要论著及相关文献基本上都没有给予专门用途汉语教学以应有的学科位置，甚至根本就没有提及这一领域。当然这并不意味着学者们完全不认可这类教学的学科地位，但却表明人们对这一领域重视不够。(2)专门用途汉语教学自身的基础理论研究还没有广泛地开展起来，迄今还没有形成一套成熟的专门用途汉语教学理论和多种完善的教学模式。(3)各类专业汉语教学还缺乏教学大纲、教学标准和教学规范。(4)现有专门用途汉语教学领域还不够宽泛，发展也不够平衡。(5)教材种类还不够齐全，缺乏品牌教材，许多领域尚无正式出版的教材。(6)现有教材研究成果主要集中在早期的科技汉语和近年的商务汉语教材的编写研究，而且大都是教材编写构想或所编教材的理论和实践总结，这当然是需要的，但仅有此还不够。根据我们的考察和估计，迄今有关专门用途汉语教学及教材研究的文献不足百篇，专著更是凤毛麟角。(7)专门用途汉语教学师资队伍建设亟待加强，目前专业化从教人员少之又少。

以上情况表明，专门用途汉语教学虽然起步不算晚，也取得了一些教学经验和研究成果，但总体上并没有受到应有的重视，亦没有获得应有的发展，更谈不上与通用汉语教学并驾齐驱。这种状况不仅不适应学科发展和建设的需要，也不适合近年来对外汉语教学快速发展的形势需要。因此，大力开展专门用途汉语教学理论研究和教材建设，已成为海内外汉语教学特别是专业汉语教学从业人员的紧迫任务，政府主管单位、出版界及高校专家学者和广大同仁应给予大力支持并积极参与，以便不断完善学科建设，满足各类专门用途汉语学习者的需求。

二　学科发展趋势与内涵构成探讨

随着海内外汉语学习人数的不断增加，汉语学习多层次、多领域、多目标，专业化、职业化、实用化的趋势越加明显。这不仅在理论上预示着专门用途汉语教学的地位和作用将越加突显，教学实践也验证了这种趋势。比如，每年有30%到40%的来华留学生是学习医科、经济、管理、工科、法学、教育、理科等专业的（赵悦，2007:32，表3），其中仅医科（西医和中医）留学生每年即达2万人（朱德君，2009:528）。可以预计，随着中国高等教育逐渐被国际社会认可，来华学习各种专业的留学生还将持续增加，对专业汉语的需求亦将随之加大，商务汉语教学及教材编写的快速增长就是这种市场需求的宏观体现，而据赵金铭（2009:3）考察，北京语言大学汉语言专业2003年至2007年留学生毕业论文中，仅经贸方向的商务汉语论文就有475篇，这是以学历教育方式学习专业汉语的微观体现。

也许正是看到专门用途汉语教学强劲的发展趋势和不断增强的社会需求，2009年3月13日教育部发布了《关于对中国政府奖学金本科来华留学生开展预科教育的通知》（教外来[2009]20号），决定自2010年9月1日起，对中国政府奖学金本科来华留学生在进入专业学习前开展预科教育。《通知》明确：在完成1—2年的预科教育之后，学生应具备一定的汉语交际能力和跨文化交际的能力；掌握汉语基础词汇和基本语法点，掌握一定量的专业词汇和科技汉语的常用表达句式，在专业课课堂教学中具备使用汉语进行听、记、问的基本能力；具备借助工具书阅读中文专业资料的初步能力及进入专业学习时所需的相应的书面表达能力。我们认为，预科教育的实质就是开展和加强专业汉语教学，核心问题是如何兼顾和协调通用汉语教学与专业汉语教学。《通知》的发布，表明专业汉语教学已经引起国家教育主管部门的高度关注。当然，专门用途汉语教学不仅限于对预科留学生的专业汉语教学，另有许多专门领域、专门业务的汉语教学，如外交汉语、媒体汉语、军事汉语、旅游汉语、工程汉语、公司汉语、酒店汉语、办公室汉语等，并且后者是专门用途汉语的主体。

专门用途汉语教学的发展，不但有汉语学习市场的需求，更是学科自身发展的必然，这也有相关理论的支撑。首先，常规的、通用的外语教学一般以全面地培养学习者听说读写综合语言能力为目标，这自有其理论依据和客观需求。如听和说、读和写是难以截然分割的，甚至听说读写四项基本能力总体上都是相互关联、相互促进的；而四项能力齐头并进、综合发展，更是全面体认和掌握一种外语的体现，也是外语学习者竞争实力的体现。然而，外语教学和使用的实践表明：对于许多学习者来说，听说读写样样俱佳只是一种理想化的目标，实际很难做到；而现实语言生活中，许多时候并不是听说读写全面使用，往往主要使用一种或一两种言语技能，比如"说"（如导游）、"听"（如监听）或"听说"（一般交流），口译或笔译（通用外语的口译、笔译，专业外语的口译、笔译），阅读（通用外语文献阅读，专业外语文献阅读，文献检索等），写作（用外文创作，一般工作交流，信息发布等），等等。实际生活、工作、学习和交流对外语的专门化、实用化需求更是多种多样，而语言需求的多元化不仅对外语教学目标的多元化提出了要求，更为开展各种各样专门用途外语教学提供了可能和必要。其次，相关的语言学理论、语言教学法和语言教学理论，为专门用途汉语教学的发展提供了理论基础和方法论支撑。比如，社会语言学明确语言的社会属性、交际功能和社会变体，系统功能语言学强调语言的人际功能、语篇功能以及复句与词组理论、语域与语类理论，语言教学和文体学等语言应用理论，这些都为专门用途语言教学提供了坚实的理论基础和语言分析的方法论基础。又如，外语教学的功能法认为，人们的职业不同，对外语的需要也不尽相同，不可能也没有必要学会所有的词汇，因此，应根据外语学习者的具体目标和实际需要来选择相应的教学内容，"学生将来用什么，教学中就教会他们什么"（陈莉萍，2000：23），功能法主张"学习语言从功能到形式，从意念到表达法"（盛炎 1990：175），这些看法和主张几乎直接构成了专门用途外语教学的理论基础和核心理念。再如，现代外语教育强调以学习者为中心，而专门用途外语教学正是这种教育原则最直白的体现，真正做到了根据学习者的特定需要开设课程、编写教材。此外，专门用途汉语教学与美国外语教学界制订的21世纪外语学习的五个标准（沟通、文化、贯连、比较、社区）中的“贯连”（Connections）也有着某种理念上的契合。贯连就是联系其他学科，即用所学习的目的语与其他学科衔接，学习从一个新的视角去获取新知（陈绂，2006）。专门用途外语教学强调外语教学跟专业结合，为专业学习服务，正是外语教学在整个教育体系中的地位和作用的体现。

可见，专门用途汉语教学的开展绝不是一时兴起的权宜之计，而是汉语作为外语教学学科建设应有的内涵，它的发展和完善是学科发展和深化的必然。因此，应该把专门用途汉语教学及其研究视为汉语作为外语教学的一个分支学科。实际上，专门用途外语教学就是外语教学的一个分支学科，英语作为外语教学的理论和实践，20世纪80年代以来对外汉语教学发展的理论与实践，都证明了这一点。这里强调加强专门用途汉语教学研究，是针对这一领域的教学和研究目前还相当滞后的现实。因此，我们呼吁应站在学科建设的高度，着眼于不同汉语学习群体对汉语使用的多元需求，来研究和规划专门用途汉语教学学科建设问题。这项工作，在汉语加快走向世界，学习者对汉语的需求多样化、实用化、专门化的今天，显得尤其重要和紧迫。

专门用途汉语教学研究关乎汉语作为外语教学学科建设的发展和深化、关乎不同汉语学习者对汉语的实际需求、关乎专门用途汉语教学规律的探寻和教学质量的提升，因此，必将涉及诸多理论问题、学术问题及教学实践中的各种问题。这些问题构成了专门用途汉语教学研究的基本内容、基本框架。当然，“这些问题”究竟是哪些问题本身就是一个值得研究的问题。这里就专门用途汉语教学研究的基本问题举例如下，意在能起到引玉之效：

定性定位研究。包括专门用途汉语教学的第二语言教学属性，专门汉语教学与通用汉语教学的共性与个性，专门汉语教学与通用汉语教学的关系，专门用途汉语教学的范围和主要类型研究，等等。

理论基础研究。包括专门用途汉语教学的语言学基础、篇章语言学基础，教学法基础、教学理论基础、学习理论基础，以及具体相关专业基本知识和理论研究，等等。

基本理论研究。包括专门用途汉语教学的教学目标、教学原则、教学方法研究，教学起点及课程设置、课程研究、教学模式研究，等等。

需求分析研究。包括专门用途汉语教学的目标需求分析、学习需求分析、专业需求分析研究，需求分析的方法、需求分析的原则研究，以及教学内容、教学设计、课程设计、教学实施研究，等等。

教学大纲研究。包括不同专业类型及不同用途汉语教学大纲、教学标准的研究和建设，专门用途汉语教学评估标准研究与评价体系建设，教材的评估标准研究，等等。

教材编写研究。包括专门用途汉语教材编写的基本原则，编写设计模式，专业知识的体现及体现的程度，教材内容的呈现方式（综合型、单一技能型等），等等。

教师发展研究。包括如何建立专门用途汉语教师队伍，特别是专业汉语教师队伍的建设问题，教师自身“汉语”和“专业”两个方面知识与技能发展问题，等等。

这些问题不可能覆盖专门用途汉语教学研究的所有问题，如中医汉语实际上必然还要涉及中国的传统文化、中国古代的哲学思想，如阴阳五行、天干地支等，但是仅上述这些问题目前均尚未得到全面的研究，许多议题甚至根本未曾进行过研究和探讨。上述许多问题，实际上涵盖了多样的具体内容，如不同专业或不同用途的大纲就可以包括专业词语大纲、专业功能与意念大纲、专业话题与场景大纲，乃至专业文化大纲（如中医文化、商务文化）等。可见，专门用途汉语教学研究任重道远。

三 专门用途汉语教材编写研究

专门用途汉语教材研究是专门用途汉语教学研究的核心问题，它的研究不仅涉及专门用途汉语教学理论与实践的诸多问题，而且也涉及教材自身编写理论和编写实践的诸多问题。可以说，教材编写是理论联系实践的接口，是教学目标、教学理论、教学模式等的体现。因此，专门用途汉语教材的研究涉及理论与实践多方面的问题。

1. 教材编写的前提问题研究

(1)特定专业(如法律、经济、历史、中医、数学、物理)对学习者的汉语水平需求研究,已入系留学生专业学习过程中遇到的问题主要是汉语水平问题还是专业知识本身的问题,抑或是对中国文化掌握和了解得不够的问题,等等。

(2)专业汉语学习者研究,包括学习目标、学习动机、学习情感、汉语汉字基础及对中国文化的了解程度、学习时限,等等。

(3)专门用途汉语教学目标研究,课程设置与课程设计研究,专门用途汉语教学与通用汉语教学的衔接模式研究,等等。

(4)特定专业或特定用途汉语语体特征研究,常用词汇、常用短语、常用句式、常用复句格式、特殊表达方式以及篇章衔接成分等的调查及频率统计分析,等等。

(5)所谓针对性、实用性、科学性和趣味性等教材编写和评估的一般原则,在专门用途汉语教材中所指为何、如何体现,专门用途汉语教材有哪些特定的编写原则,等等。

2. 教材编写的基本问题研究

(1)专门用途汉语教材与通用汉语教材的共性为何?专门用途汉语教材的主要特征何在?等等。

(2)专门用途汉语教材的类型、教材构成及体例设计研究,等等。

(3)不同类型专门用途汉语教材的编写目标、编写原则、内容取向(汉语教学为主取向,专业教学为主取向)和呈现方式、评估标准研究,等等。

(4)所谓专业知识内容包括哪些,仅限于常用专业汉语词汇体现出的比较零散的知识,还是也包括该专业的基本理论、系统的知识体系,等等。

(5)如何呈现专业知识(如专业词汇)?在教材中所占多大比重为宜,理据是什么?等等。

毫无疑问,上述问题同样不可能涵盖专门用途汉语教材研究的所有内容,但是这些问题,却是专门用途汉语教材编写必然要涉及的理论与实践问题。对这些问题进行广泛而深入的讨论和研究,是教材编写的基础和前提,否则教材编写就会无所依从或各行其是。

3. 专门用途汉语教学及教材编写的原则和理念

（1）既属于汉语作为外语教学范畴，即应遵循汉语作为外语教学的理论和教学规律，将专门用途汉语教学置于通用汉语教学基础之上，或者说专门用途汉语教学依赖于通用汉语教学。

（2）既称为专门用途汉语，在课程设置、教材编写和课堂教学中，即应体现“专业”之特色、“专门”之用途，并以此有别于通用汉语教学。

（3）既属于汉语作为外语教学的专业汉语教学，即应采取汉语教学与专业知识相结合的教学原则，并以汉语教学为主，专业知识教学为辅。

（4）既称为专门用途汉语教学，即应在教学和教材内容（话题、论题、场景、情境、语域）上与相关专业、特定职业或专门业务及其活动相关联。

（5）所谓专业知识的教学，主要是特定专业的常用词汇、常用短语（词组）、专门的表达方式、常用的复句格式、特有的语篇结构，特定的活动场景、典型的业务活动等的教学，也即与专门用途汉语交际（口语和书面语）相适应的语汇、语篇及语言运用的教学，以及与“专业词语”学习和理解直接相关的专业知识的教学。而所谓专业知识的教学，我们认为应以“确有必要”、“适当适量”、“解释为主”为原则。

（6）专门用途汉语教材的编写，既应遵循通用教材的编写原则，又当遵循专门用途教材特有的原则和章法；既体现与通用汉语教材的共性，也要彰显专业汉语教材的个性。

（7）专门用途汉语教学与教材编写，其专业内容的选择与呈现，应坚持有所为有所不为的原则，坚守语言教学为主的学科方向；对专业语言（词汇及相关语法现象）“不贪多、不求全”；将专业知识（专业理论）的介绍限制在主要用来解释相关语言现象的层面上；不走单纯的专业知识介绍的路线，因为根本上说，专业知识、专业理论不属于“专业汉语”范畴。

上述所谓原则和理念，实质上涉及专门用途汉语教学与教材编写理论与实践的根本问题和诸多相关问题，需要做些阐释：

其一，“以汉语教学为主，专业知识教学为辅”只是专门用途汉语教学一个总的指导性原则。这一原则无疑具有广泛的共识，但它缺乏量化观念，可操作性差。因而专门用途汉语教学的课程设置、课程内容、教材内容的科学性都难以保证。进一步来说，“通用汉语”与“专业汉语”按照多大比例进行配置和融合，是专门用途汉语教学的头号问题和根本问题，是关涉专门用途汉语教学全局的核心原则，是影响教材编写内容取向和“取量”的关键所在。因此，必须进行广泛调查和研究，以便提出科学可行的量化标准，既为专业汉语进行量化定性，也为教材编写提供量化标准。

为积极促进这一问题的研究，这里不揣浅陋，提出如下参考标准：专门用途汉语教学的课程设置量、具体专业汉语课程的内容、具体专业汉语教材的内容，其“专业汉语”与“通用汉语”的内容比例：零起点开始的初级阶段和中高级阶段，可分别考虑确定为“二八开”和“三七开”。比如，每周 20 课时的话，那么，初级阶段专业汉语课每周 4 课时、通用汉语课每周 16 课时，中高级阶段专业汉语课每周 6 课时，通用汉语课每周 14 课时。当然，课程内容和教材内容不像课时量这样好划分，但应尽可能按照相关比例来选择材料、配置词汇和语法现象，安排话题和场景，等等。否则，如果没有量化的观念，就很可能想怎么编就怎么编，科学性、实用性等都难以保证。这里建议和提醒：从事专门用途汉语教学和教材编写，千万不要有包打天下的想法，应分清专业汉语教学能做什么、不能做什么，该做什么、不该做什么。在“专业内容”上贪多求全，乃至越俎代庖，不仅将偏离语言教学的学科方向，也不会取得理想的教学效果。

其二，专门用途汉语教材的编写，首先应遵循通用汉语教材的基本编写原则，如科学性、针对性、实用性、趣味性等原则，但是应该明确其具体的内涵所指。比如，何为专门用途汉语教材编写和评估的科学性原则？如何既能充分体现通用汉语教学的性质和特点，又能充分体现专业汉语教学的性质和特点？如何确认和保证教学内容本身准确、系统和规范？如何认定专门用途汉语教材的内容呈现既符合汉语规律、汉语学习和汉语教学规律，也符合专业汉语教学的规律？等等，这些都需要结合实际加以研究。其次还应研究和制订专门用途汉语教材编写的特有原则，如可以考虑将“恰当体现专业汉语语言、语体、语篇特点”、“精当展示专业汉语话题、场景、活动特点”、“适量呈现专业汉语特有文化现象”（如商务文化、中医文化、生活交际习俗文化）等，确立为专门用途汉语教材编写的特有原则。

专门用途汉语教材的结构原则，可以根据具体专业、业务、用途等进行创新设计。但我们相信，结构、功能、文化相结合仍将是一种主流结构模式。“结构”包括通用汉语和专业汉语的词汇、语法及篇章成分等；“功能”包括通用汉语和专业汉语的基本功能、场景、话题等；“文化”包括通用汉语的一般交际文化和知识文化，也包括专门用途汉语的交际文化和知识文化。换言之，专门用途汉语教材的编写当实行“双轨制”，即通用汉语与专业汉语在结构、功能、文化方面的结合，结合的比例参照上文所说的“二八开”和“三七开”。

专门用途汉语教材的编写应注意以下几个环节：对学习者的需求分析及对学习者需求的取舍、教材定性定位、确定教材目标、制订编写原则、设计结构方式及体例、规划实施途径和质量保证措施、形成教材编写大纲和编写工作计划书，等等。我们还建议，课文编写力争科普化、趣味化、段落化，力戒学术化、理论化、繁难化。目前，专业汉语教学在总体功能定位、具体目标设定、教材编写和课堂教学中存在着过于专业化、知识化乃至理论化的倾向，脱离了语言教学的范畴，致使专门用途汉语教学走上了一条“教材越编越难，课越上越难，包袱越来越重”的不归之路。

小结与余言

本章结合海内外汉语教学和教材编写的现状，讨论了教材的语言标准、教材的语体问题、教材内容的文化取向、教材中的文化偏误及专门用途汉语教学和教材编写等问题。

汉语教学和教材编写的语言标准，涉及汉语教学和传播的语言政策、课堂教学和教材编写的语言规范，乃至汉语教师的资质等诸多重要问题。从外语教学的一般规律和学理上看，常规的汉语教学应该以普通话为汉语教学的语言标准，教普通话应该成为国际汉语教学的基本方针、基本策略。国内的对外汉语教学和海外一切有条件的汉语教学机构，都应该坚持这一理念和实施方向。但是，从实际来看，想要时时处处都能坚持并做到这一高标准，是不太现实的。比如，就语音来讲，即使是国内的汉语教学，也不是所有的教师都能讲一口地道的普通话，不少教师都多多少少带有一些方言方音的味道，这是事实。然而，就词汇和语法教学来看，海内外都应该坚持以规范的普通话词汇和语法为标准，特别是汉语教材的编选，不宜放任自流，降低标准。但是，考虑到国际汉语教学正处于一个大发展的初始阶段，特别是鉴于海外实际存在着"汉语难学"这样一种偏识，因此，在汉语教学和传播中，可以根据需要采取"大汉语/大华语"的策略，在不影响语言交际的情况下，对语音、词汇和语法教学适当采取宽式标准（特别是在汉语口语教学中），而不必时时处处以普通话标准来加以规范。这可以说是一种开放式的、变通性的、多元化的汉语教学标准。长远来看，这也许是汉语教学和传播的阶段性方针和策略。这样做主要是针对海外汉语教学的历史和现状的实际，也是汉语国际化进程中现阶段一种传播策略，意在顺应形势、照顾现状，让更多的海外人士参与到国际汉语教学的事业中来，让更多的海外学习者走近汉语、学习汉语。需要强调的是，在汉语的母语国对来华留学生的汉语教学，应始终坚持以普通话为汉语教学的标准和规范，特别是教材编写。实际上，海外的汉语教学和教材编写同样应该坚持这一标准和理念，只是在具体教学实践中（特别是口语教学中）可以适当采取宽式汉语标准。

语体是语言运用的交际功能变体。人们在运用全民语言进行交际时，由于交际目的、对象、内容、方式、场合等的不同，在选择表达方式和运用语言材料等方面形成一些各具特点的言语表达形式，即语言的功能变体，简称语体。这些不同的言语表达形式（语体）是人们在长期的言语交际活动中形成的，体现着人们语言运用的某种规则和习惯。语体问题涉及学习者语言能力培养的效果，因为在很大程度上说，学习者无论是当前的语言学习，还是未来"用语言做事"，都涉及恰当地使用语体的问题。而目前对外汉语教学和教材编写中对语体的重视不够、体现不够，当然，主要还是对语体本身及面向教学的应用研究不够。但是，教师和教材编写者语体意识不强可能也是一个很重要的因素，以致有些教材出现语体错位的现象。本章提出并初步讨论了语体在语言教学中的重要性及教材语体的相关问题，意在呼吁要重视和加强面向汉语作为外语教学和教材编写的语体研究和语体体现，以便更有效地培养学习者的语体运用能力。

文化问题是外语教学和教材编写不可逾越的一个问题。本章主要讨论了教材编写中文化内容的取向问题，认为文化内容选择的总的原则应是：以培养学习者语言能力为目的的教材所应选择的是与语言理解和交际密切相关的文化，即蕴涵在语言的词汇、语法等语言要素以及结构系统，特别是语用系统中的文化因素和文化内容，而不是泛泛的包罗万象的文化内容。本章还讨论了文化内容取向的基本原则和具体原则，并特别强调了文化内容取向和选择的学习者视角，注重从文化的差异中选择恰当的文化内容及其解说方式，以便更好地提高文化教学的效果。在此基础上，分析了语言教材的文化取向和选择，以及文化教材的内容和表述等问题，希望能为教材中广义的文化内容的选择提供参考。本章结合实例，分析和讨论了教材文化内容选择和解说的偏误现象，试图从“反面”来探讨教材的文化取向和文化内涵的阐释。

一种语言作为外语教学是否成熟与发达，可有多种评价标准，如教学理论与教学方法完善与丰富的程度，进入主流教育体系的层次及程度等，其中，专门用途外语教学及其理论研究深入与否，也是衡量该语言作为外语教学完备与成熟的重要指标。换言之，评估一种语言国际化程度的重要指标，即是该语言专门用途外语教学及其研究情况如何。

本章首先回顾了 20 世纪 80 年代以来对外汉语教学中专门用途汉语教学的发展历程，以及教材编写及其研究的情况。总的来看，专门用途汉语教学、教学理论研究、教材编写及研究还很薄弱。强调专门用途汉语教学的开展绝不是权宜之计，而是汉语作为外语教学学科建设应有的内涵，它的发展和完善是学科发展和深化的必然。特别是随着汉语学习人数的不断增多和学习需求的多样化、实用化，专门用途汉语教学必将获得更大的发展。为此，本章探讨了专门用途汉语教学作为国际汉语教学一个分支学科，其基本的内涵构成。继而讨论了专门用途汉语教材编写需要研究的一些前提性问题，以及专门用途教材编写本身需要研究的一些问题。在此基础上，探索性地提出并讨论了专门用途汉语教学和教材编写的一些原则和理念，并对其中涉及专门用途汉语教学和教材编写的理论与实践的根本问题进行了阐释。

思考与练习

1. 谈谈你对汉语普通话在国内和海外汉语教学中的语言标准地位问题的看法。

2. 说说你对国际汉语教学语言标准问题的看法。

3. 如何在口语和书面语教材编写中体现汉语语体特点？请各分析一部口语和书面语汉语教材的语体情况。

4. 汉语教材文化内容取向的总原则、基本原则和具体原则为何？试加以评论。

5. 你如何看待教材内容特别是文化内容取向的“学习者视角”？能否从跨文化的角度和学习者的视角分析和评估一部汉语教材的文化内容选择与阐释是否恰当？

6. 选择一两部汉语或文化教材，分析其中文化内容选择和诠释恰当与偏误的情况。

7. 谈谈专门用途汉语教学及其教材编写在国际汉语教学中应有的学术地位和发展前景。设计某种专门用途汉语教材（如商务汉语口语、来华旅游汉语）的关键问题何在？

第六章　教材编写的基本原则

第一节　概　说

一　教材编写原则

当代著名第二语言教学专家道格拉斯·布朗(H.Douglas Brown)在谈到教学原则的重要性时指出:“目前语言教学的基础是建立在许多语言学习与教学原则之上,这样的教学观是比较具有启发性的。”(中译本,2003:作者序)的确,教学原则是教学实践的“指导理论”,对教学方法的形成和选择有着直接或间接的影响,以至于形成了“原则导向的教学法”。

同样,教材编写原则,是语言教学和学习理论、教学法理论和教学模式理论在教材编写中的体现,是外语教材编写实践的“指导理论”。简言之,教材编写原则是对教材编写工作的基本指南和基本要求。

教材设计和编写过程中应遵循的原则,应该是多角度、多层面的。就第二语言教材来说大致包括以下三个层面:第一,基于符合教育和教学的一般规律而提出的教材编写原则,如科学性原则、规范性原则、系统性原则、循序渐进性原则等;第二,基于符合第二语言或外语教学的学科性质、教学规律和教学法原则而提出的教材编写原则,如常规教学的教材以标准目的语教学为主的编写原则、以技能训练为主的编写原则、区分语体的编写原则、培养跨文化交际能力的原则、实践性原则、联系目的语社会的媒介性原则、课文内容和语言材料的趣味性原则等;第三,结合本学科教材编写的特殊要求和不同的课型特点而提出的教材编写原则，如语言材料（词汇等）重现原则、练习方式和题型设计要适合技能训练需要的原则、目的语和学习者母语及其各自文化对比的原则、所编教材要符合课型特点的原则等。

大致说来，第一个层面上的教材编写原则适合任何学科的教材编写，是各级各类教材编写都应遵循的普遍性原则；第二个层面上的教材编写原则是某一门外语学科教材编写应遵循的普遍性原则；第三个层面上的教材编写原则不仅适合某一门外语教材编写，更适合某一类课型的教材编写。严格地说，讨论教材的编写原则应该明确是哪一个层面上的编写原则，因为不同层面上的教材编写原则其具体要求和适用范围不尽相同，发挥的作用和实现的途径也不尽相同。不同层面上的教材编写原则，概括性由强到弱依次是：第一个层面＞第二个层面＞第三个层面；针对性由强到弱依次是：第三个层面＞第二个层面＞第一个层面。然而各个层面上的教材编写原则对一部或一套教材的设计和编写都起着制约和引导的作用，这种制约和引导作用有的更为宏观和间接，有的更为微观和直接。根据以上对教材编写原则所做出的初步分类来看，第一、二两个层面和第三个层面的大部分原则都应该属于第二语言教材编写的通用原则、基本原则。

二 教材编写的基本原则

教材编写原则历来受到外语教学界的高度重视，对外汉语教学界和英语教学界就教材编写的基本原则进行过系统性的研究，并有不少共识。

对外汉语教学界的有关论述举例如下：

赵贤州（1988）提出教材编写的四性原则：（1）针对性，要求注意学习对象的自然条件、学习目的、学习时限；（2）实践性，要求教材内容要与教学对象的需要相适应，把握语言技能只有通过实践才能真正掌握的特点；（3）趣味性，要求考虑语言材料的实用价值，要适应学习者的心理特点，语言材料的风格要多样化；（4）科学性，要体现语言规律的系统性和语言知识的准确性。

吕必松（1993）提出各种类型的教材普遍适用的原则包括：（1）实用性原则，教学内容和教学方法的实用性；（2）交际性原则，教学内容的选择和语言材料的组织要有利于交际能力的培养;(3)知识性原则,教学内容中要有包含学生感兴趣的新知识;(4)趣味性原则,要求教材内容和形式生动有趣;(5)科学性原则,语言要规范、解释要科学、内容的组织要符合语言规律和语言学习规律等;(6)针对性原则,要明确所编教材适用于哪一种教学类型、哪一种课型、哪一种教学对象等。

刘珣(2000)把教材的编写原则概括为"五性":(1)针对性,要适合使用对象的母语和文化背景、学习目的、学习起点、学习时限等;(2)实用性,内容要从学习者的需要出发,语言材料必须来源于生活,要使教学过程交际化;(3)科学性,要教规范、通用的语言,内容组织要符合语言教学规律,解释要准确等;(4)趣味性,教材内容和形式要生动有趣、加大文化含量、题材多样化等;(5)系统性,内容介绍和技能训练要平衡协调,学生用书、教师手册、练习本等要分工合理,初中高不同阶段要衔接,等等。

英语界的有关论述举例如下:

束定芳等(1996)认为教材编写除了要遵循外语教学的一般原则外,还应该遵守几个具体原则:(1)真实性原则,语言材料要真实地道,能反映目的语社团的真实语言使用情况;(2)循序渐进原则,即遵循从易到难、从旧到新的原则;(3)趣味性原则,语言材料要有趣;(4)多样性原则,要选择不同题材、体裁和语域的文章;(5)现代性原则,语言材料要贴近生活,让学生学习现代语言;(6)实用性原则,教材编写要与培养目标密切配合,适应社会和使用者的需求。

综上可见,语言教学界高度重视对教材编写原则的研究和探讨,并且对教材编写基本原则的认识大同小异。其中,教材编写的针对性、科学性、实用性、趣味性原则已成为人们的共识,而诸如真实性、多样性、现代性、系统性等原则,所提出的具体要求和强调的重点都是合理和必要的,都应该成为教材设计和编写所要遵循的基本要求。

本章将结合对外汉语教材编写的理论和实践,就人们公认的教材编写的针对性、科学性、实用性、趣味性原则进行较为全面和系统的讨论。因为这几项原则是编写各类教材都应遵循的基本原则和通用原则,因而也可以说是最重要的外语教材编写原则。同时,本章还将讨论教材编写的其他原则。

第二节　针对性原则

一　相关研究回顾

针对性涉及教材编写理论和实践的诸多方面，被公认为对外汉语教材编写的一个基本原则。据考察，20世纪80年代以来编写的对外汉语教材，大都注意到了针对性问题，个别文章还专门进行了探讨。有关研究主要集中在三个方面：

1. 针对性的重要性

李更新等(1983)提出针对性是教材编写的首要依据。黄皇宗(1988)认为对外汉语教材质量的高低，很重要的一点就是看教材的针对性。佟秉正(1991)指出近年来讨论汉语教材的论文无不认为针对性是教材编写的首要原则。徐竹君(1992)则指出教材必须要有明确的针对性，这是对外汉语教学的特点所要求的。一本教材成功与否的先决条件是针对性是否明确。上述这些看法，反映了多数人对教材针对性的重要性和必要性的共识。

2. 针对性的范围分析

以往研究涉及用于国内的通用教材的针对性，和用于国外针对某一国别或语种的教材的针对性。

有关通用型教材的针对性，人们提到的针对范围包括：学生的自然条件、汉语水平、学习目的、将来使用汉语的职业(李更新等，1983)，学习时限(赵贤州，1988)，培养目标及学生的年龄、身份、母语、文化修养等社会因素(杨石泉，1991)，学习兴趣、学习习惯、学习方式(赵金铭，1998)；从教材编写的角度提到的针对性包括：语法项目的针对性(吕文华，1987)，训练项目的针对性(黄皇宗，1988)，教材适用的教学类型、课程类型、教学对象(吕必松，1993)，语言知识、语言材料、文化知识的针对性(王丽，1996)，词性标注的针对性(王弘宇，2001)，等等。

对于国别型教材的针对性，也有学者进行过研究和探讨。比如，王德佩等

(1984)提出应为不同语种的学生编写具有不同针对性的课本。任远(1995)指出现有教材基本都是没有国别、语种针对性的通用式，尽管都有生词和注释的翻译，但是单凭译文“远远无法对付国别、民族、文化、心理等差异所造成的特殊性”，同样是以英语为母语或通用语的学生，英国、美国、澳大利亚、印度等各自的情况千差万别，同一部英译课本到底针对谁呢？因此，新一代教材急于更换的，应该是针对性的“代”，是以教材使用对象为重心的“代”。杨庆华(1995)认为新一代教材的基本特点应该是“突出教材的针对性”，尤其是供国外使用的教材，要考虑国别、民族、文化、环境的特点。此外，金兰(1999)从交际法大纲框架下的教材设计、教材的真实性等方面探讨了所谓针对性教材的有关问题，等等。

3. 针对性的实现途径

为加强教材的针对性，人们从理论和实践上提出了不少具体意见和措施。比如，王德佩等(1984)提出要突出汉外语言和社会文化的对比。赵贤州(1988)指出针对性来源于对教学对象全面、准确、科学的分析。佟秉正(1991)认为中外联合开发教材有利于增强教材的针对性。赵金铭(1998)指出要想在针对性上有所突破，应该走“中外合编”的方式，特别是在教材编写进入成熟期之前。杨石泉(1991)指出有针对性地选择语言材料应该是：初级围绕学习生活，选择那些必需的、应用面宽的生活用语；中级选用介绍中国社会文化的内容；高级教材要紧扣培养目标，向日后所从事的专业靠拢。任远(1995)认为新一代教材要想在针对性上换代，必须在教材容量、课文内容、语言对比三个方面下工夫。此外，罗守坤(1991)基于解决教材时效和对象变化问题而提出的集成教材的策略，孙德坤(1996)提出走组合式教材编写的新路子，郑艳群(2000)关于建立多媒体素材库的研究和构想，根本上说都是为了提高教材针对性而进行的理论探讨，其基本思路是建立课文素材库，教师根据学习者的实际情况从中选取并加以合理组合。

综上可见，人们对教材针对性的重要性认识明确，对针对性的具体所指也进行了广泛的揭示，并为实现教材的针对性进行了多方面的探索。这些认识、实践和理论探索都是对外汉语教材编写和研究的宝贵财富，值得珍惜和重视。

但是，理论上认识明确不等于实践上体现得充分，现有许多教材仍然存在针对性不强的问题，其中有理论研究不够的因素，也有教材编写中针对性措施不到位等方面的问题。同样，有关教材针对性的内涵、实现的途径和措施也有进一步探讨的必要。针对性不仅关系到教材编写的自身问题，也关系到学科的理论建设和提高教学质量的根本问题，因此，接下来将在前人研究的基础上对针对性问题做进一步探讨。

二　针对性的理据和缘由

1. 教材针对性的理据

事实上，编写任何种类的教材都有一个针对性的问题，起码都要考虑学习者的现有水平、学习目的、学习时限等基本问题，并据此来编排教学内容。比如，为小学、中学和大学编写的英语教材，在学习的起点、目标要求、话题范围、难易程度、规模容量、教学方法等方面都应该存在明显的差别，而这些差别的存在是合理的、也是必要的，是教材针对性的体现。一定意义上说，不同学习目的和不同学习阶段的教材，内容和要求等方面差别越显著，体例设计等方面特色越鲜明，就越能够说明针对性问题考虑得充分、体现得明显。针对性是教材编写不可逾越的一项原则。

第二语言教材尤其要注意针对性问题。一方面，因为学习的内容就是“语言”，课文的难易程度和实用程度，以及是否符合语言和语言教学规律、是否符合学习者的需求和实际水平，等等，不仅影响教学的效果，甚至影响到教学能否得以进行下去。在这一点上，第二语言学习跟用母语来学习其他学科的知识有很大不同，用母语学习一般学科知识，教材中除了概念术语、新词新语以外，一般的语言文字是看得懂的，而第二语言学习的教材则连表述教材内容的语言文字本身都可能成为学习的“障碍”。另一方面，成年人的第二语言学习都是在有限的时间内、在至少已经掌握了一种语言的情况下进行的，这跟第一语言学习（母语习得）有很大的不同，第二语言学习者普遍希望在最快、最短的时间内达到对目的语的预期要求，而在实际语言学习过程中又都程度不同地存在母语干扰的问题。以上两个方面的情况表明：第二语言教材跟其他学科的教材相比，对针对性的要求更严格，也更强烈。

2. 汉语教材针对性的缘由

就对外汉语教学来说，由于汉语和汉字在语言和文字类型上的独特性，特别需要在教学模式设计、教学重点安排等方面能加强针对性。更由于教学对象的多国别性，他们之间在学习目的、学习方式、学习时限、语言背景、文化背景、社会习俗、思维方式、价值标准等方面，存在着程度不同的差异性；他们各自的母语及其文化背景、教育传统和教学方法等，跟目的语及其文化背景、教育传统和教学方法之间，同样存在各种各样的差异性；即使是同一国别和母语、同样的学习目的和起点、有着相同文化背景的一类学习者，他们之间的学习动机、学习兴趣、性格特征、认知风格、兴趣爱好、文化修养，以及对目的语及其目的语国的情感态度等，也存在差异性。教学对象之间、目的语及文化与学习者母语及文化之间的这种差异性和复杂性，对教材的针对性提出了迫切的要求和严峻的挑战。不考虑这种客观存在的差异性和复杂性，要编出科学实用、好教易学的教材几乎是不可能的。就是考虑到了这些因素，要编出针对性强、适用面广的教材也实非易事！以往编写的不少教材，不能说没有考虑针对性问题，但是，仍然受到“语法注释让人看不懂、注释说明没有用”、“练习很乏味、做了练习收获不大”、“课文内容不实用、没有意思”、“没有用的生词太多、实际用得上的词汇太少”之类的批评，这说明真正做到针对性强是很不容易的，需要不断研究、探索和实践。

三　针对性的内涵和实质

1. 针对性的内涵

什么是教材的针对性，目前还没有一个定义式的说法。不过，多数人认为，教材的针对性主要是针对学习者的自然情况、目的语水平、学习目的、学习时限、学习兴趣，以及教学类型和课程类型等情况，来选择和编排教学内容。诚然，这些因素是确定教材针对性时应该考虑到的，但仅考虑这些因素还是不够的，针对性的内涵应该更为全面和丰富。

我们认为，针对性的基本内涵应该是：教材设计和内容编排要适合学习者的特点和需求，适合学习的环境和条件；要体现目的语的重点和难点，体现学科性质和课型特点。具体就对外汉语教材编写来说，主要涉及五个方面：

（1）要适合学习者的自然特点和社会特点：包括学习者的年龄、性别、职业、身份、国籍、母语、背景文化、价值观念、兴趣爱好等。

（2）要适合学习者的目标需求和学习需求：包括学习目的、期望达到的汉语水平、未来运用汉语的交际形式和范围、学习兴趣、学习动机、学习习惯、学习方法、对汉语和中国及其文化的情感态度等。

（3）要适合语言学习的环境和学习的条件：包括在目的语环境学习还是在非目的语环境学习、在学校学习还是自学、作为专业学习还是作为“二外”学习、汉字圈的学习者还是非汉字圈的学习者使用、长期进修生用还是短期进修生用、学习时限、周学习次数时数、现有汉语水平、自身文化水平等。

（4）要体现学科的性质和课型的特点：包括要符合第二语言教学以培养学习者语言交际能力为根本目的的总体要求，体现语言规律和第二语言教学规律；符合有关课型的特点和教学规律，体现目的语的语体特征和技能培养的要求等。

（5）要体现目的语教学的重点和难点：在教材针对性的基本内涵中，需要特别强调的是，要通过汉语和学习者的母语或媒介语的对比，观察两种语言的异同，找出针对学习者来说汉语的某些特点，进而确定教学重点和学习难点，并在课文、注释、练习中充分而又恰当地体现出来。

对以上这些问题分析得越细致、把握得越准确、采取的相应措施越恰当、教材中实际体现得越充分，教材的针对性就越强；相反，教材的针对性就越差或不突出。其中，（1）—（3）是从学习者方面提出的针对性要求，（4）—（5）是从教材编写者方面提出的针对性要求。以往并不是所有的教材编写都充分注意到了这些方面的问题。比如，教材中语言知识讲解过多、词语例释和练习中经常性地进行词义辨析、精读和阅读教材过多地选择文学作品（包括口语化的小说）、练习中孤零零地给出些“词语”要求造句，等等，都可能是教材设计和编写过程中“体现学科性质和课型特点”不够导致的。但是，多数时候不是没有考虑到所要针对的问题，而是没有认真地去落实或者是措施不到位、措施错位。比如，谁都知道汉外对比在教材编写中的重要作用，但是由于外语条件等种种原因的限制，大多数教材编写者都没有认真地做好这项工作，甚至根本就没有去做，这恐怕是多数教材针对性不强的根本原因。所以有些学者提出走“中外合编”的路子，是很有针对性的。显然，是否进行语言和文化之间的对比，对比的深度和广度，以及据此确定的教学重点是否恰当，所采取的针对性措施是否有效，是教材针对性强弱的关键所在。

2. 针对性的实质

可以认为，教材中存在的各种问题，如课文实用性和趣味性不强、对话像一问一答的审讯而不像正常人的交谈、知识性练习多交际性练习少、语法介绍太全面而讲解又太表面化、阅读材料太少又太难、口语和书面语分得不够清楚、教材的规模过大课文过长、学时设计不合理，等等，大都可以归结为针对性不强。而这些情况多数是由于对学习者的学习需求和学习心理了解不够、满足不够，或者是对学科性质和技能培训的要求把握得不准确、体现得不突出造成的。所以，可以进一步认为，针对性的实质是，教材设计和编写过程中是否真正以学习者为中心，是否真正体现了学科的性质和特点，以及在多大程度上做到了这两点。

针对性涉及学习者的方方面面、目的语及其有关文化的方方面面，涉及学科理论和教学法理论、教材编写理论与实践的有关问题，这些问题自身都很复杂，交织在一起就越发难以理清。实际上，教材针对性的设计和实施，是个优化优选、求大同舍小异的过程，针对性是相对而言的。因为“学习者的情况千差万别”（刘珣，2000），“教材不能满足所有教学对象的要求，只能针对某一类学生，这是教材的特性所决定的”（鲁健骥等，1986），就是这“某一类学习者”（假定他们学习汉语是为了入中国大学学习人文社科专业，汉语水平在中级以上），他们之间具体的学习目标、学习动力、学习方法、兴趣爱好等，也是多种多样。有的希望提高听说能力，有的想提高读写能力，有人喜欢文学作品，有人想学经贸类的文献，等等，因此给这群有共性的学习者编写教材也只能是满足其中多数人的要求和愿望，而不可能满足每一个学习者的所有要求和愿望。

可见，针对性的实质是确定教材适应面大小的问题。理论上说，教材的适用面越小，针对性越强；适用面越广，针对性越弱。但是，教材编写不应以适用面小来换取针对性强，而应尽可能地追求适用面广且针对性强。针对性之所以重要原因就在这里，然而针对性之所以难原因也在于此。满足个别或群体中少数学习者特点和需求的“针对性”，不是针对性的真正含义，因为通常情况下不可能、也不必要为个别学习者或某一学习群体中的少数人编写教材。针对性以最大限度地适合某一学习群体中多数人的特点、最大限度地满足多数人的目标需求和心理需求为追求的目标，而不应以适合和满足群体中少数人的特点和需求为目标。

四　针对性的体现和实施途径

1. 针对性的要义

以往对针对性的理解主要集中在对教学对象的年龄、身份、国籍、母语、背景文化、兴趣爱好、学习目的、现有水平、学习时限等方面的分析，或者再加上对教学类型、课型特点、教学法理论等因素的考虑。不用说，这些方面的分析和考虑都是必要的，但是，仅限于这一层面还显得过于简单和表层化。针对性的实现还要求对这些相关因素进行科学的分析和取舍，并据此找到相应的对策和具体的针对性措施，更为重要的是，要在教材设计和编写过程中充分而又恰当地体现出来，这才是教材针对性的要义所在。

为此，可以把确定与针对性相关的主客观因素称作“针对性范围分析”，把对相关因素的梳理和认定称作“针对性取舍分析”，把分析和取舍后所确定的加强教材针对性的具体办法称作“针对性的措施”，把这些措施落实到所编教材的相关内容中称作“针对性的实施”，把在教材的内容和形式中实际体现出来的针对性设计和表现称作“针对性的体现”。

进一步来说，针对性所指范围的划定、相关因素的针对性分析和取舍、针对性措施和切入点的选取，都还属于“图纸设计”阶段，设计得再好也还是纸上谈兵，从图纸到施工，再到成品，还有一段十分困难的路要走。实际上，教材针对性的强弱，关键在于如何“施工”，即如何落实所确定的针对性措施，而这正是教材编写者不容易把握的。且不说不同的教材编写者对同一类教学对象会设计出不同的“针对性图纸”，不同的编写者会有不同的理解和实施，就是实施自己设计的方案也并不是一件很容易的事，常常出现“做的”跟“说的”不完全一样，甚至出现“错位”现象。比如，在一本以提高中级口语表达能力为基本目标的教材中，编者在初稿中选择如下一些表达方式作为对话的语言：

①白云：旅行家谈不上，不过，我爱旅游倒是真的。中国幅员那么辽阔，历史名城、文化古迹那么多，民族风情那么多姿多彩，它们就像磁石一样吸引着我。

②白云：站在那里，真有到了世界尽头之感。

③白云：东北的哈尔滨素有“冰城”之美称，……往北走，可以骑马奔驰在一望无际的大草原，去领略“天苍苍，野茫茫，风吹草低见牛羊”的北国风光。

④白云：是啊，中国幅员辽阔，光陆地面积就有960万平方公里。当北国还是千里冰封、万里雪飘时，南方已是繁花似锦、一派盛夏景象了。

⑤白云：实现祖国的统一是包括台湾同胞在内的海内外所有中国人的愿望，我相信，这一天在不远的将来是一定会到来的。香港、澳门已经回归了中国，台湾再与大陆实现统一，中华民族的伟大复兴就指日可待了。

既然教材的目标是培养学习者的口头表达能力，那么语言材料的选择和编排就应有利于这一目标的实现。只有这样，才是有针对性的表现。而上边这些对话的语言大都是书面表达的材料和方式，不利于口语表达能力的培训。比如，①中后一句话不像口语，至少感觉生硬、不地道；②中“……之感”根本就不是口语的说法；③中“……之美称”以及“奔驰在……”、“去领略……”都是书面表达方式；④中“当……时”、“一派……”是典型的书面语，口语根本就不这么说；⑤中怎么也不像口语，至少不应是课文中两个同学的对话语言和语气，倒像政治报告。

不仅课文编写和选择常常出现偏离目标的现象，注释、语法说明、练习设计等都会出现针对性切入点不恰当或措施不到位的现象，从而使教材的针对性大打折扣。如果教材编写方案中就对针对性定位失当的话，那么针对性的实现就更难以想象。

2. 针对性的体现

概括地说，针对性体现在教材设计和编写的各个环节，体现在教材内容和形式的各个方面。比如：

(1)体现在课文的编写和选择上，包括课文的语体定位，对话的内容和表达方式，课文的真实性、实用性和趣味性，内容是否适合学习者的文化品位和需求，课文的长短等方面是否有针对性，是否符合学习者的目标需求和心理需求。比如，为外国成年人编写的课文选择一些反映儿童心理和趣味的故事，或者相反，为儿童编写的汉语教材选些反映成年人心理和情感世界的内容，都是缺乏针对性的表现。又如，有本教材的初稿曾经有这样的叙述和对话：

> 空中小姐都很年轻，很有礼貌。他们会说英语和俄语。李东和王明跟她们用俄语聊天儿。空中小姐问："你们去莫斯科做什么？""我们去旅行。"空中小姐又问："你们是第一次去莫斯科吗？""不是，我们是第二次去莫斯科。"

空中小姐跟乘客聊天可能是不允许的，至少是不多见的，而且还一问再问也不大真实，更说不上"很有礼貌"。这种缺乏真实性的对话，自然缺乏针对性。

(2)体现在语法项目上，包括选择的语法项目是否是学习的重点、是否是学习者学习上的难点、说明是否简洁确切、有无用法上的说明、例证是否典型，等等。比如，有本为日本学习者编写的汉语教材出的一个语法点是"名$_1$＋是＋名$_2$"，解释是"这是一个'是'字句，也叫判断句，表示确认名$_1$和名$_2$的同一关系"，例句是"我是北京人/昨天是20号"。像这样的语法点，从立项、说明到例证都值得商榷，很难说有多少针对性。

(3)体现在注释上，包括注释的选择是否恰当、说明是否有用、想让学习者知道什么、是给学习者看的还是给教师看的，等等。比如，有本教材的初稿有这样的注释："小心点儿：意思是请对方小心点儿。也可以说'小心一点儿'"，"看上去：意思是从外表上看，某东西像另外一个东西"。这样的注释，无论是对教师还是对学习者都没有什么用处，注了等于没注，严重一些说，注了不如不注，因为这样的注释很可能会误导学习者。比如，可以说"我应该小心点儿/我们得小心点儿"，这样的句子怎么是"请对方小心点儿"？而"他看上去很年轻/她看上去有40岁"，这样的句子又怎么是"某东西像另外一个东西"？显然，注释不准确针对性就差。

（4）生词、翻译、练习、文化点的融入等都有针对性问题。生词的词性标注和翻译（或中文解释）是否准确，是否是课文语句中的词性和义项；翻译能否让学习者一看就懂；练习的题量是否充足，题型和具体练习内容的质量和效果如何，等等，都可以体现是否有针对性以及针对性的强弱。此外，教材的形式方面（封面设计、体例篇幅、字体字号、插图照片、印刷效果和装订质量等）也可以体现是否为针对学习者的设计和安排。比如，为成年人编写的教材都是些小白兔、机器猫之类的动画和卡通插图，或者课文讲“人民币的元角分”，插图是美元，就是缺乏针对性的表现。

3. 针对性的实施

如何实现和增强教材的针对性，这是一个非常关键又颇为复杂的问题，这里只就针对性的实施步骤和途径及其重要环节，概括性地加以说明。

第一，要进行充分细致的“针对性范围分析”，包括分析学习者的自然特点和社会特点、目标需求和心理需求、学习环境和学习条件，等等。此外，在进行针对性相关因素分析的过程中，也要考虑或主动征求教材编写的主管部门、使用学校或其他机构、使用者（教师和学生）对教材的具体意见、建议和要求，他们的合理意见和要求能够得到落实和满足，本身就是有针对性的表现。第二，在相关因素分析的基础上进行“针对性取舍分析”，即进行有针对性的取舍，以确定具体的使用对象和编写目标。第三，根据教材的使用对象和编写目标确定所要采取的“针对性措施”，即确定在教材编写各个方面和各个环节上应该采取的针对性措施和切入点。第四，研究和确定用什么样的方法、手段和语言材料来落实这些具体的针对性措施，即“针对性的实施”。

举例来说，假如已经确定教材的使用对象是准备入系学习人文社会科学相关专业的学生，教材目标是提高他们的书面汉语阅读能力，现拟编一本供选修课用的文科汉语阅读教材。首先要了解和分析教学对象中，学习法律、经济、政治、新闻、文学、历史、教育学、哲学等专业的学生各占多大的比例，然后根据学习者的多寡来确定所编教材主要针对哪些专业的学生，并据此进一步明确教材的使用对象和编写目标。接下来就要考虑实现教材目标的各项针对性措施，比如，如何把一般汉语能力和专业汉语能力的提高结合起来，一般汉语的书面语知识讲解哪些，书面汉语阅读能力如何培训，期望达到什么样的程度，是编写、改写还是选择有关的专业汉语文章，如何收集相关的专业资料，“专业倾向”倾向到什么程度，难易度如何把握，还要考虑编写多少课，每课多长，练习如何为教材目标服务，等等。以上也还只是一个大致的程序，还有许多细致的工作要做，比如，通过什么手段来了解和预测想学习人文社科各专业的学生数量，教材的使用面的宽窄如何确定，学习者的专业阅读困难在哪里，主要是综合语言能力问题还是专业知识方面的问题，等等。

关于增强教材针对性的主要途径，学者们提到了一些，比如，加强语言和文化的对比，采取中外合编的路子，建立多媒体素材库等，这些都是应该或值得尝试的。总体上说，教材针对性不强的状况正逐步得到改善，特别是近年编写出版的一些教材都不同程度地注意到了教材的针对性问题。比如，加强了功能项目的教学、加大了练习量、语法注释趋于简洁化、扩大了题材和体裁的范围、教学内容更加贴近学生的需要、对非汉字圈的学习者加强了汉字教学，等等。针对性的基本要求是在教材设计和编写中要想办法解决这样一些重要问题：适合学习者的自然特点和社会特点、满足学习者的目标需求和心理需求、符合语言学习的环境和学习的条件、体现学科的性质和课型的特点、体现目的语教学的重点和难点，等等。这些工作做实了、做细了，教材的针对性会大大提高。就对外汉语教材编写的现状来说，还想特别强调以下四点：

其一，加强语言之间和文化之间的对比研究。对比才能发现异同，才能找出重点和难点，才能有的放矢。对比研究不够是许多教材的致命伤，而一些优秀的教材都是在对比研究上花了工夫。

其二，加强学习者的目标需求和心理需求分析。需求分析实际上就是针对性分析，其中对学习者的目标需求和心理需求分析尤其重要，需要进一步细化、明确化，这样针对性措施才可能找准。现有的不少教材目标很不明确，“前言”中或者只有一个笼统的说法，或者只提一下本教材适合于某某学习者（或为某某学习者而编），甚者连这些字样也没有。如果连为什么样的目的而编、为什么样的学习者而编都不明确的话，何谈针对性之有？同样，只有找准了学习者对教材内容和形式的趣味性要求，才有利于增强教材的内在吸引力。

其三，加强教材编写的理论研究和经验总结。理论研究滞后是教材编写质量不高的一个根本原因。没有理论上的创新，就难以编出创新教材和特色教材；教材编写的基本原则和基本理论研究不充分，以往教材成败得失的分析和总结不够，同样难以编出针对性突出的教材来。

其四，要牢牢把握汉语作为第二语言教学的性质、特点、教学和教材编写规律。这一点往往被忽略，但却是实现教材针对性的根本性前提。现有教材存在的许多问题，大都可以归结为针对性不强，而这其中又有许多是学科性质和特点把握不准、体现不充分造成的。“多数教材的语言规则部分，没有或没有充分体现对外汉语教学的特点”，“我们对对外汉语教学作为第二语言教学的特点的认识，很多时候还停留在理论的探讨和阐述上”（施光亨，2000）。可以说，教材编写最大的针对性就是针对和体现学科的性质和特点。

突出教材的针对性，直接目的在于有效地实现教材的目标，但根本上说是为了提高教学的质量和效益。因为教材是为教学服务的，教材的目标应服务和服从于教学目标和具体的技能培训目标。但是，教材只是为教学提供一种工具和手段，良好的教学效果要靠师生创造性的努力，所以“针对性的实现还要求教师具有创造性”（徐竹君，1992）。因为教材的针对性实际上是概括性的产物，是经过筛选和取舍了的针对性。因此，再有针对性的教材也不可能满足所有学习者的要求和愿望，不可能适合每一个学习者的情况和特点。这就要求教师在课堂上要结合教学对象的实际情况，进一步因材施教，进行有针对性的教学。一定意义上说，教材的针对性不是编出来的，是教师结合教学对象的实际情况上出来的。不过，只有针对性强的教材才更容易上出针对性来，相反则不然。

第三节　科学性原则

一　相关研究回顾

编写任何类型的教材都要讲究有科学性，编写对外汉语教材也不例外。不仅如此，对外汉语教学界多年来一直把科学性作为教材编写和评估的一项基本原则。然而，目前我们对于什么是教材的科学性，科学性体现在哪些方面，如何增强教材的科学性等基本问题，都还缺乏研究，共识性的认识还很少。因此，探讨教材的科学性问题，已成为教材编写理论研究的一个重要课题。同时，近年来海内外汉语教学大发展的新形势，对教材编写及其理论研究也提出了更多的要求和期待，对教材科学性问题的探讨就显得更加必要和迫切。回顾20世纪80年代以来对外汉语教学界对教材科学性的论述，可以看到如下一些观点，概括起来分为以下三个方面：

1. 教材科学性的地位

相关的论述如：科学性是一部教材的灵魂。它涉及教材的体例设计、内容选择与安排、词汇的选择与分布、字词的重现和练习设计等多方面的内容（李更新等，1983）。科学性是就教材的总体来说的，它在教材中起着统帅的作用，是教材的灵魂、主心骨。它既是教材的针对性、实践性、趣味性的“总和”，也还包括教材的系统性和准确性（赵贤州，1988）。针对性、实用性以及趣味性和系统性都属于教材的科学性的范围（刘珣，2000）。

2. 教材科学性的内涵

代表性的论述如：科学性原则是说，教材的语言要规范，知识的介绍和解释要科学，教学内容的组织要符合语言、语言学习和语言教学的规律（吕必松，1993）。教材的科学性包括编排上的科学性、数量和比例上的科学性、语音语言的规范化、注释的准确性和严密性（赵贤州等，1996）。要教规范、通用的语言；教材内容的组织要符合语言教学规律；对语言现象的解释要准确等（刘珣，2000）。

3. 教材科学性的体现

外语教材的科学性包括语音、语法的系统性，语法点分布的合理性，词语的常用度和重现率，内容安排是否由浅入深、符合循序渐进的原则，语言的标准化等（杨石泉，1991）。练习的内容和方式要与教学内容、教学目的和课型特点相一致、外文注释要讲究科学性等（吕必松，1993）。教材的科学性来源于对语言现象的科学解释，也有赖于编写者对教学规律的认识，还体现在知识和技能的系统性方面（邓恩明，1998）。系统性是说，语言是有规律的，选择哪些语法点、常用词、功能项目，以及音素和语流怎样结合，课文内容怎样安排，等等，都不是任意的，都不能违反客观规律(赵贤州，1988)。教材的内容要反映出学科理论研究的新水平(刘珣，2000)。

我们看到，不少学者在相关研究中已经多方面地涉及教材的科学性问题，并给予了高度的重视，把科学性看成是教材的"灵魂"、是教材编写的其他原则的"总原则"。学者们还从不同角度来揭示教材科学性的内涵和体现。诸如"教材语言要规范"、"知识的介绍要准确"、"语言知识要有系统性"、"语法注释要严密"、"内容的组织要符合语言教学规律"等看法，反映了我们对教材科学性的一些共识性认识。接下来在已有相关论述的基础上，对教材的科学性问题做进一步的探讨。

二　科学性的内涵和基本要求

1. 科学性的内涵

教材的科学性究竟所指为何？这是一个值得讨论的问题。词典上与此相关的解释有：科学，形容词，合乎科学的；正确。科学性，名词，合乎科学的性质；(读物、技艺等所应具有的)内容准确可靠、形式周密合理的性质。参考词典对"科学"和"科学性"的这些解释和其他学者对教材科学性的相关论述，结合对外汉语教学及其教材编写的理论和实践，我们可以试着做这样的概括：第二语言教材的科学性是指教材内容符合目的语的规范，内容编排符合第二语言教材设计和编写原理。对外汉语教材的科学性就是要求教材内容符合汉语和汉字的规范，内容陈述适合汉语作为第二语言教学的需要。也就是说，教材的内容应该符合汉语语音、词汇、语法、语篇的规范以及汉字的书写和使用规范，教材的体例设计和内容编排符合汉语作为第二语言教学的基本原理。简言之，科学性就是要求教材内容规范、编排合理。

要求对外汉语教材要有科学性，即"内容规范、编排合理"，是由第二语言教材的工具性、规范性和教学功能、媒介功能所决定的(李泉，2004c)。对外汉语教材是传授汉语知识和进行汉语技能训练的工具，"学习教材"的目的是通过对教材所提供的范例和范本的理解和模仿，来掌握汉语的结构规则、组合规则和运用规则，进而在创造性地使用汉语的过程中掌握汉语。显然，如果“范例”和“范本”不够规范，就难以实现这样的目的。而教材“用于教学”的基本功能，就决定了教材的设计必须适合教学的需要，也就是说，无论是基于何种教学理论、教学大纲或教学模式，第二语言教材的编写都要考虑到内容的安排要由易到难、循序渐进、词汇语法要重现，容量要适度、难易要适中，既有语言知识的传授，又有语言技能的训练，既要考虑结构、功能和文化之间的协调，又要考虑课与课之间有关内容的衔接，等等。显然，在教材设计和编写中如果不处理好诸如上述各种“问题”和“关系”，教材在实际使用中就难以奏效，甚至无法使用。

2. 科学性的基本要求

“内容规范、编排合理”只是对教材科学性最基本的界定和最基本的要求。进一步来说：

（1）由于所说的教材内容的具体所指不同，如可以指语音、语调、词汇、语法、汉字、句子、对话、语篇、课文、练习、翻译、注释、活动、文化等，因此，所谓内容规范就是指对上述这些教学内容的选择、处理和解说具有“正确”、“准确”、“标准”、“可靠”、“恰当”等多种含义。比如，说某教材对“一、七、八、不”变调的说明规范，就等于说有关的说明“正确”或“准确”；说教材对“轻声、儿化”的处理规范，就等于说该教材轻声和儿化的范围把握得“恰当”、例证“可靠”；说教材的语法注释和外文翻译规范，就等于说注释和翻译“准确”、“恰当”；说教材的句子和课文规范，即言其为标准的普通话，如此等等。

（2）由于第二语言教材既要遵循教材编写的一般原则，又要遵循第二语言教材自身的编写原则，而编写不同教材所依据的教学理论、教学大纲、教学模式、教学方法以及教学阶段和类型、教学目的和课型等也不尽相同，因此，所谓编排合理至少有四层含义。其一，教材内容陈述的逻辑层次既要符合教材编写的一般原则，又要符合第二语言的学习和教学规律，如上文所说的由易到难、循序渐进等原则，以及处理好语言知识和语言技能之间的照应和数量比例关系，安排好语音、词汇和语法等语言要素教学的顺序和比例关系，精心编排好技能训练的方式和方法，等等。其二，教材内容的安排要尽量符合语言及语言教学和学习规律，即符合语音、语调、词汇、语法、拼音、汉字、句子、篇章等的内在规律以及由此而确立的教学规律。例如，就一般情况而言，应该先教声母、韵母后教声调，先教单韵母后教复合韵母；先教笔画笔顺，再教独体字，然后教合体字；先教疑问句后教反问句，先教主动句后教被动句，先教基本句型后教特殊句型，先教单句后教复合句，先教结果补语（“看见”、“听懂”）后教可能补语（“看得见”、“听得懂”），教了补语（“擦干净”）再教“把”字句（“把桌子擦干净”），等等。其三，教材内容的选择和陈述、容量和难易的确定、教学模式和教学方法的选用等，都要符合外语教学的根本目标、教学的阶段性要求和具体教材的目标需求。举个极端的例子来说，不管依据何种教学理论，也无论以何种名目，给初级阶段的汉语学习者无论如何都不能选编《背影》《荷塘月色》《一件小事》《孔乙己》等现代文学名篇，因为教学上无法操作，当然也就根本谈不上有什么科学性。其四，所谓编排合理还应该包括教材的相关内容要相对全面，相对系统。否则，如果缺少必要的内容，造成内容不够全面不够系统，那么无论已有的内容多么准确，都将减损教材的科学性。

三 科学性的实质问题探讨

1. 科学性是内容准确性和模糊性的统一

“内容准确”是教材科学性的核心含义之一，是科学性的标志性要求。语言知识不准确、说明解释不清楚，技能训练方式与所要达到的目标不一致，就是科学性差的表现，情况严重的就谈不上科学性了。就对外汉语教材来说，如果汉语的语音、句法、虚词和汉字等语言文字知识的陈述和解说不准确，那么用这样的教材来学习汉语，其后果是不难想象的；如果教材语言知识方面错误百出，后果将是灾难性的。因此，准确性是选择和评价教材的首选标准。毫无疑问，教材编写过程中应把科学性的核心构成要素——内容的准确放在核心位置上。但是，在实际操作层面教材的准确性许多时候难以落实，原因是多方面的。首先，由于目前我们对汉语知识，特别是对汉语语法（包括虚词用法）的认识还有许许多多不够清晰、不够全面和深入的地方，因此，意义和用法上“说不清”、“说不全”的现象几乎随处都可以遇到，如“量词的用法”就说不清、说不全,“被动句的范围”也没有形成共识;又如“了”的隐现规律,“把”字句的使用条件,等等,我们都还说不清、说不全,教材编写自然无法实现准确。其次,某些“能说清”的语言问题,如汉语的一些基本规律或规律性的认识,也大都存在或多或少的“例外”现象,如“副词不能修饰名词”、“形容词可以受‘很’修饰”、“不及物动词不能带宾语”、“动词可以带时体助词‘了、着、过’”、“‘把’字句的基本语法意义表示‘处置’”等,这预示着教材编写难以实现彻底的准确。再次,汉语语音、语汇和语法等研究成果尽管可能很有学术价值,有许多尚未取得共识,因此不能轻易纳入教材的知识体系中;某些共识性的成果由于各种原因(如需要的背景知识太多,不适合于教学等)也不一定都能直接编入汉语教材。

以上情况表明,语言知识的准确性是教材编写所要追求的目标,没有准确性的教材就谈不上科学性,准确性差的教材科学性就差,而所谓科学性强在极大程度上体现为语言知识的介绍和解说的准确程度高,因此,教材编写必须最大限度地追求准确,这一信念丝毫不可动摇。然而,由于我们对汉语自身规律的认识还远不够全面和清晰,既有的语言规律又多有例外现象,而有些规律性的认识能否真正成为规律还有待更多的语言事实的检验,或者教学上一时还难以用得上,因此,许多时候教材编写或课堂教学不得不采取模糊性的表述策略,即采用“一般来说”、“(大)多数”、“(绝)大部分”、“往往”、“常常”、“总是”等概括的、笼统的表达方式来介绍和解说具体的语言现象。这显然不是上策,但倘若采取全称、周遍性的解说方式反而可能造成不准确的话,那就不如采取这种模糊性的解说来得更准确。比如,“汉语的动词(都)能带时体助词‘了、着、过’”,这种说法看起来很准确,但与实际情况不完全相符(如“认为了(着)”、“请教着”、“去着”、“包括过”、“作为过”等都不能说),反而不如“汉语的动词绝大多数都能带时体助词‘了、着、过’”这种模糊的说法准确、符合语言事实。不仅语言知识表述的准确性要借助于模糊语言,文化内涵的概括、文化现象的阐释和文化特征的理解等也不宜一概而论、不宜绝对化,也要借助于这种模糊性的表述策略和柔性的理解策略(李泉,2007b)。

因此,科学性的本质是准确性和模糊性的统一:凡是可以做到准确的就用准确的语言来表述。比如,“现代汉语普通话有阴平、阳平、上升和去声四个声调”、“两个上声音节相连,前一个上声变为阳平”、“汉语的数词和名词中间要使用量词”、“汉语的词组可以分为主谓、偏正、述宾、述补和并列等五种基本结构类型”、“汉语所有的定语一律居于核心词(中心词)之前”、“汉语的句子从功用上可以分为陈述句、疑问句、祈使句和感叹句四种基本类型”、“汉族人的姓名表述都是‘姓’在前‘名’在后”、“汉语表述地址、时间的顺序都是从大到小”等。而凡是无法或不宜用“准确的语言”来表述的就用模糊语言来表达,当然应根据实际情况辅之以例证、使用条件、规则适用范围的说明等。比如,可以做这样的表述:“汉语的状语绝大部分居于动词之前,但有少数表示程度和方式的状语可以置于动词之后,如:好极了、好得很、开慢点儿、走在路上。”

2. 科学性是内容系统性和简约性的统一

“内容系统”是教材科学性的核心含义之一,同样是科学性的标志性要求。就常规的汉语教学来说,教材编排所涉及的各项内容,都应该内容全面,有系统性。比如,语音应涉及声母、韵母、声调、变调、轻声、儿化等;词汇应涉及词的结构类型、词类(虚词)及其基本词汇等;语法应涉及词类、词组、句子成分、句子类型、特殊句型、复句等;汉字应涉及笔画、笔顺、结构类型、独体字、合体字、形声字、常用高频字等;练习应包括语音、汉字、词汇、语法、语篇以及听说读写技能训练等,练习的方式应包括机械性的、交际性的、任务型的、活动型的等;场景应包括学习、生活、工作、家庭、购物、交通、参观、旅游、社交等;话题应涉及个人、家庭、朋友、交际、职业、工作、生活、社会、国家、人口、环境、居住、历史、文学、艺术等;功能应涉及问候、赞扬、祝贺等表情功能,涉及肯定、否定、推测、强调、可能、意愿等表态功能,涉及介绍、更正、请求、询问等表意功能,涉及方位、时间、数量、假设、因果等表示功能,等等(李泉,1997);文化应涉及物质、精神、制度、观念、习俗、知识、交际、语言、民族、伦理、道德、宗教、艺术等。

所谓系统性,就是按照相关内容自身构成要素(成分、类型、种类等)的内在联系、逻辑顺序、组合规律等全面地、连贯地组织和安排教学内容。上述列举的这些“系统性的内容”只是就综合性教材或者说通用型汉语教材而言的,如果是特殊用途的汉语教材如商务汉语教材,则应另有一套“系统性的内容”

架构，比如要考虑商务汉语词汇、语体语境、交际场景、商务文化、商务话题、商务活动等。无论是编写何种教材都要考虑教材内容的系统性问题，即悉心安排好语音、词汇、语法、文字、文化、功能等各自内部构成要素之间的相互关联性和要素之间有组织的整体性；相反，不注重系统性或系统性考虑不周全、落实不到位，都是科学性差的表现。

但是，由于教学的阶段和教材目标的不同，由于教材的性质和类型的不同，由于教材自身容量的限制，由于内容构成要素本身重要程度的不同，在教材编写过程中，实际上不可能、也没必要过于讲究各项内容的全面系统。在教材编写过程中必然要进行相关内容的遴选和取舍，而不必巨细不分，面面俱到。比如，可以根据学习者母语的特点、学习目标、学习时限、学习者的目标语水平等因素，简化语音或语法等的系统性，突出重点和难点的教学。因此，既要考量相关内容的全面系统，又要结合实际优化优选教学内容，也即内容系统性和简约性的统一是教材科学性的又一个本质特征。内容要全面系统，是教材编写的一种理念、一个原则、一项基本要求，而内容尽可能简约，同样也应该是教材编写的一种理念、一个原则、一项基本要求。增强教材的科学性就是要协调好系统性和简约性之间的关系。

3. 科学性是内容规范性和灵活性的统一

"内容规范"是教材科学性的核心含义之一，也是科学性的标志性要求。此所谓规范就是"标准"的意思。就常规的汉语教学及其教材编写来讲，内容规范的基本要求应该是：教授现代汉语的标准语普通话，教授规范汉字；词汇、语法、汉字、功能、文化等教学内容的选择应依据相关的"教学大纲"、"水平等级大纲"或"考试大纲"，以保证内容选择的科学性，避免随意性。用标准的普通话编写课文或选择规范的普通话样本作为课文，依据词汇、语法和汉字等相关大纲来约束教材的编写或教材样本的选用，实现这两条基本要求，教材的科学性便有了基本的保证，做得越好科学性就越强。相反，如果不注意课文语言的规范化，不借助相关的大纲来编写课文，那就不能保证课文语句的规范，不能保证所编教材应编入的相应阶段或相应等级的词汇、语法、汉字、功能和文化项目等足够的数量，自然也就难以保证教材的科学性。

“大纲”的根本功能之一就是为教学和教材编写提供科学依据。因此，教材编写，特别是初中级汉语教材的编写或特殊用途汉语教材的编写，必须在相关大纲的指导和约束下进行，以便使教材的科学性有所保证。但是，在充分利用有关大纲的同时，也要注意合理地使用大纲。其一，一部教材或一套教材涵盖相关阶段或相应等级的词汇、语法和汉字等占多大比例为宜，迄今还缺乏应有的研究，也没有一个公认的经验性的指标。但是，已有的教材编写实践体现出一种倾向，以为纳入相关大纲中的词汇、语法和汉字等越多越好，比例越高教材就越科学，这可能是一种误解。不同阶段、不同性质的教材纳入相关大纲中具体要素的比例应该有所区别。初级阶段的基础汉语教材纳入相关要素的比例应该最高，中级、高级相应次之。但是，由于教材容量和难易度的限制，比例“高”也不宜100%，因为既做不到也没必要；由于所编教材阶段性目标和科学性的要求，比例“低”也不宜低于40%。根据我们的编教经验，初、中、高综合汉语教材，能纳入有关大纲的词汇的比例分别在80%、70%、60%左右，语法项目的比例分别在70%、60%、50%左右，就已经是相当高的比例了。否则，即使能分别超过这些比例，那么所编教材很可能过难、过于生硬。因此，不是纳入大纲中的相关要素越多越好、比例越高越科学。相反，比例过高、过于超量，反而是不科学的表现，因为没法教没法学。其二，现有的各类大纲，大都是20世纪80年代、90年代研制的，反映的是30年前、20年前社会生活和语言生活及其词频字频的统计结果，有些当时的常用词如今已成为低频词或纲外词，如“小八路、走资派、工人阶级、共产主义、无产阶级、资产阶级、革命、粮票、公社、社员、万元户”等，这类词虽为纲中词，但除非特殊需要，一般不应是必教词。而当今社会生活的常用词汇有许多都没有进入大纲或是大纲中的低频词，如“手机、短信、邮件、上网、麦当劳、汉堡包、自助餐、AA制、出租车、股民、股票、密码、超市、矿泉水、可口可乐”等，教材编写应吸收这类超纲词。吸纳与现代社会生活密切相关的所谓超纲词，恰是教材科学性的体现。因此，依据各类大纲而又不拘泥于大纲，用大纲来约束教材编写，又要恰当地突破大纲的限制，才可能保证教材科学实用。

总之，内容准确、系统和规范是教材科学性的几个核心要义，在教材设计和编写过程中应始终给予高度重视。但是，由于内容本身在准确性方面的局限，由于学时学制和教材容量的限制，由于各类大纲自身的某些缺憾，因此要处理好内容“准确与模糊”、“系统与简约”、“规范与灵活”的关系，这样才可能更好地增强教材的科学性。

四 科学性的体现和实施途径

上文对教材科学性基本内涵的概括（内容规范、编排合理）及其说明，对教材科学性实质问题（准确性与模糊性、系统性与简约性、规范性与灵活性）的讨论，在很大程度上说就是探讨教材科学性的体现和实施途径。如对所谓“内容编排合理”的阐释，对注释“准确”和“模糊”的处理意见，对内容“系统”与“简约”的协调策略，对各类大纲的使用建议等，都可以看作是从不同角度、不同程度上探索教材科学性的体现和实施问题。

下面结合教材编写的理论和实践，列举若干与体现和增强教材科学性相关的问题，以进一步探讨保证和提升教材科学性的具体途径。

1. 科学性的根本体现

充分体现汉语作为第二语言教学的性质和特点，是对外汉语教材科学性的根本体现。编教者必须始终清楚地认识到教材是为母语非汉语的学习者编写的，是学汉语和教汉语的工具；学习者掌握语言和文化知识是为了能够很好地运用汉语进行交际，因此教材的根本任务是培养学习者的实际语言交际能力，而不是传授语言和文化知识。教材必须具有可教性和可学性，最基本的要求是要融入所教语言的语音、词汇、语法等语言要素，并且要融入得恰到好处，要编排语言技能训练的方式和程序，并且要可行有效，内容的难易、容量的多寡、体例的编排模式等要适合外语教学，并且要方便教、便于学。如果所编教材第二语言教学的性质和特点体现得不明显不充分，或者从根本上就没有与母语教学的语文教材区别开来，那么无论内容多么准确、形式多么新颖，都谈不上科学性。因此，在教材设计和编写过程中应首先并始终注意体现汉语作为外语或第二语言教学的学科性质和特点，这是对外汉语教材科学性的根本前提、根本体现和根本保证。

2. 科学性的重点体现

突出汉语和汉字的特点及其教学重点和难点，是对外汉语教材科学性的重点体现。无论是双语对比、跨语言对比，还是教学实验教学经验所得，汉语的"把"字句、"使"字句、"连"字句、"比"字句、"被"字句、紧缩句、连动句、补语句等特殊句式，"了"、"着"、"过"、"才"、"就"、"也"、"反而"等常见虚词，以及"个"、"件"、"张"、"头"、"根"、"双"、"群"、"次"、"回"、"顿"、"阵"等量词的用法，都在相当程度上体现汉语的特点，历来是教学的重点和外国人学汉语的难点，教材必须对这些内容给予充分体现。而汉字更是除日韩等少数国家以外，世界范围内汉语学习者普遍感到陌生、普遍感到难学的文字。因此，教材编写无论是"语文并进"还是"语文分开"，都要重视汉字教学，都要把汉字作为一个独立的文字系统来规划其教学内容、方式和步骤。概括起来说，对外汉语教材的科学性表现在：它对体现汉语特点、汉语教学重点和难点的语言成分的关注；对常规汉语学习所无法回避而又难以顺利突破的"瓶颈"——汉字的关注。并且，不但给予足够的呈现，而且要呈现得准确、恰当。因此，教材的设计和编写必须在汉语、汉字教学的核心问题上有所作为，做出符合语言规律、学习规律和教学规律的尝试，才能增强教材的科学性；相反，不关心学习者的"学习疾苦"，抓不住汉语学习的"关键问题"，教材的科学性不仅不会太强，甚至会大打折扣。

3. 科学性的核心体现

内容本身准确、系统和规范，是对外汉语教材科学性的核心体现。显然，如果教材所传授的知识不准确、相关内容不够完整，课文文本规范性差、所教不是通用语，注释说明不可靠、外文翻译令人费解，练习方式单调、效率低下，那么教材的科学性便无从谈起。因此，教材设计和编写应对内容的科学性给予高度重视。但是，由于内容本身在准确性方面的局限，由于学时学制和教材容量的限制，由于各类大纲自身的某些缺憾，因此要处理好内容"准确与模糊"、"系统与简约"、"规范与灵活"的关系，这样才可能保证和更好地增强教材的科学性。

4. 科学性的关键体现

内容呈现符合汉语规律、汉语学习规律和汉语教学规律，是对外汉语教材科学性的关键体现。教材的内容不仅要靠得住，而且呈现的方式从宏观到微观各个环节和细节都要符合汉语规律、汉语学习规律和汉语教学规律，这样教材才能好教易学，才有科学性可谈。内容呈现的科学性是个很值得在总结教材编写经验的基础上进一步探讨的问题。“科学呈现”至少应该包括以下几项要求：其一，由易到难，循序渐进。即由简单到复杂，按照内容的内在联系顺序呈现，逐步呈现。其二，难易适度，难易均匀。即内容难易要适合学习者的语言现状和能力所及，语句、篇章等各项内容的呈现不可过难过易或忽难忽易。其三，内容循环，尽量重现。即学习要点、重点、难点应循环上升、逐次深化，相关内容间隔重现、多语境重现、异语境重现。

5. 科学性的内涵体现

处理好教材内容之间的角色地位、数量份额、包容分立、照应协调等相互关系，是对外汉语教材科学性的内涵体现。这些“关系”包括：语言教学与文化教学；知识教学和能力教学；中国文化与外国文化；中国场景与外国场景；汉语教学与汉字教学；具体的语音、词汇、语法和汉字的安排；话题、功能、语境和情景的设计；等等。能够把这些关系处理得恰到好处、和谐统一，便是教材有科学性乃至科学性强的体现。目前，我们在处理上述各种关系方面已经积累了不少实践经验，需要在进一步实践和创新的基础上加强理论提炼和总结，以便增强对外汉语教材的科学性。

6. 科学性的直接体现

加强对语言教学新理论和汉语研究新成果的吸收，是对外汉语教材科学性的直接体现。有新意是教材存在的价值，有特色是教材有生命力的条件。内容老生常谈、四平八稳而没有新意的教材好不到哪儿去；设计观念不新、知识陈旧而没有时代感的教材也科学不到哪儿去。有新意有特色，允许创新鼓励创新，是教材科学性应有的内涵。因此，对外汉语教材设计和编写，应积极吸收国内外第二语言教学界的新理念、新大纲、新教学法理论，尤其要广泛吸收汉语本体和基于教学而进行的汉语语音、词汇、语法、语体、语篇研究的新成果，吸收汉语和汉字教学研究、习得研究的新成果。科学性不仅要求教材设计和编写有章法、合规律，也要求与时俱进有新观念、新模式、新内容、新素材、新解释、新编排。

7. 科学性的间接体现

加强教材的针对性、实用性和趣味性，是对外汉语教材科学性的间接体现。教材编写的针对性、实用性、趣味性和科学性几项原则，虽各有侧重、各有所指、各有实施途径，却又相互关联、相互制约、一损俱损一荣俱荣，某一个方面做得“好或坏”对其他几个方面都会程度不同地产生“好或坏”的影响。因此，加强针对性、实用性和趣味性的设计和实施，在很大程度上会增强教材的科学性，相反也会减损教材的科学性。比如，学习者想学“环保”、“臭氧”、“污染”、“交通”这些词，你教的是“衬衫”、“马甲”、“年糕”、“咸菜”就不够有针对性，因而也就不够科学。用口语材料教口语就比用书面语材料教口语更符合语言教学和语言学习规律，因而更有科学性。在中国使用的教材大谈“中国城”(China Town)就不够实用不够科学，而在美国使用的教材谈“中国城”就有实用性有科学性。为欧美学习者编写的教材，仅仅把“商店”、“飞机”、“餐馆”翻译成英文，就不如既把整个词翻译成英文也把各自的语素翻译成英文，这样更符合学习者的认知需求，因而也更加科学。一味介绍中国文化就不如中外文化兼顾更科学。用故事和实例来说明文化内涵就比直接给文化内涵贴个“语言标签”更科学。也就是说，话题、材料、语言、文化、场景、练习、活动等教材的各项内容，越是符合学习者的目标需求、贴近他们的生活实际、适合他们的认知需要、契合他们的趣味和情感，也就越增强了教材的科学性。换言之，针对性、实用性和趣味性做得好、做得到位，也就是在这几个方面定位准确、实施准确。而准确即科学，准确性越高科学性越强。

8. 提升科学性的必要措施

加强教材科学性的策划，避免“非科学性实施”，是提升教材科学性的必要措施。教材编写者在教材设计之初就应强化科学性意识，确立“教材质量第一，科学性为首”的观念，并为保证和增强教材的科学性进行具体策划。如确定所依据的词汇、语法、汉字、功能等各类“大纲”；在教材编写的各个环节和细节上制订提升科学性的具体措施；研究和制订处理相关问题的原则，如文化取向和解说的原则，等等。同时，更要有意识地避免非科学性实施，如“一句话里几个生词”、“十句话里没有一个生词”、“偏易偏难，或时易时难”、“重要语言点无重现或重现率不够”、“注释有误导性”、“翻译令人费解”、“练习方式不符合技能训练的需要”、“语言不规范”、“文化点解说以偏赅全”，等等。

第四节 实用性原则

一 相关研究回顾

随着第二语言教学理论研究和教学实践的不断深入，特别是近些年来功能法、任务法等教学理论和方法在对外汉语教学界的应用，教材的实用性正不断得到加强。在观念上，人们对教材实用性的重要性认识明确，许多教材的书名上就标有“实用”的字样。在实践上，近年来中国大陆编写和出版的对外汉语教材已经很少看到“这是书，那是报”、“这是桌子，那是椅子”等缺乏实际交际价值的语句。

但是，目前我们对实用性这一公认的教材编写和评估的重要原则还缺乏研究，迄今尚未见到专门讨论教材实用性问题的文献。从教材编写的实践上看，国外学者对中国大陆20世纪80年代初到90年代末编写的汉语教材，有如下一些意见：“（教材）不够实用，教科书里说的话不像在街上听到的”；“教科书中的对话像审讯中的一问一答，绝非正常人的交谈，纯粹是为了练习语法或功能，完全脱离现实”；“内容单调，缺乏实用性，语法解释让人摸不着头脑”；“学生接触到的汉语毫无生气，脱离实际”；“有的课文不适合成年学习者的需要”（李泉，2002c）。这些批评意见概括起来说就是教材的实用性不强。国内学者所归纳的教材编写普遍存在的问题中，有许多都可以归结为缺乏实用性的表现，如：词汇量大，复现率低；练习种类单调，数量不足；语法注释烦琐，术语过多；外文翻译艰涩难解，形同虚设；文化取向有欠妥之处；教材系统不完善，各阶段教材之间衔接困难；缺少教师用书等（赵金铭，1998）。

显然，上述对国内教材的批评意见都是有的放矢的。同时，我们也要看到，观念上重视教材的实用性不等于理论上认识明确，更不等于实践中体现得充分。现有许多教材从课文、注释到练习都不同程度地存在着缺乏实用性的现象。因此,从理论和实践上探讨和总结教材的实用性,对丰富教材编写理论、提高教材编写质量应该是有益的。下面讨论教材的实用性及其基本要求、教材实用性问题的实质和现有教材实用性不强成因分析及对策。

二 实用性的内涵及基本要求

什么是教材的实用性?目前还没有一个公认的说法。有关的说明如:“实用指的是内容应是学生所需要的,也就是强调语言的交际功能”(鲁健骥1983),“实用性包括教学内容的实用性和教学方法的实用性。教学内容必须是学生所需要的、常用的,教学方法要便于教师在课堂上使用”(吕必松1993)。词典对“实用”的解释是“有实际使用价值的”[①],对“实用性”的解释是“有实际应用价值的性质”[②]。根据已有的研究和词典的解释,结合教学和教材编写实践及我们现有的认识,我们把对外汉语教材的实用性概括为:教材的内容符合学习者的目标需求,教材的编排有利于教师的教和学习者的学。简言之,实用性就是教材的内容对学习者有用,教材的编排好教易学。[③] 这是因为,通常情况下,每一个外语学习者都有明确的学习目的,并且都希望在最短的时间内实现自己的外语学习目标。因此,所谓实用性强,就是要求教材在满足学习者目标需求和效率需求方面能发挥最大的效用。所谓对学习者有用,就是指教材能够最大限度地满足学习者实现他们在外语学习的目标和效率方面的功利之用。所谓好教易学,就是指教材内容的编排和语言知识的说明等应该符合所教语言的语言规律,符合学习者的学习心理,符合外语教材的编写原则。

进一步来说,教材实用性的基本要求包括:第一,所编写或所选择的教材

① 《现代汉语词典》1146页,商务印书馆1996年版。

② 《现代汉语规范词典》1184页,外语教学与研究出版社、语文出版社2004年版。

③ 实际上,这里的概括更接近于说明教材的“实用”的含义,“实用性”应该是“教材的内容符合学习者的目标需求”和“教材的编排有利于教师的教和学习者的学”的程度。也就是说,“实用性”就是“教材的内容对学习者有用”和“教材的编排好教易学”的程度,也就是具有实用价值的程度。但是,考虑到习惯上的理解,我们这里不将“实用”和“实用性”做严格的区分。

内容要让学习者明显地感到“学了有用”。第二，所编写或所选择的教材要有较强的课堂教学的可操作性，让教师感到便于进行语言知识的传授和交际技能的训练，让学习者感到学起来方便容易。第三，不仅课文的编写或采样、词汇和语法等语言要素的筛选要以“实用价值”的大小和强弱为依据，也表现在对课文场景的安排、话题范围的确定、练习题型的选择乃至注释说明等，都要采取“实用主义”，都要有具体的目标和实际效用（李泉，2004e）。第四，内容编排要遵循由易到难、急用先学、注重语法现象的内在联系和难易度区分、注重语汇和语法现象的重现等第二语言教材编写的基本规则，这样才可能保证教材好教、好学。好教好学的教材未必就是实用性强的教材，但是，实用性强的教材必定好教好学。

三　实用性问题理论探讨

从教材编写的理论和实践来看，教材的实用性实质上是一个实用程度的问题。这是因为，理论上说，实用是一个相对的概念，从实用到不实用是一个连续体，中间并没有一个绝对的界线。我们很难说哪一本教材绝对不实用，哪一本教材绝对实用。因此，实用性是个对谁来说的问题，是个实用程度强弱的问题。就某一教学对象群体来说，使用任何一部教材都不可能“颗粒不收”，差别在于：实用性强的教材，学习者感到解渴，实际收获大；教师教起来方便，教学效率高。相反则不然。教材的这一特性，要求在教材编写时应最大限度地发挥教材在帮助学习者实现外语学习目标过程中的实际价值。

1. 实用性是一个优化优选的问题

从教材编写的观念和做法上看，教材的实用性实质上是一个优选优化的问题。这是因为，在观念上，没有一个教材编者愿意认为自己所编的教材缺乏实用性。相反，可能有意无意地认为自己所编的教材很实用，所选的篇目对学习者学习语言和文化是有用的。比如，近年编写的某高级汉语教材的一篇课文里就出现了诸如“敌我矛盾”、“人民内部矛盾”、“地下工作者”、“敌占区”、“解放区”、“走资派”等许多政治词语，有人认为这样一些词语以及相关的课文实用性不会很强，可是，教材的编者显然不会这样看，不然就不会编选这样的课文，而且还对有关词语进行了认真的注释。从学习者的角度看，即使是有相同相近学习目标的学习者，他们对同一本教材、同一篇课文乃至同一个词的实用与否及其程度的看法也会有各种各样的差别。有学习者认为学习中国人那些烦琐的亲属称谓根本就没有用，对他来说可能是“千年用一回”，可是也有学习者会觉得“很有意思”，对了解中国人的亲属关系“有用”。可见，无论是教材的编写者、研究者，还是教材的使用者，对教材实用性的看法往往因人而异，甚至大不相同。因此，教材编写过程中，实用性的实施应该是一个优选、优化的过程，是一个求大同舍小异的过程，即综合考虑各种因素，以绝大多数教学对象的需求和意愿为基准，进行优化设计和定位，优化筛选和取舍。值得注意的是，教材的实用性，是对学习者而言的，不是对教师而言的，这似乎是不成问题的问题。但在教材编写实践中，往往以教师的实用观代替学习者的实用观，这是造成教材实用性差的一个重要因素。事实上，教师认为是实用的未必对学习者就是实用的。但另一方面，学习者觉得“好玩”的未必对他们就真的是有用的。然而，教材的实用性归根结底还是对学习者而言的，因此要从学习者的角度来确定是否实用。不过，学习者的需求和观念也要加以区别对待，不能以个别学习者的好恶和需求来确定内容的走向，这也正是教材编写要进行优选优化的一个理据。

2. 实用性是一个采用何种评价标准的问题

从教材评估和鉴定的角度看，教材实用与否实质上是一个使用什么样的评价标准的问题。比如，有人觉得鲁迅的名篇《一件小事》和《孔乙己》不适合编入对外汉语教材，这两篇小说的历史背景与当代中国社会相距较远，其中的一些语汇和表达方式不符合现代汉语的规范，学生学了没有实际使用价值。但是，也有人觉得这两篇小说作为中高级汉语教材是合适的，其中的历史文化因素含量较高，有“讲头”，有利于学生了解和欣赏中国现代文学名家名篇。这两种不同的观点，反映出的是评价的标准不同。不赞成选入对外汉语教材的，主要基于语言和历史文化知识的掌握是否有实际用途、教材内容是否有利于课堂上进行技能训练；赞成选入对外汉语教材的，主要基于了解历史文化和欣赏名家名篇的需要。两种观点虽然截然不同，但都可以说是基于对学生是否有用。我们认为，这里的关键是要看学习者的学习目标是什么，也就是教材的教学目标定位如何。如果学习者的学习目标是为了尽快掌握现代汉语，并以此为工具去从事有关的工作，那么《一件小事》这样的作品作为汉语教材来讲，其实用性就很不强，不宜选入教材；如果是为学习中国文学专业的汉语学习者编一本中国现代文学阅读（或赏析）教材，那么《一件小事》这样的作品是“有用”的，是可以考虑入选的。所以，实用与否主要看教材的目标是什么，或者说学习者的需求是什么。就常规的语言教学和教材编写来看，评价教材实用性的标准就是看教材的编写是否有利于实现教学对象的学习目标以及在多大程度上有利于教学目标的实现。

3. 实用性是一个教学习者何种语言语体的问题

从跨文化教学的角度看，教材的实用性本质上还有一个教外国学生什么样的目的语语体、说什么样的外国话的问题。对此，我们主张应该教适合外国人“身份”的目的语（中国话），特别是口语。用目的语进行交际是一种跨文化的交际活动，这种交际以保持适度的心理距离和言语交际距离为宜，既不宜“过近”——说些目的语熟人之间的话语，如在一本中级汉语教材中，一位美国学生对她的中国朋友说“你像大姐一样关心我，帮助我，我真不知道怎么感谢才好”，再如“哥儿们，太感谢你了”、“没的说”、“那感情好了”、“小子唉，咱们走着瞧”、“可不嘛”、“说得是”、“就这么着”等，也不宜“过远”——说些目的语国人们之间一般情况下也不大常用的话语，如“哪里，哪里，不敢当”、“小赵：俗话说，‘送君千里，终有一别’，同学们，再见了。罗兰：中国还有一句话，‘青山不老，绿水长流’，后会有期”，又如“有何贵干”、“久仰，久仰”等。如果汉语学习者说出这样一些“过近”或“过远”的话语，在有些目的语国人心里可能会产生“过俗”或“过酸”的感觉。比如，一位老师表扬一位短期班的日本男学生：“你进步很快，汉语说得很好。”那位日本男生闭上眼睛沉思几秒钟后，拿腔拿调地回答说：“哪儿的话啊，瞧你说的！”[①]听后让人感觉很别扭。如果他用“谢谢老师，我还应该更努力”之类的答话就非常得体。

① 事后了解得知，这位同学做沉思状是在回想课文里的这句答话。

4. 实用性是保持一定心理和语言距离的问题

这些所谓“近话”或“远话”，实在说都是地道的中国话，但是是否都可以进入对外汉语教材、对学生来说是否实用是很值得探讨的。中国人说这类话语能用得恰到好处，他们知道在什么场合对什么人讲，而学汉语的外国人由于对这类话语的语感并不一定把握得很好，往往用起来很不得体。事实上，就是语调语体恰当也未必合适，因为中国人还是会把他当作外国人看待的，过于“套近乎”，过于“中国腔”，并不一定合适。教学过程中，我们曾先后遇到过几个来自日本和西方的男女生，他们拿着地道的京腔跟我们讲着流利而含混不清的北京话时（事实上他们完全可以说得很清楚，他们是在有意卷着舌头模仿老北京话），让人感到特别不舒服，甚至有些反感。如果这种感觉有一定的代表性，那就说明在跨文化交际的过程中，目的语一方的交际者对使用这种语言的外国人是有心理距离和言语距离要求的，即要求外国人保持外国人的身份，说适合他们说的目的语，尤其不宜过于“亲近”，过于模仿一些“皮毛”，过于“拿腔拿调”。而他们说错了，说得不地道，说得不得体，说得不礼貌，反而能让人理解和谅解，因为他们是外国人。这种过于地道反而不能让人接受、不地道反而可以接受的现象，可能就是跨文化交际的特殊性所在。

因此，课文语言的实用性和真实性，并不一定是让外国人说上述所谓“近话”和“远话”（或可说成俗言和雅言），而是让外国人说符合外国人身份和文化背景的中国话。现行的某些教材存在着“硬让外国人说些不该他说的中国话”（因为编进了教材，并且认真地、反复地教）的做法，并不一定是教材实用性和真实性的表现。从跨文化交际的角度来看，也许正相反。如上面例子中“你像大姐一样关心我，帮助我，我真不知道怎么感谢才好”，在我们看来就属于“硬让外国人说不该他说的中国话”，听起来让人感觉“发酸”，甚至有些“幼稚”的味道。事实上，不仅西方学生不大会说出这样的“酸话”，日韩等东方学生也不一定习惯这种表达方式。果如此，那么教学生说这样的中国话实在没有什么实用价值。

四　实用性不强成因分析及对策

基于教学实践和对现有教材的考察，我们认为，教材实用性不强表现在教材设计和编写的各个方面。限于篇幅，下面就造成教材实用性不强的几个主要原因试做分析，并提出相应的改进意见。

1. 学科特点体现不充分

整部教材设计和编写没有体现或没有充分体现出第二语言教学的性质和特点，从而从根本上造成教材的实用性不强。这是少数教材迄今仍程度不同地存在的问题。毫无疑问，体现教材的实用性，最首要的条件是教材的设计和编写要充分体现第二语言教学的性质、特点和教学目的。就是说，教材语言知识（包括汉字）的选择和编排要有利于培养和提高学习者的目的语的交际能力。这是一个不难理解但又往往被忽略的根本性问题，而偏离了这一基本要求，教材的实用性自然不会很强。比如，近年编写的一部《中级汉语写作课本》（初稿）在不同的章节中对各种文体及书写格式分别进行说明，并附以范文。例如：

> 明信片是专门用于通信的一种卡片，通常的尺寸为，长145MM，宽100MM。据说，这种通信卡片起源于奥地利，19世纪70年代以后逐渐成为通行于世界各国的通信方式。用明信片写信，收、寄信人的地址和书信内容都写在卡片表面上，不必另外使用信封，所以它是一种公开书信。（第十一课）
>
> 日记顾名思义就是自己每天生活的记录。也有人说日记是自己写给自己的书信，这种说法也不是没有道理的，因为日记的确是写给自己看的，写日记的目的是为了积累生活经验，帮助自己记住那些有意义的、值得永远牢记的事情。如果说书信是人与人之间真心实意的交流，那么日记的确可以说就是自己与自己的心灵交流。日记到底应该记录一些什么内容呢？我们说，凡是在一天中所做的和所遇到的、见到的、听到的、感受到的都可以写在日记里……（第十五课）

仔细想想，这些内容对学习者来说有什么实际意义呢？对写作能力的提高又有多大帮助呢？退一步讲，有几个留学生没用过明信片呢？有谁不知道“用明信片写信，收、寄信人的地址和书信内容都写在卡片表面上，不必另外使用信封”？又有谁不知道日记是写些什么东西的呢？而练习中“证明信有几种？区别是什么”、“明信片与一般书信的区别是什么”之类的问题又有什么实用价值呢？能区分出证明信有几种吗？区分出来又有什么意义呢？这样的写作教材到底是教写作知识，还是培养写作技能？教这样的知识有什么实用价值呢？

一部教材无论是总体设计上还是局部细节上，如果不符合第二语言教学的路子，不能很好地培养学习者目的语交际能力，那么用之于教学就不可能实用。因此，实现和增强教材的实用性，要求教材设计和编写首先要体现外语教学的性质和特点，体现外语教学与母语教学的根本不同，否则不仅谈不上实用性，甚至能不能用都可能成问题。

2. 缺乏需求分析

缺乏对学习者的需求分析，因而造成教材的目标定位不明确，甚至根本没有目标定位。由于教材的使用对象不够明确，或者说教学对象群体过于宽泛，国别针对性不强，特色不够凸显，使得教材针对性不强，而针对性不强的教材其实用性自然也就大打折扣。这是许多现有教材不同程度存在的通病。因此，保证教材的实用性，最基本的途径是，编教前要认真进行需求分析，并据此进行教材目标的定位和整体设计。教材的内容跟学习者的学习目标越一致，其实用性就越强；偏离学习者的目标就缺乏实用性，偏离得越远，实用性就越差。所谓需求分析，就是了解学习者学习外语的目的、现有的外语水平、预期达到的水平、学习时限、学习方式以及学习者的年龄、母语背景、文化程度、对教材内容的选择倾向等信息。一方面，通过问卷调查、访谈、测试、观察记录等手段来获得学习者的有关信息；另一方面，根据编教者和教师的教学经验来获得学习者对教材实用性的各种要求。在综合分析所获得的相关信息的基础上，确定教学对象的群体范围、明确教材的教学目标、设定教材的容量和教学时限、优选最有利于实现教学目标的教学内容，并以此为基础进行教材设计。如此，则教材的实用性可以在相当的程度上得到保证。

3. 实用性意识不强

编教者的实用性意识不强，在教材设计和编写时缺乏实用性的考虑和安排，或者编教者自以为所编写或选择的内容是实用的，其实不符合学习者的需求。因此，增强教材的实用性，最根本的要求是，教材设计和编写的每一个环节都要设身处地考量对学习者是否真正有实用价值，是否是他们这个阶段乃至于未来的真正需要。具体而言，要求教材设计和编写过程中要充分考虑到教材的实际应用价值，课文内容的取向、词汇语法的选择、练习的内容和方式，情景设置和功能项目的安排等都要有利于满足学习者当前学习和生活的实际需要，有利于满足学习者未来对目的语使用目的和方式的需要。

4. 措施不到位

教材编写过程中实用性措施不到位或措施错位。也就是说，编者在教材设计中注意到了实用性问题，但是在实施过程中或者没有采取相应的保证教材实用性的措施，或者相关的措施并没有得到很好的落实乃至发生了错位。表现为：课文语言过于四平八稳，缺乏生活真实感，或有“幼稚化”和“教科书语言”的倾向；语料准备和筛选不充分；汉字、词汇和重要语言现象重现率低；课文语言“过俗”或“过雅”，不适合学习者当前学习、生活和未来对目的语的使用；练习题型单调、质量差、题量小；语境和场景不够明确；缺乏必要的对比分析，重点和难点不够突出；课文主要用于包容和诠释语法点，导致语言生硬枯燥，缺乏实际交际价值；过于注重语法的系统性，重点不够突出；语法解说没有针对性，其解说虽无错误，可也没有什么实际用途；等等。这些问题都是导致教材实用性差的重要原因。因此，我们不仅要在观念上重视教材的实用性，在理论上加强实用性的研究，还要注重在教材设计过程中就明确各个方面和各个环节上所要采取的实用性措施，更重要的是在教材编写过程中要真正落实这些措施。需要强调的是，许多情况下并不是没有实用性的考虑和设计，而往往是实施不到位或实施错位。前者是指我们自以为所选择的内容、所做出的解释等对学习者是有用的，但实际上并非如此，学习者现在学的不是他现在想要的，对他今后进一步的学习也没有直接的、现实的用途；后者是指教材实施者编写或选择的内容以及做出的说明等，并不符合学习者的目标需求，比如，大量选择书面语材料和表达方式来编写口语教材，对想学口语的学习者就是不实用的。因此，教材的实用性落实是关键，而关键又是落实准确、体现充分。

5. 教材内容陈旧

选文内容过于陈旧，缺乏时代气息，或由于过于强调中国传统文化的介绍和包容，对当代中国社会实际状况反映不够。课文过长，生词过多，词汇过于“陈旧”；所编教材难以体现由易到难、循序渐进的编写原则，等等。比如，在一本《高级汉语》里有一课是《临街的窗口》，内容是讲女主人公和丈夫没有经过恋爱，认识不到一个星期就结婚了，因为男方有援外任务，想在去赞比亚之前解决“个人问题”。这个故事是真实的，在20世纪70年代的中国还很有一定的代表性。但是，这样的内容选入对外汉语教材未必合适，因为它不仅不能反映当代中国社会婚姻状况的实际，很可能还会使学习者对当代中国社会产生误解。课后的练习题还问道：“从‘我’身上你看到了中国人什么样的爱情婚姻观？”不知编者想让学生做何种回答，但不论是何种回答都不能反映当代中国社会家庭和婚姻的实际状况。可见，这样的课文不仅缺乏时代气息，对学习者了解中国社会婚姻状况也不够实用。又如，一些中高级阶段的教材，编者选来选去，有意无意还是对半个多世纪以前的名家名篇情有独钟、难以割舍。事实上，许多名家名篇所依托的历史和文化背景离现代社会，特别是离学汉语的外国人实在有些遥远、有些隔膜，课堂上费时费力学到的一些词汇和语言现象，对绝大多数学习者来说“学则学矣”，却“难得一用”；而在这样的课文里，学习者急于想学的——对于他们当前和将来有实际用途的词汇和语言现象——则是“难得一见”，甚者竟至“千年等一回”（李泉，2004e）。因此，中高级教材的内容要尽量避免有意无意地走向“文化化”、“文学化”或“历史化”的编选套路。

6. 整体设计和细节打磨不够

教材整体设计和细节打磨不够，从而造成教材实用性不强。比如，整体设计上，有的初级汉语教材语法点越编越多，可谓巨细无遗，而不考虑是否都符合学习者的实际需求；或者过于简单，语法和注释成了可有可无的点缀。有的中高级教材的选文几乎全是散文，或以半个世纪前的文学名篇为主，或是大量的“文房四宝”、“传统节日”、“地域风俗”。有的练习设计跟教材目标或课型特点不大相干，也缺乏体系性的思考；或者练习都是些非常容易的问题，做了没什么收获。这些对于语言教材来说，都属于总体设计不够周全或不够科学的表现。试举一篇整体设计和细节处理都值得商榷的课文来略加分析：由中外两位教师合编，2009年重印的某汉语言文字启蒙教材，第十课“你爱人在家吗？”全文如下：

张：谁？

王：我小王。

张：哦，小王。请进！请进！

王：干什么事呢？

张：看报呢？

王：你爱人在家吗？

张：不在，刚出去，上班去了。我今天休息。

王：这是谁的孩子，她太可爱了！

张：是我哥哥的。

王：你哥哥住在哪儿？

张：他家的房子离电报大楼不远。明天我跟我爱人去看他。

王：我给我朋友打个电话，可以吗？

张：可以。

如果允许吹毛求疵的话，这篇课文可能存在以下可商榷之处：

(1)整体设计上没有题解或背景说明，缺乏张和王的关系的介绍。该教材基本上都是这种张、王的对话，连个名字都没有。这种姓氏的“意念”对话，基本上没有真实性可言。

(2)课文似乎没有“主旨”，但从最后一句话可以猜出王可能是来借打个电话，可是又没明说来意。

(3)对话有些生硬、语言不够自然和真实。具体如：“干什么事呢”一般好像不这么问话，常说的是“你干什么呢”，如果一定问“(你)干什么事呢”，似乎怀疑对方在干坏事。“你爱人在家吗”，除非找听话者爱人有事，否则显得唐突。更重要的问题是，课文只此一句跟“爱人”有关的话，却成了课文的题目，而来者根本不是找这位“爱人”的，而是来借打电话的。所以，有关主人爱人的话题就再无下文。“这是谁的孩子”表明来者王知道张没有孩子，但只是一眼得见就来个“她太可爱了”也有点太虚假。并且该课文左页的整面插图中“孩子”是个男孩，这里却用了女孩的“她”。（插图还表明张和王是年龄相仿的两个男人。）

（4）有些内容脱离生活实际，如“电报大楼”和“到别人家借打电话”早已成为“历史”了，这样的句子，教起来和学起来会让人感到没劲。这些问题在编写之初就应仔细推敲，至少重印时也应尽可能修改。

细节打磨不够是多数教材的通病。如几年前出版的某初级汉语课本，第四十课六句对话中的第三句是“我的房间飞进来一只小鸟”。从实用性的角度来看，“飞进来一只小鸟”不如改为“飞进来一只蚊子（或苍蝇）”更实用，也更真实。再如，有本中级汉语教材在专名解释中把“多伦多”注上了汉语拼音，并解释为“加拿大一城市名”。如果这个词确实需要解释，那么同时给出多伦多的英文名字 Toronto，不是比仅仅给出中文的概括性解释更必要、更实用吗？何必让学生得到一个模模糊糊的“加拿大一城市名”的印象？而且可能由于语言水平的限制，连这个模糊的印象都得不到。又如，某本教材中一个配合解释“从来”的例句是“我从来不吃猪肉”。这个例子本身很地道，也有真实性。但是，如果考虑教材可能有穆斯林学习者使用，那么这个句子就不够好，甚至会“后果很严重”。现行许多教材，诸如此类需要打磨的细节实在不少。显然，细节不够真实和实用，就会影响整部教材的实用性。因此，不仅要加强教材整体设计的实用性考量，更要注重课文语言、注释、练习等的细节打磨，以增强和提升教材的实用性。

此外，诸如短期强化、长期进修和专业学习教材基本上没有什么区别，缺乏学习者母语和目的语语言文化的对比，缺乏语言理论、语言习得理论和教学理论、教学经验的支持，缺乏教材编写大纲的指导或大纲内容陈旧等，都是造成教材实用性不强的原因。

第五节　趣味性原则

一　相关研究回顾

在多年的对外汉语教学实践中，人们对教材趣味性的理解和认识不断加深，积累了许多经验，形成了不少共识。20世纪80年代初以来编写的教材及有关的论文，就已经注意到了教材的趣味性问题（刘珣等，1982；鲁健骥等，1986；赵燕皎，1986；毛文，1987；张孝忠，1987），个别文章对此还专门进行了讨论（邓恩明，1983）。90年代以后编写的教材对趣味性给予了更多的关注和体现，几乎所有的教材编写者都注意到了"趣味"对于教材的重要性；绝大部分教材"前言"（如果有的话）都标明"本教材注重趣味性"之类字样，有的还说明为增强趣味性所采取的措施。不少学者在教材编写等有关研究中从理论和实践上对趣味性问题做了进一步探讨。据考察，以往对教材趣味性的研究主要集中在以下两个方面：

1. 趣味性在教材中的地位和作用

一般认为，趣味性是教材编写应遵循的原则之一，也是评价教材优劣的依据之一。比如，中国对外汉语教学研究会教材研究小组对210种各类对外汉语教材进行了系统研究，赵贤州（1988）在其总结报告中把趣味性与针对性、实践性、科学性概括为"教材编写中的四性原则"。吕必松（1993）把趣味性看成是"各种类型的教材普遍适用的原则"之一。刘珣（2000）认为，针对性、实用性、科学性、趣味性和系统性，是编写和选用对外汉语教材要遵循的原则，也是评估对外汉语教材的标准。

关于趣味性的作用也有学者做过很好的论述。比如，刘珣等（1982）指出，语言教学在与交际活动相脱离的情况下是比较枯燥的，因此加强教材的趣味性就成了保护学生学习的积极性、不断激发学习动力的重要一环。邓恩明（1983，1998）指出，兴趣乃是注意的内在动力，要想使教学对象保持持久的注意，教材就一定要有趣。学习兴趣是学习动机中最现实、最活跃的因素，也是产生和维持注意的重要内部因素。

2. 增强教材趣味性的措施与途径

如何增强教材的趣味性，人们谈论得比较多，提到的主要措施和途径有：

（1）课文内容要实用。内容能满足学生的需要就会引起他们的兴趣，即使内容不太生动，但能做到实用，也能引起他们的间接兴趣。内容远离学生的实际生活，当然引不起学习兴趣（邓恩明，1983）。"语言材料的实用价值是教材趣味性的重要因素。”(赵贤州,1988)“趣味性与实用性是分不开的,越是实用的内容学生越感兴趣。”(杨从洁,1990)“实用性是趣味性的基础,不实用的话题,也谈不上趣味。”(郭志良等,1995)

(2)要有人物、有情节、有明确的语言环境。学生的言语活动是否正确得体,不应仅仅看是否合乎语法,而要放在一定的语境中来判定。“课文中有人物、有情节、有明确的语言环境不仅是趣味性的需要,更是学生掌握言语进行交际的需要。”(邓恩明,1983)国外有的教材用塑造人物形象的办法来增强趣味性,故事有头有尾,还不时设下悬念,读起来令人欲罢不能,可以借鉴(张孝忠,1987)。出自真实自然情节中的言语内容,能引发学习兴趣,增强记忆(郭志良等,1995)。

(3)要有幽默感,要有文采。轻松的、令人发笑的内容能提高识记效率。在编写教材时应利用这个因素(邓恩明,1983)。各种笑话、幽默故事、灯谜、童话、寓言、讽刺作品、相声、侦探小说、科幻小说、热门新闻等,一切有利于去掉枯燥感的作品,都可以作为教材选文(毛文,1987)。

(4)课文中适当地穿插一些民间故事、历史传说等。这样可以增加课文的趣味性,但故事穿插要适量,否则就会喧宾夺主(赵燕皎,1986)。“酌情安排古今名人的趣闻、逸事,可以收到知识性、趣味性兼备的效果。”(张孝忠,1987)

(5)内容要有一定的思想深度,要给学生想象的余地。学生的汉语水平虽然低,但分析能力、理解能力、知识面等往往不亚于甚至超过教师。缺乏思想深度,淡如白水、味同嚼蜡的课文,会使他们觉得乏味、无聊。因此要多编一些富于哲理、引人深思,有嚼头的课文(毛文,1987)。课文里有些话不必说尽说透,有些文化差异也可不加注释,为师生留下思考和讨论的余地(郭志良等,1995)。

(6)语体风格要多样化。“课文、对话不但要显示语言的规则与功能,也要表现出语言文字的灵活性,并且随着进度发展风格,不可墨守最简单、最平淡的格调,一成不变。”(佟秉正,1991)多样化是形成趣味性的重要因素。除了题材多样化外,还应注意体裁和语言风格的多样化(刘珣,2000)。

(7)加大中国文化的含量,多方面介绍目的语文化。外国人学汉语的目的虽然因人而异，但大都希望了解中国的社会、历史、文化、风俗习惯等，因此教材要体现中国特点，使学生在强烈的兴趣中学到语言技能（邓恩明，1983）。教材内容要逐步加大文化内涵，中高级阶段要通过语言学习介绍中国文化和中国社会（刘珣，1994、2000）。

（8）课文内容应是学生想学或想知道的。“越是学生极想了解的内容，越有吸引力。”（毛文，1987）解决教材的趣味性，根本在于内容必须是学生想学或想要了解的，与培养交际能力紧密相关的。这样的教材才能真正地、长久地吸引学生（刘珣，1994）。

（9）关注世界级的话题和普遍性的文化。课文的话题应广泛涉及伦理道德、男女平等、环境污染、贫富差距、国际局势等国际社会普遍关心的世界级话题，使学生一接触就能发生兴趣（李泉等，1996）。教材应表现全人类共同的理想和愿望，共同向往的真的、善的、美的人和事（杨寄洲，1996）。“语言教材应多考虑人们的文化通感，要让学习者在学习汉语时感到人文性，从而使汉语走向国际社会。”（赵金铭，1998）

（10）版面设计新颖，插图有趣。“课本上生动有趣的插图和醒目的版面设计也可以提高教材的趣味性。”（吕必松，1993）改进版面形式，充分利用图片在基础汉语教材中的作用，对增强教材的趣味性也会有所助益（黄立，1997）。

以上从十个方面介绍了人们探索增强教材趣味性的各种方法、角度及其理据，这里的概括难免挂漏，但这十个方面应该是有代表性的。还应指出的是，这些增强趣味性的措施和途径，是人们在不同时期，针对不同阶段、不同类型、不同课型的教材提出来的，因此着眼点乃至观点是不尽相同的。但是，无论这些措施是否有效、途径是否可行、观点是否正确，人们所进行的尝试和思考都是值得尊敬和珍惜的。教材的趣味性将在总结理论探讨和实践经验的基础上不断得到加强。

可以看出，对外汉语教学界对教材趣味性的重要性的认识已形成共识，并在教材设计和编写过程中为增强各类教材的趣味性进行了多方面的探索。比之于20年前，近些年来，汉语教材在趣味性建设方面取得了很大的进步，教材越来越接近现实生活，越来越有意思了。但是，也应该看到，现有的许多教材总体上仍然严肃有余、自然活泼不够、趣味性不强。而教材的趣味性问题涉及教学理论和学习理论，以及教材编写理论与实践的诸多方面问题，并且在这诸多方面的问题上都还缺乏研究和讨论，更没有形成多少共识。因此，趣味性问题已经成为教材编写和研究必须进一步加以解决的问题。

二　教材趣味性的内涵和特性

1. 教材趣味性的内涵

什么是教材的趣味性？目前还没有一个公认的说法。相关的说法如：教材的趣味性由很多因素构成，最直接的也是最容易被人理解的，就是要引起学生的学习兴趣（邓恩明，1983）。教材编写的“吸引为主”的原则，指的是教材对学生有很强的吸引力，能把枯燥的语言学习变为生动有趣、富有意义的学习（毛文，1987）。趣味性原则就是教材的内容和形式生动有趣，不至于使学生感到枯燥乏味（吕必松，1993）。教材内容和形式生动有趣，能吸引学习者，使学习者产生学习兴趣和动力，让相对来说比较枯燥的语言学习过程变得轻松愉快（刘珣，2000）。综合以上及有关研究，结合教学实践，可以得到如下有关教材趣味性的内涵的基本认识：

（1）教材的趣味性是由多种因素决定的。概而言之，包括内容和形式两个方面，而以内容为主，内容又以课文为主。内容是否有趣味性及其强弱，表现为内容是否有吸引力及其强弱。内容有吸引力，是说内容既能满足外国成年学习者兴趣上的需要——有趣，也能满足他们对课文内容的实用性的要求——有用（李泉等，1999）。形式是否有趣及其强弱，表现为形式是否有吸引力及其强弱。形式有吸引力，是说形式既能满足学习者感官上的需要——赏心悦目，也能满足他们对课本形式的实用性上的要求——方便适用。

（2）所谓内容，是指教材的课文、语法、注释、翻译、练习等；所谓形式，是指教材的封面设计、体例篇幅、字体字号、插图照片、装帧用纸、开本薄厚、印刷效果、装订质量等。其中，内容的趣味性是第一位的、持久的、有实际效果的；形式的趣味性是第二位的、短暂的、锦上添花性的。因为一旦学生对教材内容方面失去兴趣，那么无论教材的形式方面多么令人赏心悦目，都不会起到应有的作用。

(3)教材趣味性的核心内涵是教材的使用者对教材(包括教材的内容和形式)有兴趣,或者反过来说,教材对使用者有吸引力。因此,增强教材的趣味性就是想方设法使学生对教材的内容和形式都产生兴趣,也即想方设法让学生感到内容有趣、有用,形式赏心悦目、方便适用。

2. 教材趣味性的特性

既然教材趣味性的根本问题在于使学生对教材产生兴趣,那么什么是兴趣呢?《中国大百科全书·心理学》对"兴趣"(interest)的解释是,人们力求认识某种事物和从事某项活动的意识倾向。它表现为人们对某件事物、某项活动的选择性态度和积极的情绪反应。并进一步指出,"兴趣以需要为基础"、"人们的兴趣是多方面的"、兴趣具有"倾向性"、"广阔性"等品质。[①] 结合教材编写和使用的实际,我们可以得到有关趣味性的另一些基本认识,或可曰,教材趣味性的基本特性:

(1)从趣味性本身来看,能引起人兴趣的事物或活动,应具有新知性、未知而想知性、想象性、启迪性、功利性、成就性、欣赏性等基本特性。具体说:有趣的事物要有知识性,而且应是新知识,已知的事物不易引起兴趣;有趣的事物或活动应是人们不知而想知、不会而想会的;有趣的事物或活动能引起人的思考和想象,"一览无余者"不易引起兴趣;有趣的内容应具有一定的思想价值,能给人以教益和启迪,一笑了之的事情不会引起人们真正的兴趣;活动或事物本身即便缺乏趣味性,但如果能满足人的某种理性目的或技能方面的需要,那么强烈的功利目的会"迫使"人们对活动或事物产生兴趣;从事某项成就感强的活动容易引起人的兴趣;有趣的事物在外在形式方面能够使人感到新颖别致、赏心悦目。显然,有趣的事物绝不止这七个特性,能引起人们兴趣的事物是多种多样的,所具有的特性也应是多种多样的。但是我们相信,具备上述特性便可能引起人们的兴趣;具备这类"趣味性特征"越多,引起人们兴趣的可能

① 中国大百科全书心理学卷编委会《中国大百科全书·心理学》,中国大百科全书出版社,1991,468 页,496 页。

性就越大。

(2)从教材的趣味性来看,内容“有趣”比内容“有用”更为重要。内容首先要有趣,要能“抓住学生”、让学生感到“有意思”;否则,就不会使学生对教材产生积极的选择性态度和情绪反应,再怎么有用的内容也难以达到最理想的教和学的效果。因此,就容易“抓住学生”这一点来说,内容“有趣”应是第一位的,内容“有用”应是第二位的。心理学的研究表明:需要是兴趣的基础,需要有精神需要和物质需要,兴趣则是“基于精神需要”。也就是说,“有趣”是满足精神方面的需要,是情绪化的;“有用”是满足功利目的方面的需要,是理性化的。显然,“有趣”是更为直接的兴趣,“有用”则是间接的兴趣。

(3)从增强和保持教材的趣味性的角度来看,内容“有用”比内容“有趣”显得更为重要,特别是供外国成年人使用的语言教材。“有趣”固然重要,但是如果所谓的有趣仅仅是满足教材使用者兴趣方面的一些需要,而在他们感到“有意思”、“好玩儿”之后,在知识和能力等功利目的方面没有更多的、实际的收获,那样的“兴趣”是不会维持长久的。这也是某些忽略内容的实际价值、只顾追求内容“有趣”甚至是“搞笑”的教材最终被淘汰的原因所在。因此,要维持教材的趣味性,就要使学生感到内容学了有用,“有用才可能使学生产生真正的持久的兴趣”(李泉等,1999)。

(4)理论上说,教材内容“有趣”和“有用”并不是一种对立的关系。“有趣”不必然意味着没有用,“有用”也并不就是没趣的代名词。但在教材编写实践中,要把内容“有趣”和“有用”完美地结合起来,谈何容易?所以往往不得已出现顾此失彼的情况。至于在两者难以兼顾的情况下,以哪一个为主哪一个为副,就得考虑所编教材使用对象的特点、教材的适用阶段以及类型等因素,不过,即使如此也还会见仁见智。这个问题值得研究,但不容易得出说一不二的结论。

(5)教材的趣味性是可以创造、可以增强的,但也是相对的、有局限性的。从心理学上说,人们的兴趣是多方面的,具有广阔性;在相同历史、文化和社会环境下,人们的兴趣会有许多共同的特点。这为创造教材的趣味性提供了可能。但是人们的兴趣倾向(即对什么发生兴趣)是不尽相同的,具有差异性;不仅不同社会历史和文化背景下，人们的兴趣有不同的特点；即使有共同历史和文化传统、处在相同社会环境中，人们的兴趣也存在个性差异。这预示想创造出让所有人都有兴趣的教材几乎是不可能的。

（6）教材的趣味性是学生的趣味性，不是教师的趣味性。对外汉语教材的趣味性是外国学生的趣味性，而不是中国老师的趣味性。这一点似乎不难理解，但在教材编写实践中常常自觉不自觉地被忽视，许多情况下想当然认为自己觉得有趣的，外国学生也一定会觉得有趣。因而我们苦心经营出来的趣味性，在外国学生那里往往并不觉得有趣，有的还让他们觉得可笑甚至反感。这可能就是把我们自己的兴趣有意无意地“强加”给外国学生带来的后果。其根本原因还是在于，没有把握好教材的趣味性究竟是为了让中国老师觉得有趣，还是为了让外国学生觉得有趣。

三　实现教材趣味性的途径

1. 趣味性在教材中的体现

教材的趣味性是个系统性的工程。趣味性体现在教材内容和形式的各个方面。具体来说，趣味性体现在教材的总体设计、针对性、实用性、科学性等方面；体现在课文、语法、注释、翻译、练习等教材内容的方方面面；还可以体现在封面设计、体例篇幅、字体字号、插图照片乃至印刷效果和装订质量等教材形式的方方面面。因此，要想创造和增强教材的趣味性，就要在教材内容和形式的各个方面、各个环节花力气、想点子、出新意，而不应只在课文内容（包括语言）等一两个方面打主意，尽管这是最重要的部分，但到底不是全部。因此，要创造出趣味性十足的教材，让学习者拿起来爱不释手，学起来放不下，需要进行全方位的趣味性考量和安排。当然，其中最重要、最根本的部分是课文内容和练习的方式及内容。

2. 如何实现教材的趣味性

怎样实现教材的趣味性，人们提出过不少很好的建议。我们认为，增强教材的趣味性是一项系统工程，涉及教材编写者对趣味性的认识、教学经验、理论素养以及实现趣味性的途径和角度等各方面。

(1)教材编写者要有“趣味重要、趣味难”的意识。教材编写者要高度重视教材的趣味性问题,甚至可以树立趣味性是教材成败的第一因素的观念,因为兴趣是重要的甚至是第一性的动力。显然重视趣味性并不等于就有了趣味性,但不重视趣味性的后果是不难想见的。同时还要明确:创造趣味性绝非易事,无论多么重视,要在多种无法避免的限制条件下,用目的语编出让多数外国人感到“有趣”的教材来,一如束缚住手脚来跳舞,连施展开来都很困难,还要舞姿优美,其难度之大怎么强调都不为过。有学者说,教材的“趣味”并不能信手拈来,也须下工夫去创造(佟秉正,1991)。实际上,有时下了工夫也不一定能编出趣味性来,特别是基础阶段的汉语教材。郭志良等(1995)表示“要想使每一篇课文都具有趣味性,实为我们功力所不及”。虽为谦辞,亦未尝不是实话。

(2)教材编写者要充分调查和研究教材使用者(学生)的兴趣点。教材编写者要舍得在了解学生兴趣点上花工夫,千万不要越俎代庖,把我们的兴趣当作外国人的兴趣。要通过座谈、问卷等方式进行广泛的调查,包括使用者对感兴趣的话题及其表达方式和角度、对以往教材满意和不满意之处等,以期全面把握不同国别及文化传统、不同动机及个性心理的学习者的兴趣取向,并满足他们合理的兴趣需求。这项工作做得越深入细致,教材的趣味性就可能越强。

(3)在教材的总体设计中增强趣味性的意识。如果还不能把趣味性放在教材设计的头等地位,那么也要像重视针对性、实用性那样重视趣味性。至少不能有意无意地把趣味性当成教材总体设计的副产品——有之更好,无之也罢。而要在编写计划中对所编教材的“兴趣点”及整体上增强教材趣味性的各种措施做出规划,在编写原则、体例结构、趣味点的安排、单元设计、题型题量、版式印刷等各个环节中,哪个环节怎么出新意、哪个方面能有什么样的特色,都要心中有数。

(4)加强教材的针对性有助于增强趣味性。趣味性和针对性密切相关,针对性越强趣味性也就越强。加强针对性主要是明确教学对象的自然情况(年龄、身份、母语、受教育情况、社会环境及文化传统等),教学对象的目的语情况

(目的语水平、学习目的、认知方式、学习期限、学习类型等),拟编教材的情况(教学时限、周课时量、课程类型、教材目标、教学重点的确定、教材配套情况等)。充分了解教学对象的主客观各方面因素,并结合对所编教材的定性、定位、定量,才可能编写出有针对性的教材。教材的针对性得到加强,趣味性必然随之增强。

(5)加强教材的实用性有助于增强趣味性。这一点已得到大家的公认。实用性要求教学内容要符合学生的需要,语言材料要有交际性,这样不仅有利于调动学生的学习积极性,也有利于教学过程交际化。以往有些教材内容陈旧,学的用不上,需要的又学不到,造成学生焦虑和反感,从而失去对教材的兴趣。这说明趣味性确实和实用性密切相关,增强实用性无疑会有助于提升教材的趣味性。但是,有了实用性并不等于就有了趣味性。

(6)加强教材的科学性有助于增强趣味性。教材的科学性,首先表现为教学内容的组织要符合语言教学和语言习得规律,即内容的编排或选择要由简到繁、循序渐进、难易适度,语言点的分布均匀合理、重现率高,练习题型有效、题量充足,等等;其次要符合语言规律,即语法解说正确、有指导性,注释恰当、说明精要,翻译易于理解、无误导性,等等。显然,加强教材的科学性自然会增强趣味性。教材不受欢迎,许多情况下是科学性不强造成的,如内容偏难或偏易、翻译令人不解其意,等等。

(7)避免“趣味误区”有利于间接增强教材的趣味性。以往在增强教材趣味性方面所做出的努力,有的不但没有收到预期的效果,反而令学生厌恶,这很值得深思。这里结合已有的有关研究,把可能走入趣味误区的某些角度、观念和做法例举如下:其一,“以可笑为趣味”的倾向。多数人不赞成把内容可笑当成是有趣味性的看法,指出:趣味性不应片面地理解为引学生发笑,发笑的内容不一定能引起他们的兴趣(鲁健骥等,1986)。单纯地追求逗乐,以为选几则笑话就算是有趣味性了,这种认识是十分肤浅的(赵贤州,1988)。不能把趣味性仅仅理解为讲几个笑话、俏皮话或小幽默,由于文化的差异和语言水平的限制,这些笑话未必能为外国学生所理解(刘珣,1994)。其二,“稚化”的倾向。教材编写者或是受母语教学的影响,或是潜意识中误以为学生汉语水平低智力也低，或是其他什么原因，而用儿童化的语言、拿出“哄孩子”的腔调来编写课文（包括对话），课文内容自然也是讲给孩子听的故事和道理。这种从语言到内容明显幼稚化的教材没有任何趣味性可言，普遍受到留学生的反感。不少学者曾明确指出过教材的幼稚化倾向。比如，“太基本或幼稚的内容”是不能吸引学生的（徐志韫，1986）。教材中阿凡提之类的故事、笑话很多，成年人却根本不满足这类语言材料（赵贤州，1988）。教材编写者绝不可低估学生的智力，千万别把学生当成“牙牙学语”的幼儿。语言虽简单，内涵万不可幼稚，要给学生发挥想象力的余地（佟秉正，1991）。其三，“说教”的倾向。我们的教材虽然早已走过了把政治内容放在首位的年代，但是说教的味道、写正面人物的做法还普遍性存在。课文中连外国人物都是早睡早起、认真预习复习的“模范学生”（徐家祯，1997）。“说教”在任何国家和文化中都不受年轻人的欢迎。写正面人物不仅脱离学生实际，也造成教材过于严肃、呆板和枯燥。这种“教训味太浓或太明显的东西”同样是不能吸引学生的（徐志韫，1986）。其四，“弘扬”的倾向。力图在教材中宏扬中华文化，其动机是可以理解的；在教材中介绍中国文化也是无可厚非的。但是，根本上说对外汉语教学只是一种第二语言教学或外语教学，并不承担宏扬中华文化的任务。教材中“宏扬”的味道太浓太强烈、中华文化优越性突出得太多太明显，必然使学生产生教材是在宣扬中国文化甚至是“强行”宣扬中国文化的印象。一旦教材内容使学生产生“强加于人”的强烈印象，也就必然引起他们的强烈反感。对此，赵金铭（1998）曾指出：外国人学汉语，不一定非要认同中国文化，因此“不可一味弘扬中华文化”。弘扬文化的另一个表现是过分地强调中华文化与其他文化的差异和独特，进而强调中华文化的优越。这种做法也是不可取的。赵金铭（1997）指出“不同文化之间共同的成分是大量的，不同之处只是少量的，语言教材中的文化取向应先认同，后找差异”。今天，不同母语、不同文化背景的学生能坐在同一间教室里，共同学习汉语，这本身就说明文化的共同属性在起作用。至于文化上的差异，乃至可能引发的冲突，仅仅是形式上的，教学中要因势利导，求大同，存小异，在文化沟通中加深理解。“如果一味强调差异，势必走向极端，也许最终导致文化冲突。”这些观点，对于避免走入教材的趣味误区，正确对待中西方文化，找准中华文化介绍的角度，是很有针对性的。其五，“迎合”的倾向。在内容的选择上一味迎合某些外国人的口味，来满足其猎奇好古的心理，这也是走向趣味误区的表现。因为这类“趣味”大都是些陈规陋习、低级趣味的东西。把这类东西“挖掘”出来并加以渲染的做法跟“一味弘扬”一样，都是不足取的，实际上也不会受到多数外国人的欢迎。

(8)突出“趣味性特征”有助于直接提升教材的趣味性。能使人产生兴趣的事物和活动自身具有各种各样的“趣味特征”，突显这些特征有助于增强趣味性。就对外汉语教材来说，除注意以上(1)—(7)个方面的问题会间接增强趣味性以外，下列措施将有助于直接增强教材的趣味性：其一，增加百科知识。在语言教学的同时提供学习者以百科知识，挑战他们的智力，满足他们智力上的需求。这种内容的新知性对学习者有极大的吸引力。因此，有学者指出，外语教材在初期是100％的语言信息，0％的百科知识信息；随着语言水平的提高比例逐渐变化，到了高级阶段，10—20％的语言信息，80％的百科知识信息；成年学习者对没有百科知识的学习材料感到“智力饥荒”(刘润清，1999)。其二，缩短课文篇幅。以往许多教材特别是中高级教材，不少课文长达几千字甚至上万字，生词表上的生词少则60—70个，多则140—150个，文中“暗藏”着的生词更是数以十计百计。平均一课书下来少说也要3—4周，也还仅仅是把课文跑了一遍。连教师教到后边都记不得前边，何况学生！这样的教材把师生拖得疲惫不堪，何来兴趣可言？缩短课文篇幅不仅便于课堂操作和技能训练，更有利于增强学习者的成就感。有成就感才有兴趣，有兴趣就是有动力，有动力就会有效益，从而使教和学进入良性循环的状态。其三，加大文化含量。我们不赞成“一味弘扬文化”、“一味强调文化的独特”，但赞成加大教学内容的文化含量。有文化性才可能有趣味性。平淡如水的内容不会引起学习者的兴趣。关键的问题是要摆正对待目的语文化和其他文化的态度；需要探索的是文化内容的取向和表达方式。我们主张在追求文化内容要有品位的同时，也要注重表达视角有特色，力求用故事来说明文化，用实例来反映观念(李泉等，1999)。其四，美化版式设计。也即在教材的封面设计、字体字号、插图照片以及装订质量等教材“形式”方面花精力、出新意。能做到精美漂亮、方便耐用，也会收到直接增加教材趣味性的效益。文图并茂、装帧考究的书籍对任何人都是有吸引力的。尽管“形式”方面的趣味不是主要的、长久性的，但决不应是可有可无的。再好的内容，用不了几天书就“散架子”了，也会使人兴趣索然。其五，诸如内容故事化、语体风格多样化、话题国际化等措施，都能直接增强教材的趣味性。前面已有相关论述，此不赘述。

四 趣味性与其他几项原则的关系

教材编写各原则之间的关系如何，并没有一个公认的看法，甚至所谓的教材编写原则到底有几项、是哪几项，看法也还不尽相同。赵贤州（1988）认为，针对性、实践性、趣味性是就教材的某一方面说的，科学性是就教材的总体说的，是上述三性的总和，“在教材中起着统帅作用”、“是教材的灵魂、主心骨”。佟秉正（1991）指出，近年讨论教材的论文，“无不认为针对性是编写的首要原则”。刘颂浩（2000）认为“趣味性作为教材编写（选材）的一条原则，其重要性不及语言和内容两条”。对各原则的理解不同、感受不同，得出的结论不尽相同也就不足为奇。所以，下面的意见权且充作“聊备一说”。

第一，理论上说，教材编写的针对性、实用性、科学性、趣味性等诸原则，既然同为“原则”，其地位相同的属性也就明确了，按说不应也不必非给它们排个座次。它们不同的是侧重点和管辖范围；相同的是对教材编写来说重要程度是不分彼此的。要创造“精品”教材，忽视了哪一个“原则”都不行。这就是说，针对性、实用性、科学性、趣味性等，作为编写教材的原则和评价教材的依据，其重要地位是相同的。

第二，这些“原则”与编教者、教师和学生的“亲疏”关系是有所不同的。编教者的“优先考虑序列”是“针对性＞科学性＞实用性＞趣味性”；教师的“优先考虑序列”是“科学性＞针对性＞趣味性＞实用性”；学生的“优先考虑序列”是“趣味性＞实用性＞科学性＞针对性”。他们分别是基于“工作程序”、“使用方便”和“情感态度”考虑的。值得注意的是，这三种不同的“优先考虑序列”往往也就是各自的“优先评价序列”。由此可见，趣味性是学生评价教材的首选标准。而“学生评价教材的角度和标准是教材编写中最应该重视的信息”，“因为教材是给学生编的，而不是给专家编的”（李泉等，1999）。然而，我们并不想以此证明“趣味性是教材编写的第一原则”，只是希望教材编写中要真正给趣味性以应有的地位、足够的重视和有力的保障。

第三，目前大家公认的几项教材编写原则，没有哪一个可以称得上是“统帅”、“灵魂”，没有哪一个能“包打天下”。因此，不必过于强调哪一个更为重要。如果真的有一个原则是另外几个原则的总和，那么这个原则也就没有存在的必要了。我们认为，教材的编写原则应是一个完整的体系，其内部要素之间应是互相联系、互相制约和互相支持的关系，而不应是互相对立、互相排斥和互为前提的关系。趣味性和针对性、实用性、科学性之间应该是各有侧重、互不替代、相辅相成的关系。过分强调某一原则，便可能损害其他原则，于教材整体质量的提高和吸引力的增强无补。包括趣味性在内的每一项原则，都有自身的价值及实现的途径，其“性能”的增强既不应以损害其他原则为代价，也不应以另一原则为前提。所以，我们不太赞成“实用性是趣味性的前提”之类的说法，这类说法不仅在理论上说不通，在实践上往往造成“保了实用性丢了趣味性”。许多教材，特别是初中级教材，不能说不实用，但枯燥乏味毫无趣味性，便很可以给我们一些启发，至少说明实用性如果没有趣味性的支持便不会发挥应有的作用，反之亦然。

第六节　其他原则

教材编写是一项系统性的工程，除了针对性、科学性、实用性和趣味性四项公认的编写原则之外，在教材编写的其他方面也都有其指导性的原则和要求。下面简要介绍一下教材编写的其他原则。

一　目标原则

教材编写的目标原则，即根据对教学对象的需求分析（如学习者的文化背景、学习目的、学习时间、现有目的语基础、将来运用目的语的方式——口头听说或书面读写、运用目的语的领域——日常或文化或经贸或学术或技术交流、预期达到的水平——初级或中高级或熟练或精通，等等），参照教学大纲和课程大纲等规定的教学目标和课程目标，以及教学环境和学时学制等多种因素，来研究和制订教材的预期目标，并对学完本教材所应达到的语言能力的具体表现，或语言知识、文化知识的具体范围做出尽可能详细的表述。把目标要求作为教材编写的一项基本原则提出来，并要求在教材编写之前就做出科学而具体的表述，是因为教学目标通过课程目标得以落实，而课程目标又必须分解和落实到具体的教材中去。教材目标是教材设计和编写的灵魂和指南，是教材设计和编写的出发点和归宿。一部教材应该有明确的目标，这似乎是不言而喻的，但实际情况未必如此。我们现有的许多教材，或者根本不提教材目标的问题，或者笼统地说上一句“本教材以提高学习者的汉语口语能力为目的”、“本教材培养学习者运用汉语进行交际的能力”之类的话就算了事。至于提高到“什么水平上”的汉语口语能力，进行“何种范围和层次上”的交际能力，则语焉不详。自然也就不大关心“如何提高”和“如何培养”之类的问题。事实上，即使有了明确的编写目标也并不一定就能实现，而没有明确的目标便会想怎么编就怎么编，编到哪儿就算到哪儿，这样的教材其质量是可想而知的。因此，明确教材编写的具体目标，并精心策划实现目标的各种途径和具体措施，应该是教材设计和编写的一项基本要求。

二　特色原则

教材编写的特色原则，即要求教材设计和编写从理论到实践、从体例编创到各环节的组织和安排，都要考虑所编教材与以往同类教材的不同之所在，并且这些不同之处应该是一种符合第二语言教学规律和学习规律的创新之处。编写一部教材，总要考虑它跟以往教材的联系与区别，也就是继承和发展的问题。如果在教材设计中就没有新意和特色，那么就要考虑编这样的教材究竟有多大价值了。教材设计和编写过程中有没有特色和创新意识，效果是大不一样的。有这种意识并不一定就能编出有特色的教材来，但是没有这种意识就更不容易编出有特色和新意的教材来。当然，许多教材的设计和编写者往往会自信地找出一些特色来，但也还要考虑这些“特色”究竟是不是特色，符合不符合语言教学和学习规律，适合不适合教学对象的特点和需求，是否有利于教学和教材目标的实现，这些都是需要认真加以研究和论证的。这就是说，教材设计和编写一定要考虑自身的特色和新意，否则教材就不会有长久的使用价值，甚至根本就没有人去使用。特色和创新应该是一部教材的生命和价值所在，但是也还要避免为了特色而特色、自认为是特色就是特色这两种观念和做法。真正的特色和新意必须要有新的理论和观念来支撑，更要经得起实践的检验。

三　认知原则

教材编写的认知原则，即要求教材设计和编写过程中要尽可能地考虑教学对象在语言习得过程中的认知因素。这主要包括：分析教学对象识别语法结构和语法功能的能力、对语言现象的归纳概括能力、对语言材料的记忆能力等语言学能因素；了解教学对象为发展语言交际能力以及解决学习中遇到的问题而采取的各种方法、途径、技巧和调节措施等学习策略；把握教学对象为顺利进行语言交际活动而有意识地采取的回避、简化、目的语中夹杂母语、重复、使用非目的语和非母语的其他语言等各种交际策略；探究学习者是善于把部分与整体区别开来，倾向于采取从整体中发现个别的场独立性(field independence)认知方式，还是易于感知事物的整体，倾向于采取从宏观上看事物并把事物作为一个整体来对待的场依存性(field dependence)认知方式，以及他们对与自己的理念和知识结构不同的观点和意见是能够容忍和接受，还是采取拒绝和回避的态度；等等(刘珣 2000)。了解学习者的认知因素不仅对教学原则和方法的选择和制订有益，对教材编写同样有重要的参考价值。学能因素、认知方式等是可以利用和改造的，学习策略和交际策略是可以训练和培养的，并且不同的学习者所采取的学习策略和交际策略有很大的一致性和规律性，这些都为教材编写更加靠近学习主体的习得过程提供了可能。所以分析和了解学习者的认知因素，并加以合理引导和利用，应该是教材设计和编写的一项基本要求和努力的方向。

四 时代原则

教材编写的时代原则，即要求教材在设计和编写过程中所依据的教学理论、所采取的教学方法、所拟订的编排体例，以及教材目标的设定、课文的编写和知识的解说、现代化教学手段的利用，等等，都应体现学科研究和教材编写研究的新成果，体现时代发展的水平和需要。也就是说，在教材编写所涉及的方方面面都应该体现出知识、观念和教学手段的更新，能够反映学科发展的新成果和教材编写的新水平，从而最大限度地满足时代发展变化的需要。这也许是一种理想化的要求，但无论如何要朝着这方面努力，尽可能地吸收并体现学科理论研究、目的语本体研究、教材编写研究的新成果，这样才可能编写出有时代特点能适应时代发展需要的新教材来。否则，我们不断编写出的教材或许只能说是"新编的教材"，而难以称得上是"更新教材"。就对外汉语教材编写现状来看，一些教材编写者并不从事汉语本体研究，这当然没有错，但也往往因此而"无暇顾及"甚至根本就"不去顾及"本体方面的研究成果，致使教材编写在吸收本体研究成果方面比较欠缺，如语法注释内容陈旧，虽无错处亦无用处；不少教材体例模式雷同、内容远离当代社会现实、现代技术和手段利用不够。这就要求我们要不断更新观念，加强教材编写的基础研究和理论研究，增强教材设计和编写的时代意识。

五 语体原则

教材编写的语体原则，即要求教材设计和编写过程中要充分考虑语体因素，教材中教什么样的语体要明确，编写或选择的课文语体特征要典型，语汇、语法等语言材料和表达方式的语体属性的体现要充分。这是因为，第二语言教学的根本目的就是让学习者掌握目的语各种语体的特点和使用规律，也就是让学习者学会根据不同的交际内容、交际目的、交际对象、交际场合，来选择恰当的语言材料和表达方式。简言之，就是教会学习者恰当得体地运用目的语进行交际。得体是语言交际的最佳状态，也应该是教材编写努力追求的理想境界。因此，教材的设计和编写要精心策划教材的语体问题，包括口语语体和书面语语体大类的确定和具体语域风格的选定，以及语体知识的介绍、语体风格的识别、语体转换的训练。

现有的对外汉语教材总体上说对语体的重要性认识不足，语体特征体现不明显，至多只从大类上区别出口语和书面语。而口语往往以规范的、典雅的口头交际形式居多，书面语则以文学语体居多，其中基础汉语教材多以既可用于口头表达又可用于书面表达的所谓中性语体居多。事实上，口语体内部的谈话语体、论辩语体、演讲语体，书面语体内部的公文语体、政论语体、文学语体、科技语体，在语言材料和表达方式等语体特征方面仍存在着很大的差别。不仅如此，这里提到的每一种语体都可以做进一步的分类，比如，谈话语体至少还可以区分出家庭谈话体、一般交际体、公务谈话体等，公文语体还可以区分出司法体、行政体、外交体、商贸体、广告体等。因此，增强教材编写的语体意识，要求要向重视词汇和语法教学那样重视语体知识和语体特征的教学，并体现在教材编写的各个方面；同时教材中的语体要具体化、多样化。

六　文化原则

教材编写的文化原则，即要求教材设计和编写过程中要增强目的语文化教学的意识，要处理好目的语文化和学习者母语文化之间的关系。毫无疑问，第二语言教学首先是培养学习者的目的语交际能力，所以第二语言教学首先是教语言，而不是教文化；第二语言课程和教材首先是语言课和语言教材，而不是文化课和文化教材。但是，一方面语言和文化密不可分，语言承载和包含着文化，因此要强化语言教学中文化教学的观念并采取具体的措施；另一方面，第二语言教学中所说的培养学习者的“语言交际能力”，实际上是培养学习者“跨文化的语言交际能力”，因为学习者的母语文化和目的语文化是两种不同的文化，学习者要想运用目的语进行成功的交际就必须“跨越”两种文化的不同所造成的差异，要“跨越差异”就必须首先通过对比找出差异，学习者只有了解差异之所在，才可能避免因为文化差异而造成的交际障碍。

然而，要在教材编写中融入目的语文化也许并不难，难的是融入什么样的文化内涵和如何融入，更为困难的是，如果要找出两种文化之间的异同往往不是一般的教材编写者所能胜任的，只有精通两种语言和文化的人才可能承担此项任务。但是，编写任何一种第二语言或外语教材都无法也不应该回避如何处理文化因素和文化内涵的问题，这是第二语言教学的性质和目的所决定的。因此，教材的设计和编写应恰当地选择和安排文化点，这些文化点一般应是目的语的主流文化、现代文化、跟目的语交际密切相关的文化、跟学习者母语文化有差别的文化。教材中对待不同文化的态度应该是尊重和平等、包容和多元、沟通和理解、求大同存小异、抓主流不猎奇、要求了解不强求认同，这既是对教师的要求，也是对学习者的要求。教材中文化教学的基本目标是培养学习者跨文化交际的意识，增强学习者识别目的语文化点的能力，提升学习者在跨文化交际的具体情景中处理文化差异的能力。

七　立体原则

教材编写的立体原则，即要求教材编写向立体化方向发展。现代社会的第二语言教学，已经并进一步向着充分利用现代科技手段和教育手段的方向发展。教材设计和编写不应仅限于一两本教科书，而应同时考虑配套的教学用书，考虑声像文本的制作和现代教育手段的利用。传统的狭义的教材观念正向现代的广义的教材观念发展。这就要求教材的设计和编写不仅包括教科书的设计和编写，还应包括练习册、教师用书、课外读物、挂图、录音带、录像带、光盘等的编写和制作。

教材立体化的优势在于，便于教师灵活多样地组织课堂教学活动和课外学习活动，更好地把课内和课外学习联系起来；便于学习者通过多种媒介和方式来学习目的语，更好地满足不同学习风格的学习者的需求。概括地说，教材立体化为教学立体化和学习立体化提供了便利，可以较好地把文字材料和音像材料配合起来，把课上学习和课下学习联系起来，把视觉和听觉调动起来，把场景情景和交际功能引入进来，使学习者“走脑”（阅读）、“上眼”（观看）、“动耳”（倾听）、“张口”（交流）、“出手”（参与），使教师摆脱相对单纯和枯燥的教学方式，从而更有效地发挥学习者的学习潜能，更好地发挥教师的教学潜能。因此，在教材编写设计之初就要全面规划教材的立体化问题，以使教材适应现代教学的需要。可以认为，随着现代科学技术的日新月异以及教学手段和技术的不断进步，以单纯一本教科书为主的时代已经过去，教材已经并将继续向着立体化的方向发展。

小结与余言

教材设计和编写是一项十分复杂的工作，要考虑的问题很多，需要的指导性原则也很多，其中最基本和最重要的是教材编写的针对性、科学性、实用性和趣味性原则。对这几项原则的内涵及其相关要求把握准确，实施措施恰当，并且做足做实，落实到位，那么教材编写质量就有了基本的或是很好的保障。

一 关于针对性原则

针对性原则在“教材编写诸原则中是最重要的”、“是其他各原则得以体现的基础”（徐竹君 1992）。“针对性是教材编写的首要依据”（李更新等，1983）。但是，也有人认为，针对性、实践性、趣味性是就教材的某一方面说的，科学性是就教材的总体说的，是上述三性的总和，“在教材中起着统帅作用”、“是教材的灵魂、主心骨”（赵贤州 1988）。可见，要对针对性、科学性、实用性和趣味性几项原则排个座次、论个高低，很可能见仁见智。因此，我们不主张这种做法。因为这无助于对教材编写原则的全面研究，高抬或低估了哪一项原则都不可取，所谓过犹不及。实际上，它们不同的是侧重点、管辖范围、实施途径和评估标准等；相同的是，对于编写高质量的教材来说，它们具有同等重要的地位和作用，忽视了哪一项都于提高教材的整体质量不利。事实上，这几项原则是一种相互联系又各有侧重、相互制约又相互支持、一损俱损一荣俱荣的关系，而不是相互对立、一重几轻或几重几轻的关系。因此，倒是可以说，增强教材的科学性、实用性和趣味性，都有助于增强教材的针对性，反之亦然。说针对性是首要的、最重要的原则，很可能是因为针对性是教材编写者首先要考虑的问题,但这只是教材编写的"工作程序"问题。

二 关于科学性原则

教材有科学性的基本要求是"内容规范、编排合理"。本章结合汉语教材的编写,具体阐释了"内容"的所指和"规范"的含义,以及"编排合理"的基本要求。内容准确、系统和规范是教材科学性的核心要义,应始终给予高度重视。但是,由于目前对汉语规律和汉语教学规律认识的局限,以及教材容量的限制和教材教学功能的要求,对外汉语教材科学性的实质是内容"准确与模糊"、"系统与简约"、"规范与灵活"的统一。如果我们不结合实际情况,一味求准确、求系统、求规范(标准),或者实际做不到,或者可能不必要,或者反而不科学,因此教材编写过程中应恰当地处理好科学性的实质问题。对外汉语教材科学性的体现和实施途径是:学科性质和特点的体现是"科学性的根本体现";汉语汉字特点和难点的体现是"科学性的重点体现";内容本身准确、系统和规范是"科学性的核心体现";内容呈现符合汉语、汉语学习和汉语教学规律是"科学性的关键体现";处理好内容之间的各种关系是"科学性的内涵体现";对新理论新成果的吸收是"科学性的直接体现";对教材针对性、实用性和趣味性的准确实施是"科学性的间接体现";加强科学性策划、避免非科学性实施是"科学性的必要体现"。

我们还想强调的是,教材的科学性不仅是教材编写和评估的一项原则,也是一种实事求是的态度,既求真也务实。因此,科学性也有个度,不可走过头。比如,对国外汉语教学来讲,教材编写在讲究语言知识的系统性方面,在参照国内制订的各类大纲方面,都应结合所在国的社会文化环境、教育体制和汉语教学的实际需要进行简约化、实用化、当地化处理。教材编写以能更好地吸引住学生、让学习者充分感受到汉语学习的乐趣和信心为上策、为科学性的"圆满实现"。这是教材编写的"科学态度",也是教材编写的"科学策略"。事实上,编写在中国国内使用的教材也应持有这样一种科学的态度和科学的策略。对于汉语汉字这种"真正的外语教学"来说,尤其应持此态度执此策略,特别是汉语国际化的现阶段。

三 关于实用性原则

增强教材的实用性，应该明确和树立如下几个观念。其一，教材实用性的实施是一个系统性的工作，涉及教材编写的方方面面，因此，从各个方面都可以提升和增强教材的实用性，如教材的体例设计、课文的编写和选样、例句的选择和编排、练习题型模式，等等。此外，加强教材的针对性、科学性和趣味性的设计和落实，无疑能够增强教材的实用性。其二，教材的实用性是可以创造和增强的，但实用性是一个相对的概念，是一个实用程度强弱的问题，是一个对多大范围的群体实用的问题。这是在教材设计和编写过程中要权衡考虑的问题。其三，实用性在实施上是一个优化优选的过程，评估上是采用什么标准的问题，定位上是看教材的内容是否符合外国人跨文化交际的真正需要。这些问题认识明确，措施得力，对教材实用性的设计、实施和提升将有着重要的指导意义。

避免教材实用性差，应摒弃造成教材实用性差的各种做法，如上文分析教材实用性不强提到的各方面的问题，并采取相应的改进措施。需要强调的是，初中高各级教材都要避免或减少“硬让学习者学习”说一些连中国人一般情况下都不大使用或多数中国人根本就不使用的语言。例如，教初级汉语学习者说“哪里，哪里，不敢当”就不是实用性的体现。因为他们费时费力学了这样的话语套子，其实并没有多少机会使用，多数情况下学则学矣，但不得而用；而当他们真正使用这样的话语自谦的时候，中国人可能会觉得“不太舒服”。事实上，我们有没有必要教外国人学习使用这类自谦的说法，是一个很值得讨论的问题。我们所知道的外国人，对待称赞都是以感谢的方式回应对方，现在的中国人（包括各种媒体）也越来越如此，那么我们为什么还去正儿八经地教学生这样的话语方式呢？即使确有必要教，也要全面地反映当代中国社会实际已经存在着“谦虚”和“感谢”两种回应称赞的话语方式，而不能简单地解释为：中国人在回答对方称赞时，要说“哪里，哪里，不敢当”，“哪里，哪里，您过奖了”以表示谦虚。

四 关于趣味性原则

本章所说的趣味性，主要是就趣味性本身及在教材中的地位、体现等而言的，要想使趣味性在教学中真正发挥应有的作用，还要考虑到其他方面的制约因素。

趣味性与教学目的的关系。任何一部教材都是为实现某种教学目的服务的。根本上说，教材编写的各项原则都是为保证实现这一教学目的服务的，趣味性原则也不例外。因此，如果一定要说趣味性的创造有前提的话，那么服务于教学目的就是它的前提，当然这种“前提”也是针对性等其他编写原则所应遵循的。教材趣味性的创造，应以有利于教学目的、教材目标的实现为前提，这既是创造和增强趣味性的目的和价值所在，也是检验教材趣味性成败得失的依据。加强教材的趣味性，不仅是为了使学习者愉快地进入习得过程，更是为了使学习者愉快地进入符合某种教学目的的、有效的习得过程。教材的趣味性，归根结底是为更好地实现教学目的服务的，是更有效地达到教学目的的一种手段。就第二语言教学中的语言类教材来说，其趣味性应有利于语言知识的传授和语言技能的训练，偏离了这样的方向，无论多么“有趣”、多么“热闹”，都不是语言教材所要求的趣味性。

趣味性与教师的关系。毫无疑问，任何一部有趣味性的教材都只是为实现趣味性的实际效用提供了一种可能，所以不能把趣味性价值的实现都寄托在教材上。趣味性教材实际上只是一堆“趣味素材”，能否加工成“趣味产品”，能否实现其应有的价值，极大程度上取决于教师。有水平、有经验、有教学天分的出色教师，可以把一篇枯燥乏味的课文上得有声有色、趣味盎然；相反，一篇妙趣横生的课文，也会被上得支离破碎、味同嚼蜡。说教材的趣味性是由教师“上”出来的，而不是由教材编写者“编”出来的，这话也许过于绝对，但精神实质是不为错的。因此，教材的趣味性虽是对教学对象而言的，但教师应该理解和认可，并且能够“上”出所蕴涵的趣味来。否则，再怎么有趣味的教材，也起不到应有的作用。何况，我们也许永远编不出人见人爱的趣味性教材来。所以，实现教材趣味性所要达到的预期目的，重要的还在于提高教师对教材

(特别是其中趣味性)的解读和发挥能力,在于提高教师的素质以及教学艺术水平。

趣味性与学生的关系。进一步来看,无论多么有趣味性的教材,无论多么优秀的教师,也都只是实现趣味性所要达到的预期目的的外在条件;没有教学对象的参与和配合,再好的外在条件也起不了太大的作用,甚至根本就起不了作用。所以,更为关键的因素,也是最终起作用的因素是教材的使用者——学生。因此,教材的趣味性不仅应源于学生、为了学生,而且最终得以实现还有赖于他们的理解和认可、有赖于他们的参与和创造。否则,一切努力都将落空。实际上,对于那些目标明确、学习劲头十足的学生来说,趣味性只是一种锦上添花的事。相反,对于那些学习动机不强烈、积极性不高的学生来说,纵然是"特有趣"的教材、"特会上课"的老师,也拿他没办法。所以,也可以说,教材的趣味性不是"编"出来的,也不是教师"上"出来的,而是学生"学"出来的。从这个意义上说,调动学习者的积极性,激发他们的学习干劲,才是教材趣味性得以实现的最为根本的措施。

五　关于教材编写的其他原则

本章一再强调的教材编写的针对性、科学性、实用性和趣味性原则,是教材编写的基本原则,也是根本性的原则,教材设计和编写必须给予应有的重视和充分的实施。但是,这几项原则具有较强的概括性,内涵很丰富,其中许多方面应该进一步加以强调,因此,需要把其中一些重要内容、关键环节的编写要求凸显出来。同时,也还有一些超出这四项基本原则以外的编写要求需要补充。这便构成了本章所谓的"其他原则"。事实上,不仅只有几项常规性的原则是不够的,包括特定内容和环节的编写原则也还是不够的。随着学科的发展、教育观念和手段的更新,以及教材编写实践经验的总结,我们应该对教材编写的基本原则做进一步的探讨和提炼,以便提出更为切合实际的教材设计和编写的指导原则,并在实践中加以检验和完善。换言之,教材编写原则是个开放性的体系,只要是对教材设计和编写实施有指导意义的要求都可以成为指导原则,只是这些原则的应用范围不同而已,但它们对提升教材的质量都有意义。

就本章提到的“其他编写原则”来看，目标原则是教材设计和编写的灵魂和指南，是教材设计和编写的出发点和归宿。一部教材应该有明确的目标，这是不言而喻的，但实际情况未必如此。许多教材，或者根本不提教材目标的问题，或目标过于宽泛和笼统；或者虽明确了目标，但编写实施与教材目标并不相符，等等。因而常常是想到哪儿编到哪儿，编到哪儿算到哪儿。目标原则就是要求不但目标明确和恰当，而且编写实施符合目标需要，有利于目标的实现。又如，特色原则主要是要求教材在设计之初就应充分考虑本教材的特色问题，也就是能够在符合教材编写基本原则，在继承教材编写特别是同类教材编写的成功做法的基础上，又能有所创新和发展。特色往往就是创新，创新是一部教材的生命和价值所在。再如，时代原则是要求教材的设计和编写要体现时代性，包括教学理论、方法和模式等的时代性，也包括内容和知识的时代性，乃至于编教手段和教学手段的时代特征。否则，在编教理论、教材的内容和知识等各方面都没有时代印迹，那么不仅谈不上教材本身的创新，这样的教材也不可能很好地满足当前教学的需要。

最后，还需要特别指出的是，原则再多再好，也究竟是原则（理念、要求、标准），关键在于如何落实这些原则。因此，编教原则很重要，落实各项原则的措施更为重要。措施得当，实施到位，编教原则才能发挥真正的作用。

思考与练习

1. 教材针对性的内涵和实质是什么？教材编写的科学性体现在哪些方面？

2. 请结合具体教材，从课文编写或选文、语言知识选择与解释、练习题型等角度分析和讨论教材的实用性问题。

3. 教材趣味性的内涵是什么？教材的趣味性体现在哪些方面？谈谈你对增强教材趣味性的看法。

4. 请考察若干部汉语或英语教材，看看它们的趣味性体现得如何，分析和归纳其中有趣味和趣味性强的课文及练习。

5.教材针对性、科学性、实用性、趣味性在教材设计和编写中各自主要体现在哪些地方？谈谈你对这几项原则相互之间地位关系的看法。

6.你对教材编写的目标原则和特色原则是怎么理解的？

7.教材编写原则是对教材编写各个方面的要求，教材编写是个系统性的工程，那么从宏观到微观，你能设计一个教材编写原则的体系吗？想想看，试试看。

第七章　教材编写的基本程序

第一节　概　说

不论是在行业内还是行业外，都有不少人认为编写外语教材是一件不太难甚至是一件很容易的事情。他们有意无意地会觉得只要懂外语并有些外语教学经验，就可以编教材。同时，行业内外也都有人认为，编教材可不是一般教师就能胜任的，得是外语教学和研究的专家或是职业的编教者才能胜任。

显然，这两种看法都有些偏颇。编外语教材毫无疑问需要会外语，甚至尽可能要精通某种外语，当然也要有外语教学的经验，而且经验越多越好。但是，仅有这些显然还不够，至少还要掌握一些编教的理论和方法，最好还要有编教经验，而且越丰富越好。外语教学和研究的专家当然有条件编教材，他们对学科发展和相关问题的研究有较全面和深入的观察，而且可能对某些或某种教学理论和教学法流派有特别的了解或研究，甚至他们本人就是教材编写研究的专家。但是，假如这些外语教学研究者长期脱离教学一线，那么他们编教的资格将大打折扣，他们编出的教材很可能脱离教学实际需要。

我们认为，在教学一线从事教学的外语教师最有资格编教材。因为他们了解随着时代的发展变化带来的学习者学习目标、学习观念的变化，以及学习者对教材内容的需求，对语言知识、文化知识、语言技能、交际能力等的需求；更重要的是，他们在教学实践中对现有教材的成败得失有比较深切的体会；同样重要的是，他们在教学实践中积累下丰富的成功的教学经验和不成功的教训，等等，都可以在教材中得到体现和避免。比如，某一篇教学补充材料学习者普遍喜欢，内容能激发他们说话的动机，而另一篇材料学习者普遍不感兴趣，那么就可以考虑在教材编写时把学习者普遍有兴趣的那一篇编进教材。又比如，假如教师在教学中发现有些学习者对“谈谈你的假期生活”或“说说你假期的旅游经历”这类话题不感兴趣（可能觉得这是个人的事不愿意报告给其他人，也可能是没有时间或没有钱去旅游，等等），那么在教材编写中就应考虑不出这样的话题让大家讨论，因为可能达不到应有的效果，也可以避免可能出现的尴尬（比如有学习者说“我不想说我假期的生活”、“我没钱旅行，所以没法谈旅行的经历”等）。但是，一线教师编教材的不利因素是，他们课时多，教学任务繁重，相对来说占有的学术和信息资源可能会少些，等等，但显然这些不是不可以弥补的，因而不是能否编教材的决定性因素。

我们同样也认为，外语教学专家或是职业化编教者有很好的教材编写条件，他们有学术研究做背景，占有的资源和信息比较多，有的还有丰富的编教经验。因而，教材的编写水平和编写质量应该有所保证。但是，他们往往可能从某种教学理论或教学法出发来编写教材，或者再加上他们可能长期脱离教学一线，因而所编写的教材理论上、模式上可能有所创新，但不一定符合实际教学需要。当然，这些也不是不可弥补的，比如，这些职业化的编教者可以经常深入教学实践，多多了解当下的教学实际状况，有条件可以直接参与教学工作，从而对学习者的学习目标、学习需求做认真细致的调查分析，对现有教材的科学性、实用性、趣味性等进行体验和评估；或者跟教学一线教师合作编教，充分听取一线教师的意见；等等。

事实上，普通教师也好，外语教学专家也好，都要遵循教材编写的基本规律和基本程序，都要在教材的编写思想、编写理论、编写资料等方面做好充分的准备，都要进行充分的学习者需求分析，都要依据相关的教学大纲或自行制订用于教材编写的各科编教大纲等，概而言之，都要遵循教材编写的基本规律和基本程序。否则，谁想编就编，想怎么编就怎么编，编到哪儿算到哪儿，编成什么样就是什么样，这样编出来的东西是否算得上教材就很值得怀疑，能不能好用和效率如何就更成为问题。所以，教材编写者不应有“成分论”，教师、专家、职业编教者,乃至外语专业研究生和业余爱好者,只要有热情、有兴趣都可以编教材。只是不同的编者都需要扬长避短、扬长补短,更重要的是,都要遵守外语教材编写的规律和程序。编写规律范围很广,其中各类编写原则和相关的教学理论、编写理论是其核心内容。编写程序能够在“制度上”保证教材编写的基本质量乃至于高质量。也就是说,原则上编教者本身不应有“身份限制”,但是,任何编者都应具备教材编写应有的基本条件和基本的素质,都应遵守教材编写的规范和程序。教材编写之所以成为一门专门的学术研究领域,甚至成为一门专门的学科,就是因为教材编写涉及外语教学理论与实践的方方面面,是外语教学规律、学习规律、教学理论、学习理论与外语教学实践的“接口”,有其自身的学问。从这个意义上说,编教材又不是什么人都可以随便为之的事情,除非具备了相应的条件和素养,做好了相应的各项准备工作,包括编教者的专业知识和教学经验准备,以及编教的素材和资料准备,等等。

有关教材编写的基本理论和基本规律问题,包括汉语教学在内的外语教学界已有不少论述,本书也在“教材与教学理论”、“教材编写的基本原则”等章节中进行了较为系统和详细的论述。然而,就目前来看,无论是英语等外语教学界还是汉语作为外语教学界,还很少看到有关教材编写程序方面的论述,也还没见到“如何编写外语教材”、“教材编写的原理和方法”一类的小册子。或许是人们还没有注意到这个问题,或许并不觉得这是个问题。可是,根据以往人们教材编写的实践经验,特别是从现有汉语教材的观察和分析来看,这不但的确是个问题,而且是个很重要的问题。我们相信掌握对外汉语教材编写需要的条件、方法和程序,是保证和提高教材编写质量的重要途径。换言之,许多教材之所以质量平平,甚至质量低下,可能正是因为没有做好教材编写的思想准备、理论准备、资源准备和方法准备。当然,也许还有讨论不够、修改打磨不够等方面的原因。这些都表明教材编写的广义的程序问题是个重要问题。此外,近年来有越来越多的青年学者加入海内外汉语教学的行列,他们在教学中有了些教学和教材的使用经验,如果想编教材,那么也需要了解一些编教材的基本要求和基本方法。为此,下文结合教材编写的理论和实践,来探讨教材编写的程序及相关问题。

第二节 编写思想准备

外语教材编写几乎涉及外语教学理论和实践的各个方面，包括对外语教学或第二语言教学性质和特点的认识，对教学法理论、语言教学理论、语言学习理论、教学原则理论、跨文化交际理论、语言测试理论的掌握，对语言学、教育学、心理学，尤其是所教授的具体语言的语言学（如汉语语言学）的了解，无疑还将涉及教材编写本身的理论和实践（如教材编写原则、教材编写方案等），以及教材编写的历史和现状，乃至于现代教学技术和手段的利用，等等。可见，编写第二语言教材并不是一件容易的事情，需要教材编写者具有良好的第二语言教学理论基础，具有丰富的教学实践经验，同时还要熟悉教材编写的现状，掌握教材编写的一些基本原则和程序。可以说，第二语言教材编写是一门值得认真研究的学问。正因为如此，教材编写者要对编写教材的难度有足够的心理准备和高度的责任感。

首先，要有“编教材不容易、编教材难”的思想准备。有这样的认识不是坏事而是好事，因为想到 “不容易”、想到“难”，才可能认真地去学习去准备，认真对待每一个环节和每一个细小问题，从而可能编出有质量的教材来。相反，把编教材看成是一件很容易的事，是不可能花精力去认真准备的，其结果可想而知。

事实上，编写外语教材的确是件不容易的事。外语教材是学习者语言学习的工具和范本，其受限制的范围和程度远远多于和高于给母语者编教材。举个简单的例子来看：解释一个词语、一个语言点，不仅需要解释和说明，还需要举例子。而对外汉语教材中的词语解释和句法说明及其举例子就不应是信手拈来的，否则就可能起不到应有的效果。一般来说，词典上的相关解释及其例句、语法工具书或相关文论的说明及其例句大都是科学准确的。可是，这类解释及其例句绝大多数都不能照搬到对外汉语教材中来。比如，《现代汉语词典》（商务印书馆，第五版，2005：668）对“简直”的说明及其例句是：

副词，表示完全如此（语气带夸张）：屋子里热得～待不住了｜街上的汽车一辆跟着一辆，～没个完。

这样的解释和例句，应该说是准确和科学的。可是，对于初中级水平（现有的对外汉语词汇教学大纲，有的把“简直”划入乙级或二级，有的归入丙级或三级）汉语学习者来说，可能难以真正理解词典中的解释及其例句。这样的解释和例句是否原封不动地搬到教材中，就值得慎重考虑。具体而言：“如此”是书面语词，学习者是否学过？学习者是否能理解“完全如此”的字面意思？更重要的是，这一解释并没有明确表示“什么”完全如此，也即“完全如此”的实际意义和实际所指是什么、是“简直”后面的部分还是也包括前半句的内容，都不明确。就词典的第一个例子来说，是“待不住了”完全如此，还是“屋子里热得待不住了”完全如此？而这对学习者来说可不是不言自明的。就是明确了“简直”的实际所指，学习者能否真正理解也还很难说。再看词典上的例子：第一个例子中“热得……”、“待不住”是汉语的两类补语形式，而补语是汉语的特色，也是学习难点，那么就要考虑学习者能否准确地理解这样的例句。后一例子中的“跟（着）”是动词，与学习者可能学过的连词“跟”不一样，那么就要考虑学习者是否已经掌握；“没个完”三个字学习者可能都学过，但合在一起的用法学习者未必能理解，而“个”的这种用法跟学习者已经学过的量词“个”的意义和用法都是不同的，恐怕也得考虑学习者是否能理解。如果这里提出的这些值得考虑的问题确实是些问题，那么教材就不能原封不动地照搬词典上的解说和例子。

然而，教材编者或课堂授课的汉语教师又怎么来解释“简直”的意义和用法呢？通俗性和科学性如何兼顾？这是颇费周章而又费力不讨好的事，只有一个字——难！因为不仅需要有很好乃至深厚的语言学功底，还要对学习者有深切的了解和关照。编者自己编例子可以考虑到学习者的语言水平及其接受能力，便于学习者真正理解和掌握这个词。可是，自己编例子要做到“既能恰当地诠释词义又能通俗易懂”，不煞费苦心能行吗？有时煞费苦心都不一定做得到。此外，诸如“毕竟”、“可见”、“要是（你去）就好了，（这事准能办成）”、“要是（你去）就糟了，（这事准办不成）”等，要做到解释准确易懂、例子通俗实用，谈何容易？[1] 不仅词语、语法现象的解释和说明及例证不容易，选课文和编练习题都不是轻而易举的事，除非不较真儿，除非不追求尽善尽美。

其次，要充分认识到教材对学习者、教师和整个教学过程的重大影响。教材是教学的工具，是学习的范本；教师依据它教授语言，学习者通过它学习语言。因此，教材的重要性应该是不言而喻的。教学质量的好坏、教学效率的高低，在极大程度上取决于教材的优劣。一般来说，好的教材会带来好的效益，一般的教材其效益往往也一般，而差的教材则肯定不会带来高效益。因此，要树立教材编写责任重大的观念，要把教材编写当作“百年大计”，追求“质量第一”。

需要说明的是，强调教材编写是一门学问、一门技术，需要编写者具有扎实的理论基础，丰富的教学经验，意在引起教材编写者对编写教材的难度有足够的心理准备和高度的责任感，因为只有这样才可能编出高质量的教材，而不是想表明教材编写高不可攀，只有少数人才编得了。事实上，从事一线教学的广大教师都有条件编写教材，因为他们最了解学生的需求，他们有丰富的教学经验和教材使用经验，只要勤于思考和肯于积累，愿意充实相关的理论知识，完全可以编出无愧于时代的教材来。

第三节 编写理论准备

如上所述，教材编写不仅涉及第二语言教学学科理论的诸多方面，如学科

① 包括上文分析的“简直”以及这里提到的“毕竟”、“可见”等词语和语法现象，有人可能会说：“为什么费那么大劲用中文解释，直接用英文翻译不就完了吗？”这是一个比较复杂的问题，简要地说有这样一些因素要考虑：第一，把词典上面向母语者的解释，翻译成英文或学习者的母语，那么学习者是否就能完全理解也还需要考虑。第二，一种语言的有些语言现象是很难翻译成另一种语言的，勉强翻译过去，学习者至多也就是勉强理解。第三，汉语教学界的主流意见主张用汉语教汉语，用汉语解释汉语，特别是中高级汉语教学。第四，是否所有的汉语教师外语都过关？是否所有的教材都是所谓国别化的教材？即使是国别化教材，是否教师就能用相关的国别语言恰当地解释汉语的某些词义、虚词义和句式义？汉语母语者用汉语来解释汉语词汇和语法现象之难，就足可以给我们一些启示。如此等等原因，使我们坚信：汉语教师的课堂教学和教材编写，应努力掌握用汉语教汉语和解释汉语现象的能力，而这种能力并不是轻而易举就能获得的。

性质论、教学法流派、语言学习理论等，还涉及相关学科的理论，如语言学、教育学、心理学等，并且这种“涉及”是不以个人的意愿为前提的。也就是说，编写第二语言教材，不管编写者是否愿意、是否自觉乃至是否认识到，所编写出来的教材都将体现出第二语言教学理论和相关学科理论的影响，这些影响可能明显也可能不明显，但不会是没有。有关语言教学理论对教材编写的影响，或者说语言教学理论对教材编写的要求和支持，本书在“教材与教学理论”等章节中做了较为系统的说明和讨论，这里不再赘述。下面试举例加以说明。

假如一部教材整体面貌以讲语言知识为主，课文以文学名家名篇为主，注重语言分析和欣赏，另一部教材整体面貌以语言技能训练为主，课文以有利于语言技能训练的文章为主，注重语言知识的传授为语言技能培训服务，那么可以认定前者是第一语言（母语）教学的路子，后者是第二语言或外语教学的路子，这两部教材编写思路的不同，正反映出教材编写者对第二语言教学学科性质和特点的理解和把握的不同。如果说前一部教材是由于不了解第二语言教学的性质和特点而不自觉地采取了母语教学的路子来编写教材，那恰好说明把握包括教学性质和特点在内的第二语言教学理论对于教材编写的必要性。又比如，如果把语言看成是语音、语汇和语法构成的符号系统，那么教材编写就可能注重语言的结构分析和组合形式的训练；如果把语言看成是一种交际工具，那么教材编写就可能注重场景的设置和交际任务的完成。可见不同的语言观对教材编写有着直接的影响。再比如，教学法流派中的听说法，以结构主义语言学和行为主义心理学为理论基础，而功能法则吸收了社会语言学、心理语言学、转换生成语言学等相关理论和学派的思想和观点。按照听说法和功能法编写的典型教材，在语言学习和训练的重点，以及预期的目标等方面都有着明显的不同。比如，听说法的教材以句型教学和训练为主，以养成正确的语言习惯为目标；而功能法的教材以功能意念项目的教学和训练为主，以培养交际能力为目标。

如此等等，我们不难看出理论对教材编写的影响。这些理论至少应包括以下三个层次：首先是第二语言教学学科理论，如学科性质理论、语言教学理论、语言学习理论、跨文化交际理论、教材编写理论等；其次是相关学科理论，如语言学、教育学、心理学、阅读学及其各分支学科理论；再次是目的语语言学理论，如汉语语言学，包括汉语语音学、汉语词汇学、汉语语法学、汉语篇章语言学以及现代汉字学等。对外汉语教材的编写者，应对上述各种理论学说或相关知识有所了解，了解得越全面越深入，对汉语教材编写的帮助就越大。如果教材编写者对上述不同方面的各种理论学说和知识体系还不够了解或了解得还不够充分，那么在教材编写之前就应该首先进行这些方面的理论和知识的准备。

实际上，目前海内外汉语教师队伍中，具有对外汉语教学、国际汉语教学、汉语言学、语言学、英语等外语专业背景的并不占绝对多数，许多教师都不具备与汉语或语言教学相关的专业背景。就汉语教材编写来讲，即使是与汉语或语言教学相关专业背景的教师，也需要进一步补充和深化与汉语教材编写相关的理论与知识，其他专业背景的教师就更是如此。因为教材是时代的产物，时代的变迁和社会的发展、语言研究的深入和语言知识的丰富、教学理论的发展和教学理念的更新，以及学习者群体的变化和目标需求等的变化，都需要教材的编写模式、设计理念、课文内容和编写手段等随着更新和创新。而许多教师由于专业领域的不同，对包括汉语在内的外语教学及其教材编写的基本理论和基本知识还不够了解，那么，要想编写出高质量、有新意的教材就更需进行理论和知识的准备。

比如，假如还不了解功能意念大纲是怎么回事，有哪些常用的功能项目，就应查阅相关的材料并加以研读，以便掌握相关的知识并根据需要恰当地运用在所编教材中。又比如，要想编写汉语阅读教材，就应了解阅读学特别是汉语篇章语言学的理论和知识，还要准确地把握阅读教材的目标和主要的训练方式，这样才能更好地进行教材编写设计与实施。

再比如，外语教材编写特别是初中级教材编写，有一条重要的编写和实施原则是“语言现象的重现原则”，要求教材编写中应尽可能地对所教的重要的语音、生词、语块、语法点等进行复现、多次重现。假如要教不定量词语“一点儿”，那么在课文（对话、练习）中就应尽可能恰当得体地反复出现“一点儿”的某一用法或其他常见用法，如“他感冒了，吃了一点儿药就睡了”、“你去商店买一点儿吃的"、"今天天气一点儿也不冷"、"这事我一点儿也不知道"、"酒都喝了,一点儿也没剩"、"感冒好一点儿了"、"你刚才讲的一点儿不错"。而且要尽可能做到既重现、多现又与课文内容密切相关,自然恰当,不显得生硬,不增加认知和理解负担而能在不同语境中重现。重现可以在上下句,也可以间隔几句、间隔几段来实现,还可以在例句中、练习里进行再现,更需要在下一课、隔几课、隔多课里进行。这不仅需要编教者费心用心,更需要一些技巧和智慧。假如我们不遵循这条"重要学习内容需反复重现"的编写原则,那么所编写的教材特别是初中级汉语教材,就达不到应有的教学效果。重现率的高低是评价一套教材的重要指标,教材编写应认真加以实施,而首先是要了解和掌握这一编写原则。

可见,掌握与教材编写相关的理论和知识,对于保证教材的编写质量是极为重要的。如果编教者还没有掌握必要的教材编写理论,那么在教材编写之前,首先就应该尽可能地去了解并掌握这些理论。

第四节　编写资料准备

教材编写是一项系统性的工程,编教者不但要有质量第一的思想准备,学科知识的理论准备,还要有关键资源的资料准备。所谓资料准备,不仅包括收集相关的各种资料,理所当然也包括对资料进行研究、分析和筛选。具体说来包括以下几个方面的工作:

第一,尽可能全面地收集与教材编写相关的文章,特别是与拟编教材相关的文章。这些文章主要包括:对教材编写进行理论研究的文章,如对教材编写原则的研究;对既往教材的评介文章,包括教材编写者对自己所编教材进行理论的总结和经验介绍;对教材的某一方面进行研究的文章,如研究教材的语言、语体、语法、文化、注释、选文、练习等的文章;对教材编写进行设计和展望的文章,如对某一类教材的编写模式进行设计,对教材编写发展趋势进行预测和展望。认真阅读和研究这些文章,从中可以获得极大的启发和丰富的营养,对提高教材编写者的理论水平，获得教材编写的间接经验和技巧无疑将大有好处，从而使教材编写站在高水准的起点上。

第二，尽可能地收集有代表性的第二语言教材，特别是与拟编教材类别相同的教材。就对外汉语教材的编写来说，不仅要收集对外汉语教材，也要收集国内外著名的英语教材（包括其他语种的第二语言教材）。同样，教材编写者要对所收集到的各种教材进行全面的分析和考察，包括教材的编写理论或理论倾向、编写意图和思路、教材目标及其措施、体例编排、课文语言和练习设计，等等。从宏观到微观、从整体到细节，尽可能客观全面地研究和分析这些教材的成败得失，这对教材编写来说是必不可少的工作。因为只有这样，才可能扬长避短、优存劣汰，才可能有继承有发展、有特色有创新。否则，费时费力编出来的教材很可能不但没有新意，甚至连以往教材的好做法好经验也没有借鉴过来。

第三，收集和分析教学大纲。这里所说的教学大纲是一个宽泛的概念，主要包括各种各级"水平等级大纲"，如《汉语水平考试等级标准与语法等级大纲》《汉语水平词汇与汉字等级大纲》；规定课程目的、内容和要求的"课程教学大纲"，如《高等学校外国留学生汉语言专业教学大纲》《高等学校外国留学生汉语教学大纲（长期进修）》《高等学校外国留学生汉语教学大纲（短期强化）》；明确教学思想和教学模式、具有教学法意义上的各种"语言教学大纲"，如语法教学大纲、功能—意念教学大纲、情景教学大纲、任务型教学大纲，等等；规定具体内容的"专门内容的教学大纲"，如语法教学大纲、词汇教学大纲、汉字教学大纲、文化教学大纲等。这些目的和用途不同的"大纲"，都可以成为教材编写的重要依据，其中有的大纲粗细详略程度不同，对教材编写的指导作用也就大小不等，但都可以给予教材编写在教学指导思想、教学方法、教学模式、教学原则等多方面的启发和借鉴，更是为语法、词汇、功能意念、文化等教学内容的选择和确定提供依据。只有在充分研究和利用这些大纲的基础上，才可能制订出符合拟编教材需要的可操作的教材编写大纲。显然，没有教学大纲的约束和指导就不可能编出科学实用的教材来。

应该指出的是，近些年来单纯以某一种教学法理论为依据来编写教材的做法越来越少，除非是阐释和推介某种新的教学法，更多的是倾向于某种教学法理论，但同时也吸收其他教学法流派的某些长处；或者根本就看不出倾向性，而是多种教学法流派的影子都有。不仅如此，对待教材编写的其他各种理论也都采取多元包容的态度，在教材编写中择优吸收，而不搞壁垒森严。可以说，更加关注学习者的需求，尽可能兼容各种教学思想的长处，以结构、功能、情境、文化等多元大纲为指导，已经成为第二语言教材编写的重要发展趋势。

第四，广泛收集跟拟编教材有关的目的语“素材”，为课文编写、改写、选文做好“物质”准备。因为无论是改写作品作为课文，还是精选范文作为课文，乃至教材编写者亲自编写课文，都需要有大量的目的语素材的支持。选择目的语素材应注意话题、语体、体裁等的多样性，应注意更多地反映目的语社会现实、注意贴近学生的实际，注意语言的地道和规范。这样才有利于保证所选择的课文或作为课文底本的素材更符合教学大纲（具体为教材编写大纲）的要求，有利于使课文语言生动化、生活化、趣味化。

闭门自编难免使课文语言因缺乏生活背景而枯燥、生硬，甚至出现不规范现象。而随便找出来一篇作品就当作课文的做法简直就算不上是编教材。当然，实际教材编写中采取这种极端轻率做法的并不多。但是较为常见的是：平时在教学中不注意观察学习者对内容好恶的取向，不注意积累可以用于编教材的素材，不注意收集可以作为或修改后作为课文的范本材料，到了想编教材的时候就到处急急火火地找素材。可是，一篇能为绝大多数学习者和教师都喜欢的选文，能够在语言、文化、题材、内容、语气、时代性以及整体的难易程度等多方面经得起大纲的“筛选”和专家认可的课文，可不是随便一找就能得到的。资料需要平时留意，用心积累，而且越多越好，那么到了编教材时，才可能从中选出好用的素材和作品。另一种较为常见的做法是在从素材中确定入选课文时往往依据教材编写者的个人好恶而定，把自己喜欢的当作是学习者也喜欢的，自己看好了就以为什么标准都符合了，这其实是很危险的。因为“教材编写者的个人好恶”往往以选文的文学价值的高低为标准，即作品的艺术性和欣赏性如何，而不是从语言教学的视角来选文。即使是基于语言学习的视角，也有一个见仁见智的问题。这就要求，在从素材中选取作为样本的课文时，应主要依据教学大纲来衡量和检验，应更多地考虑学习者的需要和好恶，并结合时代性、实用性等多方面因素来考察。更为重要的是：如果是合作编写教材，则应尽可能听取他人对选材（拟选课文）的评估意见；如果是编者独立编写教材，则要主动征求同行对编者所选素材（文章）的意见。无论是合编还是独编教材，都应就所选素材和文章广泛地听取教师、有经验的编教者和语言教学专家的意见，以便使所编课文更具规范性、范本性、可学性和趣味性，等等。

第五节 编写方案制订

教材编写方案可以说是教材编写设计和实施的“图纸”。没有图纸便无法施工，除非是盖个茅屋草舍。修筑百年大计的高楼大厦，必当有一份科学、精细的专业图纸。教材编写也正如此，不制订教材编写方案，上来就编肯定是想起怎么编就怎么编，编成什么样就是什么样，如此能编出好教材来，则不是“太有才了”就是“纯属意外”。因此，制订教材编写方案是教材编写的关键性环节。教材编写者学来的有关理论和知识，自己的理论和知识，学来的经验和技巧，自己的体会和创意，以往教材的长处和拟编教材的特色，教材的目标和实现的措施，等等，简而言之，教材编写者为教材编写所做的一切“精神准备”和“物质准备”都应该在教材编写方案中有所体现。教材编写方案可简约可详尽，方案中所涉及的具体内容也往往因编写者以及教材的性质、规模、体例等的不同而有所不同，但一般来说，制订教材编写方案应涉及以下几项工作：

一是教学对象需求分析。即要思考和回答：为什么人编写教材？他们是一个国家一种文化背景，还是两个国家两种文化背景，或是更多？他们为什么要学习汉语，是一般性的提高语言能力还是有专业或职业倾向？如果有专业或职业倾向，那么是什么专业或职业倾向？是听说读写全面要求还是有所侧重，如果有所侧重，那么侧重哪一个或几个方面？他们想学多长时间，学到什么程度，有无汉语基础，已到什么程度？他们的年龄、文化程度、性格特征、学习兴趣、学习动机如何？他们的学习习惯和认知风格怎样？等等。在综合分析这诸多因素后，“教材编写者应着眼于满足教材使用对象中大多数学习者的共同需求，而不是每个学习者的个别需求”（程晓棠，2002：37）。

二是明确教材编写目标。即根据对教学对象的需求分析，结合各类教学大纲所确定的教学指导思想和教学目标，以及学习环境和学制学时等多种因素，确定教材编写的总目标和具体目标。总目标规定培养学习者哪些方面的语言能力，是听说读写译多种语言技能的全面培养，还是哪一两个方面的能力，预计达到何种程度；以及对目的语国的文化、国情或其他领域的知识掌握到何种程度；等等。具体目标是对总目标的细化和补充，规定语言能力应用的领域和范围，学完本教材学习者能够用目的语进行交流的内容和层次；有关的知识（如国情、文化、专业或行业）掌握到何种程度，并尽可能对有关能力和知识进行描述。教材目标是教材编写的灵魂和指南，其定位越准确，教材的针对性就越强；其表述越明确和具体，就越容易得到实施和落实，因此必须给予高度重视。

三是研究教材的创新和特色。即在教材编写设计过程中，不仅要研究和思考在哪些方面要学习和借鉴以往教材编写的某些理念和成功做法，在哪些方面应摒弃以往教材编写的某些观念和做法，更要研究和思考拟编教材在哪些方面有创新，哪些方面有特色，哪些方面比之同类教材有改进、有进步。也就是说，在教材设计和编写过程中要有创新意识和特色意识，并从整体设计和局部环节上来规划和落实所谓的创新和特色。比如，设计思想、编写原则有独到之处，采用了某种新的教学模式或新的教学大纲，在增强教材的针对性、科学性、趣味性或体现教材其他编写原则（编写要求）等方面采取了更有效的措施，在体例设计、练习设计、课文编选、目的语文化体现等方面有不同于以往的做法，等等。相反，如果在教材设计之初就没有创新意识，就不考虑所编教材跟以往教材（特别是同类教材）相比有何出色之处，采取“跟着感觉走”的做法，那就很难甚至不可能编出有新意和特色的教材来。当然，所谓的新意和特色是要经过实践检验，要经过专家和教材使用者——教师和学生的认可，但是只有编出新意和特色来才可能得到认可，而要编出新意和特色首先要有这样的意识、有这样的考虑、有这样的安排。

四是确定教材编写原则。即根据所掌握的教材编写理论，特别是有关教材编写的基本原则（如针对性、科学性、实用性、趣味性原则）和不同领域、不同环节上的专门性原则（如教材编写的语体原则、练习设计的体系性原则等），以及对有关教学大纲的分析和把握，特别是对教学指导思想的吸收，结合拟编教材的编写目标和教材的创新设计、特色安排等，来确定教材编写的指导思想和编写原则。教材编写的指导思想是教材编写总的指导原则，反映影响第二语言教学全局的教学理论和教学原则，比如以学生和学习为中心、以培养交际能力为重点、以结构—功能—文化相结合为框架等理论和原则，以及教学法理论和教学模式的相关阐述，吸收、借鉴和协调各种教学大纲之间关系的原则，等等。

这里所说的编写原则，主要是指拟编教材的具体编写原则，是为实现教材目标而制订的有可操作性的具体要求或标准，如素材选择原则、练习的编排原则、语体特征的要求、课文语言的实用性要求，等等。试看两例教材“编写原则”，以供参考。

大型系列配套教材《发展汉语（第二版）》（包括初、中、高三个层级，综合、听、说、读、写五个系列）的“总前言”中明确表示：为实现本套教材的编写理念和总体目标，特确定如下编写原则：（1）课文编选上，遵循第二语言教材编写的针对性、科学性、实用性、趣味性等核心原则，以便更好地提升教材的质量和水平，确保教材的示范性、可学性。（2）内容编排上，遵循第二语言教材编写由易到难、急用先学、循序渐进、重复再现等通用原则，并特别采取“小步快走”的编写原则，避免长对话、长篇幅的课文，所有课文均有相应的字数限制，以确保教材好教易学，增强学习者的成就感。（3）结构模式上，教材内容的编写、范文的选择和练习的设计等，总体上注重“语言结构、语言功能、交际情境、文化因素、活动任务”的融合、组配与照应；同时注重话题和场景、范文和语体的丰富性和多样化，以便全面培养学习者的语言理解能力和语言交际能力。（4）语言知识上，遵循汉语规律、汉语教学规律和汉语学习规律，广泛吸收汉语本体研究、汉语教学研究和汉语习得研究的科学成果，以确保知识呈现恰当，诠释准确。（5）技能训练上，遵循口语、听力、阅读等单项技能和综合语言技能训练教材的编写规律，充分凸显各自的特点，同时注重听说、读说、读写等语言技能的联合训练，以便更好地发挥“综合语言能力＋专项语言技能”训练模式的优势。(6)配套关联上，发挥系列配套教材的优势，注重同一层级不同系列平行或相邻课文之间，在话题内容、谈论角度、语体语域、词汇语法、训练内容与方式等方面的协调、照应、转换、复现、拓展与深化等，以便更好地发挥教材的集成特点，形成“共振”合力，便于学习者综合语言能力的养成。(7)教学标准上，以各类大纲、标准和课程规范等为参照依据，制订相关系列教材语言要素、话题内容、功能意念、情景场所、交际任务、文化项目等大纲，以增强教材的科学性、规范性和实用性。

正如本书多处所强调的那样，教材编写原则是个开放的体系，是教材编写工作的“基本指导理论”。不仅整套教材有其编写原则，分系列乃至分册都应该制订编写原则，而且教材编写的不同阶段，就不同问题和不同内容也应该制订相应的编写原则。如黄政澄、崔永华等(1991)就为《核心汉语》编写的第一阶段选材和编写制订了原则，其中包括语言项目选择、语音项目选择、汉字项目选择、词汇项目选择、语法项目选择、教材中语言项目的协调等。如语法项目的选择规定：根据汉英语法对比确定语法教学的难点；选择汉语最基本的语法成分(即基础汉语语法的核心，包括汉语最基本的六种结构、使用频率最高的虚词、汉语最基本的句型)；语法点的教学采取分阶段、渐进性原则。这样一些经过研究并落在纸上的相关内容的来源、取舍标准、内容定量、安排方式等的原则规定，有利于提炼教材的编写思想，有利于教材的科学实施。

五是规划教材的体例和构成。这是教材设计必不可少的常规项目，也是教材编写方案中最具操作性的部分。教材的目标、编写原则、创新和特色等有关教材编写的各种构想，基本上都要通过这一部分内容来体现。主要包括以下一些主要内容：(1)设计教材的编写体例(每一课由几个部分构成、是哪几个部分、先后顺序如何等)；(2)设计教材的容量(总课数、篇幅长短要求、每一课的生词量、生词安排在课文前课文后还是课文旁边、注释的大致内容和注释量等)；(3)设计教材的规模(教材册数、教师手册、学生练习册、其他配套材料等)；(4)设计教材的结构方式(单元小结式、话题循环式、人物串联式、课文累积式等)；(5)设计教材的学制学时(使用多长时间、一学期还是一年、每周多少学时等)；(6)设计教材的练习体系(如题型的选择和编创、单项练习和综合练习的比例安排、语言知识类题型和语言技能类题型的配置、常规题型和非常规题型的确定及比例、每课的练习题总量等)。

六是实现目标和保证创新的措施。在制订教材编写方案过程中，明确教材编写目标与思考教材的创新和特色是其中的两个关键性的环节，为此多花些时间和精力是非常必要的。因为这二者是整个教材编写所追求的理想目标和理想境界。在多大程度上实现教材的目标就预示着在多大程度上实现教材的针对性乃至于实用性，在多大程度上实现教材的创新和特色就预示着在多大程度上延续教材的生命力乃至于增强教材的趣味性。为实现教材这两个方面的追求，要制订相应的编写原则和合理的编写体例，但是仅此还是不够的，还要有进一步的措施来保证“目标”和“创新”的实现。这样的措施至少还可以有：(1)制订各种编写材料表，即在理论准备和资料准备的基础上，根据教材的目标和设计需要，利用有关的各类教学大纲，制订出拟编教材应编的汉字、词汇、语法、功能项目、文化点(项)、任务项目等的“材料表”，包括有关内容的范围、数目、等级、顺序等。这是可以做到也是应该做到的。(2)利用计算机辅助教材编写，如确定词汇等级、检测词汇的编排和重现情况，等等。(3)召开论证会，即尽量组织教材编写不同阶段的论证会，包括编写方案论证会、中期论证会、初稿讨论会、定稿讨论会，期间还可以就某些具体问题召开咨询会。请有关专家和同行参与论证和讨论，并认真吸取有关的意见和建议，无疑将会大大提高教材编写的质量，当然这要在条件允许的情况下，但教材编写者要尽量争取这样的条件。

七是制订具体的编写方案。在以上工作的基础上形成一个书面的教材编写方案，供教材编写者在教材编写过程中使用。编写方案主要包括下列一些内容：使用对象，教材目标，指导思想和编写原则，教材的支撑理论或理论追求，教材的特色追求，课文的编写或编选原则，教材的体例设计，练习体系制订，使用建议等。同时，编写方案应该附带若干个附件，比如，根据相关的大纲或标准、结合教材编写的实际编制的汉字表、词汇表、语法表、功能项目表，以及任务大纲、交际情景大纲、文化因素大纲等。

八是制订工作程序和时间表。包括编写分工、完成每项任务(如编写大纲的制订、大纲附件、选材、选文、定选文、编写样课、完成初稿、改稿、定稿等)的要求和时间、召开论证会或咨询会的时间和内容,等等。根据教材编写的要求和具体的工作安排,制订一个工作流程及时间表是非常必要的,特别是对合作编写教材以及系列配套教材的编写,这可以很好地保证教材编写的工作效率和质量。

小结与余言

本章讨论了教材编写的广义程序,包括编教者观念上和知识存贮层面的准备程序,也包括操作层面的资料准备及编写方案。

首先,要求教材编者在观念上要高度重视教材编写工作,树立教材编写责任重大的观念。因为这是一项关乎"千家万户"的事情,关乎海内外汉语学习者学习质量和效益的事情。正是由于外语教材是人们学习语言的材料、范本和工具,也即学习者是靠着教材来学习语言的,而不同层级的学习者的目的语水平都是有限的,这就从根本上决定了编写第二语言教材是极其受限的,是相当不容易的。因为不论是下笔编写还是选文修改,时时处处都要考虑与学习者的目的语水平是否相吻合。

编写或选编第二语言教材的这种"受限性",如果不是编过教材,特别是编过零起点开始的基础汉语教材,并且是按照教材编写规律来编写的话,是难以有深切体会的。有意无意以为编汉语教材并不难,可能都源于没有这样的切身体会。所以,我们认为,从事包括汉语教学在内的第二语言教学的教师,应该在有了一定或更丰富的教学实践经验的基础上,了解一些编教材的基本原理和基本要求,进而弥补自己在编教理论和方法上的某些欠缺,争取机会至少编写一部教材,最好跟有丰富教学和编教经验的教师合作编写。这样,不仅能很好地体会编教材的甘苦,特别是编教材的难处所在,而且对教材的领悟、使用和驾驭能力将大大提高，从而对课堂教学质量和效率的提高大有益处。同时也能对教材本身和教材编写者多一分理解，少一些抱怨。青年教师的成熟以至成为优秀的汉语教师，需要多方面的知识和经验积累，需要长时间用心体会和历练，而是否参加过规范和严格的教材编写训练是其中重要的一环。

进一步，我们还可以通过与编母语者使用的语文教材及写论文和学术专著的比较，来看编写和编选第二语言教材之不易。编选第二语言教材不同于母语语文教材的编写，因为母语者不仅掌握了母语的口语，书面语也都具备了相应的程度和水平，母语者不是用"语文"教材来学习口语，主要是用来学习母语书面语的表达，欣赏母语书面语的美文佳篇；第二语言教材的编写也不同于撰写学术论文和学术著作，写论文和学术著作难在观点的凝练和材料的运用是否恰当方面，不用为行文的语言文字表达的难易问题"发愁"，一定程度上说，写论文和专著可以随心所欲。可是，编写第二语言教材却是相当受束缚的，不仅不可能随心所欲，就是倍加谨慎，也还可能出现"越级"、"超纲"、"生词密度太大"、"某一语法现象学习者没见过"、"句子表达太难"等"跑冒"现象。而这类现象偶尔出现一下倒也无大碍，教师教学中临时处理一下就可以了。包括零起点的基础汉语教材在内，有时为了使语句顺畅，表达自然，个别"跑冒"现象甚至是编者不得已而为之的。但是，"跑冒"情况出现多了就不行，或者造成教材与实际等级不相符，造成针对性、科学性和适应性方面的问题，严重的甚至根本无法使用。

因此，本章强调，无论是编教新手还是经验丰富的老手，都要遵循第二语言教材编写的基本规律和基本程序，都要随着时代的进步和学科的发展不断地丰富自己的理论知识和专业修养。这样才能不断编出科学实用、无愧于时代的新教材。

重视教材编写工作并不仅仅是一种策略，因为教材编写本身就确实很难。不仅因为编写语言受限制，而且就初级汉语教材来说，要处理的教学内容及其之间的关系又相当复杂，很难既照顾教学内容自身的系统性和规律性，又能将不同教学内容很好地结合在一课中。比如，编写初级综合汉语教材，如何把汉语拼音、汉字、基本句法、口语等教学内容很好地结合起来，如何既能按照汉语拼音系统、汉字自身的结构规律循序渐进地呈现教学内容，又能跟有计划的基本句法结构、基本的生活和学习用语的教学结合起来，实在是不容易，或者干脆说是非常之难。同样，中高级教材的选文也很不容易，既要接受教学大纲或教材编写大纲的词汇、语法点等的衡量，又要考量教材内容及其文化蕴涵是否适合教学对象。而且即便是编教者认为都合适了，却未必得到教材使用者的认可。

既然教材编写涉及学科理论和实践的诸多方面，反过来也就要求教材编写应该体现相关的理论成果和教材编写的实践经验。不仅如此，一部优秀的教材反映的应该是相关理论的新成果和教材编写的新经验，以及教学实践的新成果和新经验，并且往往还要有整体或局部的创新。所以，教材编者不仅要有思想上的准备，更要有相关理论和知识的准备；同时要有与教材编写特别是与所编教材编写相关的文献、教材等的资料准备，并进行认真研读、分析，还要为教材编写积累素材、搜集选文，而且要有足够的数量，以便于筛选。

以往的不少教材，在各个方面都平平淡淡，教材内部的细活做得不扎实、不到位甚至错位，整体设计和选文等也没什么特色和新意，甚至不太适合教学，可能最根本的原因就在于编教者没有做好教材编写的思想准备、理论准备和资料准备。当然，也可能是因为没有制订出一个好的、详细的编写方案，甚至根本就没有认真去研究和制订编写方案。一旦决定编教材，或者有一个机会编教材，就匆匆而为之，这样编出来的教材，质量是可想而知的。实际上，编写第二语言教材跟写论文或专著一样，需要长期积累和构思，反复修改和打磨。不仅如此，编写第二语言教材要受到多方面因素的限制，如学习者目的语水平的限制（这是最根本的限制），教学要素和教学内容丰富而难以兼顾，缺乏服务于第二语言教学的本体研究成果的支持，还要考量教材文化内容的恰到好处，等等，这些因素使得编写第二语言教材实际上难于写论文或专著。

遗憾的是，目前还缺乏鼓励编教材的机制，国内外教育主管部门、教育界以及相关院校都不太认可第二语言教材的价值，至少国内外语教学和对外汉语教学的许多院校都不把第二语言教材看作科研成果，甚至行业内有些人也不认为教材是科研成果。造成的不良后果是，教师忙着写论文，而不愿意编教材，编教材成了一些教师的业余爱好。实际上，由于外语教学这种应用型学科还缺乏自身的"应用性"评价体系，学术界对第二语言教学及其教材的评价采取的是非应用性学科（如历史、哲学、文学、教育学等）的学术性评价体系，拿学术观点、学术创新的标准来评价应用型学科的成果"外语教材"，这可能是评价体系的错位。应用型学科的评价体系应该是应用价值、应用理论价值、应用理论创新、应用技术含量等指标。学术界和有关部门应重视第二语言教材的应用价值和应用理论价值，引导更多的从事第二语言教学的教师关心和投入教材编写工作，把教学经验与教学理论、教材编写理论结合起来，精心设计和实施，反复打磨和试用修改，不断奉献出各具特色的高质量的教材，不断提升包括汉语教学在内的第二语言教学的水平和效益。

思考与练习

1.结合本章内容，请你谈谈编教材究竟是件难事，还是件容易的事，并说说你的理由。

2.教材编写的思想准备说的是什么意思？谈谈思想准备的必要性。

3.教材编写的理论准备包括哪些具体内容？说说理论准备对教材编写的意义。

4.编写教材需要准备哪些资料？准备这些资料对保证教材编写质量有何意义？

5.你对"编写外语教材要比写论文和学术专著难得多"的看法持肯定还是否定意见？请谈谈你的理由。

6.教材编写方案制订包括哪些具体内容？如何制订一份具体的教材编写方案？

7.教材编写方案制订对教材设计和实施有何重要意义？

第八章　第二语言教材评估

第一节　评估的含义与用途

一　评估的含义与范围

教材评估就是根据特定的标准或原则对教材设计和实施的成败得失、优劣高下进行评议和估量，也就是评估教材的成功之处、失误之处、胜出之处、不足之处，以及该有的是否已有、已有的是否合理、合理的是否创新、创新的是否突出，等等。

评估的基本要求是要有明确的评价标准，评估可信度的高低在于评价标准的科学、可靠和权威的程度，评估的公正程度在于评价标准的运用及其对评估对象的衡量之恰当的程度。

评估的范围可以是多角度、多层次的全方位评估。比如，教材编写的指导思想、编写原则、目标定位、知识传授和技能培训关系的处理、目的语文化的体现、课文语言实用性和规范性、语体风格的多样性、内容编排的科学性和趣味性，以及语法点的融入量和编排顺序是否合理、重点学习的语言成分和语法现象是否有重现及重现率的高低、练习是否覆盖全部或主要教学内容、题型的针对性和效率如何、语法注释是否简明准确、有无配套教材及教师手册、有无插图及是否结合教学内容、教材整体或局部有无创新和特色，等等。

评估内容也可以是教材的部分内容或部分环节。比如，可以就教材本身的设计和编写情况来评估。考察教材的设计是否合理、教材容量与学制学时是否吻合、体例安排是否适当、设计有无独到之处，等等；考察教材的编写实施是否达到自身的设计要求或某种应有的要求；考察教学内容安排是否有利于实现教材的预定目标。又如，可以就教材的各项编写原则进行分析和评估，或者按照某种公认的编写原则，如教材的针对性、科学性、实用性和趣味性等标准来评价教材，等等。

评估对象还可以是单一的项目。比如，对一部或多部教材的某一方面的问题进行专项评估。这某一方面的问题可以是有关教材内容和形式的任何问题。如针对性问题、趣味性问题、练习设计、题型的效益、汉字教学处理、文化蕴涵、语法注释、生词重现率、例句规范性和实用性、课文的长短、课文的语体表现、注释翻译质量，等等，这是带有一定研究性的评估，意在能对相关问题有个比较深入的分析和探讨，而不仅仅是为了做出一段评语。

二　评估的价值和用途

从教材研究和编写的角度来说，教材评估多是对现有某一类型的教材进行全方位的评估，以获取全面的评价信息；也可以就一部教材进行封闭式评估，以获取特定的评价信息；还可以就现有教材某一个或几个方面的问题进行定向评估，以获取专项评价信息。

从选择和使用教材的角度来说，教材评估可以在教材使用之前进行，多用于决定该教材是否被采用；也可以在教材使用过程中进行，多用于决定对该教材是否进行必要的补充和调整；还可以在教材使用之后进行，多用于决定该教材是否继续使用，或是为教材的修订提供参考意见。

教材评估对教材编写和研究、对教材的选择和使用，既有理论指导意义又有实际应用价值。通过对以往教材的评估，教材编写者可以从中吸取营养，获得启发和借鉴，同时可以舍弃某些陈旧的观念和做法。而教材评估研究本身就是教材研究的重要内容。毫无疑问，教材评估可以推动教材的开发和建设，促进教材编写质量的提高。“对以往的教材进行评估，其目的是为了保持优良传统，把符合规律性的东西发扬光大，但更重在教材的更新，注重教材编写框架的突破”，力求“通过评估寻求教材的创新”（赵金铭，1998）。

三 评估的复杂性和局限性

教材评估是一项十分复杂的工作。首先,评估的需求不同,评估的标准和方法就不可能一致。教材的评估者至少可以有教育主管部门的人员、教材设计和编写专家、教材研究者、教学管理者、教材的使用者教师和学生,而评估人员不同,评估的目的和要求也就多种多样,评估的角度和方法也会有所差别甚至各不相同。

其次,任何有价值的评估都要求评估理论及其体系有科学性、评估的方法和手段有可操作性、评估标准能得到有共同评估目的和需求的绝大多数人的认可,这样才能保证评估的客观性,评估分析及其相关意见和结论才有价值。然而,要做到评价体系及其指标有科学性,以及评价指标能够被教师、学生和各类评估人员等多数参评者认可,绝非易事。

再次,教材评估的复杂性更在于,即使所有参评者都认可某一或某些评估标准,但对评价标准的理解和把握仍有很大程度上的个人主观色彩,运用评价标准来衡量评估对象的高下与得失,也就难免见仁见智。因此,严格地说,任何人文性的评估都有主观性,因而都只能是相对意义上的科学和可靠,很难说得上是百分之百的准确和正确。

正是由于从评价人员及其目的、评价标准及要求,到评价标准的运用及其得出的结论,存在着复杂的关系和多种不确定的因素,特别是其中的主观性因素,从而导致评估本身的局限性。要真正做到评估的客观和公正并不容易。事实上,许多评估标准就是主观性的或是由主观认定的。比如,假如用"课文是否有趣"、"语言是否地道"作为评价标准,对教材乃至同一篇课文进行评价的话,那么不同的人就可能有不同的判断,如果评分的话就可能给出不同的分值。事实也正是这样:同一篇课文,有人喜欢得不得了,有人却不以为然;同一篇课文,老师很喜欢,学生却不感兴趣,或者有的学生喜欢有的学生不喜欢;如此等等。因此,不必对评估分数或结论绝对化,因为主观因素在所难免。不过,也不要无视评估所得出的意见或结论,因为即使有主观因素在内,也还是反映出某种倾向,如果多数人的评估意见或结论是相同相近的,那就更不可以视而不见了，何况任何评估并不都是纯主观性的，又何况多数人的共同主观性便也成了一种相对客观性。

综上可见，教材评估是必要的、有用的、有效的，但其中见仁见智的主观性因素也是显而易见的。因此，对待评估结论不可不信，毕竟是有根有据的评价；也不必全信，毕竟有主观因素在内。然而，教材编写者和使用者还是应该以积极的态度来对待评估意见和结论，因为这有利于教材的编写、修改、修订和完善，有利于教学中对有关教材的取舍或是扬长避短，只是不必把有关的意见和结论绝对化。

教材评估研究发展的趋势正在于努力使评估标准客观化，努力排除评估过程中的主观因素，增强评估方式的可操作性。

第二节　评估的类型与要求

一　相关研究简述

英语教学界对教材评估问题有不少研究成果。这里介绍其中对教材的一种代表性分类方法。程晓堂(2002:54—55)把教材评价分为印象性评价和系统性评价。印象性评估往往凭借评估者的直觉和教学经验、教材使用经验来对教材进行主观的、随意的、印象性的评价。并指出，不否认教师的直觉和经验在教材评价中的作用，但直觉和经验都有很强的主观性，不一定总是准确和正确的。如果教材评价完全依赖直觉和经验，评价结果就可能出现偏差，甚至可能是完全错的。印象性评价的另一个缺陷是不全面、不系统，并且很多评价不具体。所以，对教材的评价不能简单地凭经验、凭印象来进行。对此，林敏、吴勇毅(2006)有不同的看法，认为“印象性评估是教材评估的必不可少的类型之一，它不仅可以反映出教师或出版单位对教材质量优劣的态度倾向，通过它还可以了解到教材的某些显著特点。但印象性评估只是教材评估的组成部分之一，教材评估还要有更重要的一个方面——系统的、量化的评估。两种评估或评价各有特点，互为补充，不可替代”。

所谓系统性评价包括内部评价和外部评价两种情况。内部评价是一种对教材本身或内在科学性、合理性和有效性的评价。评价内容一般包括：教材的教学指导思想、采用的教学方法、内容的选择和安排、教材的组成部分、教材设计、教材中语言要素的真实性和地道性。而外部评价是评价教材对于某一使用对象群体的适用性，换言之，就是考察教材是否满足学生学习和教师教学的需要（程晓堂，2002：57—64）。

这里所说的内部评价是对教材自身的系统性评价，是教材评估的一种常用方式，也是教材评估性研究的一种方式，其评估结果对认识教材和选择教材都有帮助，对教材设计和编写都有参考价值。

这里所说的外部评价，即把学校或教育行政部门对课程的目的、内容和要求，学生的目标需求、学习需求和学习风格，教师的教学理念、教学方法和教学要求等，同被评估教材的教学指导思想、教学目标、使用对象、教学方法、教学内容、活动设计形式、版式设计、组成部分、辅助材料等加以比较，看教材是否适合实际需要。简言之，就是用某个特定教学对象的特定需求来“寻找”合适的教材。如果是这样，那么所谓外部评估就很难说是对教材的评估。因为是否适合某个教学对象群体并不能说明教材本身的成败和优劣，适合某个使用群体未必就是好教材，不适合某个使用群体可能适合另一个使用群体；而适合另一个使用群体同样也说明不了太多的问题，只能说明教材找到了使用对象，适合一部分使用群体的需要。因此，严格地说，所谓外部评估是“寻找教材”而不是“评估教材”。

二　教材评估的类型

参考前人的研究和我们对教材编写及使用的经验，我们认为，对教材进行评估可以从两个着眼点来进行，或者说，可以把教材评估分为如下两种类型：一个是着眼于教材自身的、内部的、实然性的评估，另一个是着眼于教材类型上的、外部的、应然性的评估。

实然性评估就事论事，主要评估该教材实际上是否达到了编写者自己的设计目标，也就是检验编写过程中的教材，特别是实际编写出来的教材，是否达到它的设计目标、设计要求以及其他的预先“承诺”。实然性评估的标准主要来自于所评教材内部。教材的实然性评估是一种工作性的、鉴定性的、验收性的评估，意在评估教材实际做得怎么样。它可以不管教材设计得是否科学合理、目标定位是否恰当可行，因为这样的问题应该在教材编写之前的“编写方案设计”专项评估或论证阶段来解决。实然性评估只管教材的实施是否达到设计要求、编写过程是否遵循了所制订的编写原则、课文的编写或样本的采集是否有利于预期的教材目标的实现。一句话，就是检查和核对“说到的是否做到了”，做到了或能够做到就是合格的，相反就是不合格的。所以，这种评估也可以说是一种“合格与否的评估”，因此多用于教材编写的验收或鉴定，也可以用于为课程选择教材。

应然性评估不是就事论事，而是从学科发展和教材编写发展的角度，站在合格乃至优秀教材的高度来评估教材。主要评估该教材是否达到第二语言教材应有的设计标准和要求，也就是检验编写过程中的教材，特别是实际编写出来的教材，是否达到作为第二语言教材（特别是同一类型教材）应有的设计目标、设计要求以及其他应有的“承诺”。应然性评估的标准则不限于教材内部的设计要求，甚至完全是来自于外部的一套合格或优秀教材的评价标准。教材的应然性评估是一种学术性的、鉴赏性的、选拔性的评估，意在评估教材应该做得怎么样。它不但要评估教材实施是否达到它自身的设计要求、编写者是否遵守了自己制订的编写原则、能否实现预期的教材目标，等等，也就是评议和估量教材自身“说到的是否做到了”，而且还要评估教材设计本身是否科学合理，比如，是否进行了对学习者的需求分析及其深度和广度、教材目标定位及其具体描述是否符合学科理论及相关教学大纲的要求、所制订的编写原则是否实用并有先进性、教材整体和局部有无创新和特色，等等。不仅如此，教材评估者（或评估机构、评估小组等）更要根据自己所制订的评估标准或原则，从其他角度、其他方面对教材进行评估，比如，跟同类教材相比有无新意或改进、是否尝试运用了新理论或新大纲，等等。可见，应然性评估不仅要进行教材自身“说到的是否做到了”的内部性评估，还要对教材所说到的和所做到的进行评估，看它“说的”是否合理、是否全面、是否领先，看它“做的”是否仔细、是否到位、是否突出。同时，还要评估它是否存在该说到而没说到、该做到而没做到、该继承而没继承、该扬弃而没扬弃；或者相反，不该说的说了、不该做的做了、不该保留的保留了、不该丢弃的丢弃了；等等。所以，应然性评估也可以说是一种“优秀与否的评估”，因而多用于教材评优或教材编写研究，当然也可以用于为课程选择教材。

三　教材评估的要求

实然性评估和应然性评估的目的和应用范围不尽相同，因此各自的评估要求也就有所不同。实然性评估要求尽量采用客观可行的标准来检验教材的编写设计是否得到有效的落实，可称作验收性要求。比如，教材编写说明中说“学完本教材可掌握1000个常用汉字，可掌握200个基本的语法点”，但教材实际只涉及800个汉字，而所涉及的200个语法点有一半不是“基本的语法点”（当然要有依据），那么教材在这两点上就没有达到设计要求。应然性评估要求尽量采用客观可行的标准来评估教材达到先进或优秀标准的程度，可称作选优性要求。显然，作为优秀的教材，首先，“自己说到的要做到”，而且要“说”得合理，“做”得仔细；其次，要在同类教材中从设计到实施都很突出或有出色表现；再次，对第二语言教材编写有一定的启发和示范作用。这三点是应然性评估应该把握的三个基本要求，也是制订具体评估标准的基本框架和指导原则。

第三节　评估的标准与体系

教材评估首先要确定评估的对象和目的，然后制订相应的评估标准，依据评估标准对评估对象进行评估，最后做出评估结论或给出评估分值。当然，也可以根据需要先制订出评估标准，然后去评估有关的教材。系统性的评估要制订出系统的评估标准。评估标准的制订是教材评估的关键性环节，直接关系到评估的效果和信誉。事实上，每一条标准的确立都不应是随意的，而应该是有理论依据或实践基础的。换句话说，每条评估标准的背后都应该能够找到语言学、教育学或心理学等理论的支撑，或是有教学实践经验和教材编写经验做基础的。

目前，第二语言教材评估还没有一个公认的评估指标体系，不过已有一些这方面的研究和探索，特别是在海外第二语言教学界和国内英语教学界。下面分别介绍海内外有代表性的第二语言教材的评估标准及其体系，以供参考。

一 英语界学者制订的评估标准体系

1. Hutchinson 和 Waters 设计的教材评估表

该教材评估表内容包括教学对象、教学内容、教学目的、教学方法、教学成本等，其中有关教学内容和方法的评估标准包括：

内容：①描述语言的理论基础是什么？是结构主义，还是功能意念？是否以语篇为基础？是否是几种理论的综合？②所覆盖的语言点有哪些？③听、说、读、写等技能训练的比重是多少？是否有综合技能训练？④需要培养的微技能有哪些？⑤课文的体裁包括哪些类型？⑥课文的题材范围如何？课文的主题是如何处理的？⑦教学内容是如何安排的？⑧每个单元是如何安排的？是否按固定模式（如听说读写等顺序）安排的？有没有突出其中某一技能？⑨教材内容的先后次序是按什么原则编排的？线性式还是螺旋式，或是其他什么方式？⑩各单元的编排是否有一定的原则指导？

方法：①外语学习的心理过程是以什么理论为基础的？是否是行为主义？是否注意到学生的动机、态度、性格等情感因素对外语学习的影响？②学生对学习外语的态度和期望中有哪些值得注意？③需要哪些类型的练习或任务？如，是否需要指导？是语言理解还是语言运用？是语言形式或技能训练，还是灵活运用？是注重形式或技能练习，还是注重意义的任务？答案只有一个还是数个？是角色扮演、模拟活动、演剧，还是做游戏？全班活动、小组活动、个别活动还是自学？④需要运用哪些课堂技巧？如，是环环相扣的活动、结对子活动、小组活动、发言还是其他活动？⑤需要哪些教学辅助工具？⑥搞好教学还需要哪些辅导和配套材料？如，是否有教学要求、词汇和技能表？是否有语言和专业方面的参考资料？是否有教学法指导？是否有测验题？⑦使用教材是否有灵活性？如，可否不按单元次序教学？可否打乱单元中各部分的次序？可否与别的教材配合使用？（引自束定芳等，1996：164—165）

2. Grant 设计的关于教材选择的评估表

该评估表共有三个小部分（每一个部分的每一个问题都为评估者提供"是"、"不是"、"说不清"三种选择，记分方式分别为2分、0分、1分）：

第一部分：教材是否符合学生的学习需求？①教材对学生有吸引力吗？从学生的平均年龄看，他们是否乐于使用这种教材？②在文化方面，教材内容是否能被学生接受和认可？③教材是否反映了学生的学习需要和学习兴趣？④教材的难度是否适当？⑤教材的篇幅是否适当？⑥装帧设计是否合理（是否容易保存、是否耐用等）？⑦教材是否有足够的真实语言素材？学生是否认为教材内容贴近现实生活？⑧教材是否兼顾语言知识的学习和语言技能的实际运用？⑨教材是否注重相关语言技能的协调发展？教材是否有综合语言训练？⑩教材是否包括足够的交际活动？教材是否注重培养学生独立使用语言的能力？

第二部分：教材是否符合教师的教学需求？①总的来看，教材的内容和版面设计是否令人满意？②教材是否配有便于使用的教参？教参是否附有参考答案？教参是否就教学方法和教学活动的设计提出建议？③课堂上，教师是否可以在不依赖教参的情况下进行教学？④教材体现或建议的教学方法是否符合教师、学生和实际课堂教学的需要？⑤在必要情况下，教材是否容许教师调整教学方法？⑥教材是否有利于教师节省课外备课时间？⑦教材是否配备了必要的辅助材料，如录音带、练习册（活动册）、图片等？⑧教材是否配备了用于复习和测验的材料？⑨教材是否注重新旧知识的结合以及重要语言现象的再现率？⑩教材是否被其他教师认可和采用？

第三部分：教材是否符合课程标准的需求？①教材是否经过教育行政部门审订或由有关权威机构推荐？②教材是否遵循但不拘泥于课程标准规定的内容和要求？③教材内容体系的安排是否由浅入深、从简单到复杂逐步过渡？④如果教材内容超出课程标准规定的范围，超出内容是否有利于教学？⑤教材中的活动、内容和方法的设计与安排是否周密、合理？⑥教材的编写是否有明确的使用对象和教学目标？⑦教材的编写是否有利于学生在实际语言运用中发挥正常水平？⑧教材是否合理地兼顾学生考试的需要和实际语言运用的需要？⑨教材是否有足够的运用练习？⑩教材是否有利于学生为进一步学习打基础？（引自程晓堂 2002：65—67）

二　汉语界学者制订的评估标准体系

1. 赵金铭拟订的对外汉语教材评估表

赵金铭（1998）在调查研究的基础上，针对教材编写的现状，拟订了一份对外汉语教材评估表。全表分为八个部分（共 55 个评估项目，每项分为 A、B、C、D 四个等级。1—45 项 A 为 4 分、B 为 3 分、C 为 2 分、D 为 1 分，46—55 项 A 为 2 分、B 为 1 分、C 为 0.5 分、D 为 0.25 分。总满分 200 分，累计得分 170 分以上者为优秀教材，150—169 分之间者为良好教材，120—149 分之间者为一般教材，119 分以下者为较差的教材）：

1—5，前期准备：对学习者的需求有调查了解；依据现行的某种教学计划、课程大纲进行编写；依据大纲对词汇总量及其分布进行控制；覆盖大纲所规定的语言点；依据大纲确定功能意念项目且分布合理。

6—13，教学理论：以某种语言理论为基础，如结构主义或功能意念；体现或侧重某种教学法原则，如听说法或交际法；使用该教材可以完成既定的教学目标；正确处理语言知识的传授和语言技能的培养；听说读写译各项技能训练比重均衡，并有综合训练；按照语言技能编排教学内容；既注意表达正确又注意表达得体；语言能力与交际能力并重。

14—19，学习理论：以第二语言学习心理过程为理论基础；教材内容与学习者的需求相一致；内容编排符合学习者的学习心理过程；语言水平与学习者的基础相符；语言内容与学习者以前所学相衔接；注意学习者的情感因素对学习的影响。

20—32，语言材料：每课生词量适当，重现率充分；句子长短适度；课文篇幅适中；课文与会话语言真实、自然；口语与书面语关系处理得当，是真正的普通话口语；所设语境自然、情景化；课文内容符合外国人、成年人、有文化人的心态；课文题材涵盖面广，体裁多样；课文内容的深浅难易排序得当；从开始就有可背诵的材料；课文有意思，给学习者以想象的余地；内容无宣传、无说教、无强加于人之处；教材的文化取向正确无误。

33—40，练习编排：练习覆盖全部的教学内容；练习有层次，理解性—机械性—活用性练习；练习类型多种多样，每个练习都很短；各项练习之间具有内在联系；注重表达练习，练习项目具有启发性；练习的量足够；练习的编排遵循“有控制—较少控制—无控制”的原则；练习兼顾到各项语言技能的训练。

41—45，注释解说：淡化语法，少用概念和术语，加强交际；语言现象的注释简明、扼要；外文翻译准确，有可读性；注重词的用法及使用条件的说明；例句精当，可以举一反三。

46—51，教材配套：有教师手册及参考用书，方便教师，起导向作用；有学生练习册；各单项语言技能训练教材配套；有清晰音像材料，可供视听；有阶段复习材料及总复习材料；有相关的测试练习。

52—55，其他：开本合适，使用方便；插图数量适当，与内容配合紧密；版面活泼新颖，吸引学习者；教材内容使用不同字号编排。

2. 林敏、吴勇毅拟订的评估表

林敏、吴勇毅(2006)尝试从学习者的视角出发，建立供学习者评估的对外汉语教材评估表。该评估指标体系包括六个部分：整体编排、词汇及解说、课文、语法注释、练习、形式及配套，共62个评估项目。并认为这六个方面基本涵盖了从学习者角度评估教材的各种因素。其中，个体的统计结果可视为单个的学习者对某本教材的总的态度、看法和评价；群体的统计结果可视为单位学习者对某本教材的总的态度、看法和评价。等级段标识：5＝完全同意，4＝基本同意，3＝不知道，2＝不太同意，1＝完全不同意。具体评价标准如下：

1—6，整体编排：教材的框架很清楚；我知道教材主要教我什么；我总是知道教材的进程和进度；我知道学完教材后我的汉语水平可能达到什么程度；教材的起点与我的汉语基础是相符的；教材的内容与我以前所学的内容是衔接的。

7—12，词汇及解说：教材每课的生词数量对我来说是合适的；生词是我在交际中有用的；生词在课文中的重现率很高，足以让我记住它们；生词的翻译是准确的；对词语的用法、使用条件和场合有准确的说明和足够的例子；教材后附有方便我查找的总词表。

13—23，课文：课文的形式是多样化的(如叙述体、对话体等)；课文内容反映了我学习的需要，是有意义的、实用的；课文的内容和我的年龄和心态相符；课文里所涉及的文化内容是我感兴趣的；没有在文化上让我不能认同或接受的内容；课文语言是我在生活中感觉到的真实的交际语言；话题多样化、范围广且对我有吸引力；话题有助于增进我对所学语言社会情况的了解；课文的难度是循序渐进、对我来说进度是合适的；课文的长度是合适的；课文中句子的长度是合适的。

24—29，语法解释：对语法的解释说明是条理清晰的，我可以看明白；对语法的解释说明有相应的、足够的例子可以帮助和加深我的理解；对应的外语翻译是准确无误的，可以理解的，不存在模糊之处；对语法的解释说明没有很多专门的概念和术语；解释说明中有对该语法现象的使用场合和情境的说明；教材后附有便于查找的语法(及功能)项目索引表。

30—48，练习：有足够的练习；练习有意思；练习对生词有足够的重现率；练习和本课学习的内容有关系；练习基本覆盖了本课所学的全部内容；练习的形式多样；有听、说、读、写各方面的练习；有整合各项语言技能的综合性练习；有训练语言正确性的练习；有培养语言流利性的练习；有要通过和他人合作才能完成的互动性活动；有完成任务的活动；练习侧重于语法；练习侧重于交际；题目的指令很清晰明确；练习的顺序安排是从易到难的；有自我测试性的练习；练习有参考答案；有阶段复习或总复习的材料和练习。

49—62，形式及配套：书的编排和视觉格局平衡整齐；不同内容有不同的字号和字体；字体大小合适，易读，能清晰区分每个部分；书的色彩和谐，不刺眼；行距及页边留有空间可供我在必要的时候做笔记；版面设计生动活泼；插图和内容配合紧密，增加了内容的可读性、可视性；页面编排合理，内容和题目之间不必翻页；开本大小合适，使用方便，便于携带；纸张质量好，容易保存；有专门配套的练习手册；有配套的测试练习；有配套的磁带或光盘等视听或多媒体材料；价格合理。

三 四家评估体系的异同及价值

以上，我们之所以不避烦琐，将四家有代表性的第二语言教材评估体系略做调整收录于此，目的是希望借此使我们对第二语言教材的评估内容有一个更加全面的了解和把握，并希望通过这几家样本性的评估体系的集中展示，为第二语言教材、特别是对外汉语教材的评估提供有实际参考价值和应用价值的评估模式，为根据不同的评估需要制订出更加有针对性的评估体系提供范本。显然，他们的研究都是十分重要和宝贵的，所确立的评估标准为进一步的研究和应用提供了极好的借鉴。不仅如此，从评估涉及的层面到具体的评估标准，这几家都有许多相同相近之处。比如，对语言学习理论和学习者的关注、对语言教学理论和教师的关注、对语言技能训练的关注、对教学内容及其编排方式的关注、对课文语言（包括语体、题材、体裁）的关注、对练习的方式和方法的关注、对配套教材的关注，等等。当然也有各自不同的关心范围和侧重点，比如，Hutchinson 和 Waters（1987）的评估体系更侧重于教材描述语言的理论基础，教材所体现的课堂教学的方式、方法和技巧等。Grant（1987）的评估体系更加关心教材有无教学参考书及其参考书的利用等。赵金铭（1998）的评估体系则特别提出课文语言的真实自然、强调有可背诵的材料、教材的文化取向正确无误，等等。林敏、吴勇毅（2006）的评估体系则着力突出学习者的评价视角和标准，如“生词量是合适的”、“语法解释我可以看明白”、“练习有参考答案”等。

以上例示的四种教材评估体系都属于应然性的评估。比较起来，对外汉语教学界制订的评估体系更加贴近汉语教学和教材编写的实际。其中，赵金铭（1998）的评估体系设计更加缜密、标准更加明确、针对性更加突出、可操作性也更强，是目前对外汉语教学界唯一一份用于专家和教师的完备的教材评估指标体系，其理论价值和实际应用价值不可低估。林敏和吴勇毅（2006）的评估体系是对外汉语教学界第一个用于学习者的系统的教材评估指标体系，其理论价值和实际应用价值同样不可小觑。当然，跟英语界制订的评估体系一样，似乎存在着完备性有余、简练性不够的问题。从应用的角度看，这四例评估体系似乎都还可以再凝练些，以便突出重点，便于评估操作。对外汉语教学界的评估体系，在精简评估指标的同时，还应进一步贴近汉语教学的实际，如增加汉字教学和习得方面的评估指标。如何选择和呈现汉字教学，应该是评价汉语教材特别是综合技能训练类教材的一项重要指标，特别是基础汉语教材以及面向非汉字圈学习者使用的教材。

第四节　教材评估原则

从上一节例示的各家评估体系中不难看出，其评估内容和评估标准有诸多共识性——尽管表述的角度及具体表述不尽相同。这说明教材评估有某些共同的原则在起作用。那么什么是教材评估的原则呢？如果允许借用一下语言测试的概念来说明的话，可以认为，“信度”和“效度”是教材评估的两个基本原则。

所谓教材评估的信度，是指评估是否公正而客观地反映了被评估教材的实际表现，也就是评估的结论或分值对被评估教材而言的可靠程度。所谓教材评估的效度，是指评估的内容是否就是教材评估所应考察的内容，也就是说评估的各项指标——评估标准体系及其具体的评估结论或分值，在多大程度上体现了评估的目的所在（李筱菊，1997：44—49）。追求高信度和高效度，应该是教材评估工作的目标，也是教材评估的两个基本要求，评估体系的设计和实施，评估标准的认定和使用，都应该符合这样的要求。

其中，信度原则要求评估体系的建立及其标准的具体运用要适当、准确，这样才有可能保证评估结果的公正和客观；效度原则要求评估体系的建立及其具体标准的确立要适合教材的类型及其应有的要求，这样才有可能保证评估的内容是该类教材所应评估的内容，从而保证评估结果体现评估的目的和预期的要求。应该指出的是，教材评估的所谓信度和效度同语言测试的信度和效度是有本质性不同的，前者绝大多数的评估指标是通过主观认定来获得结论或分值的，如教材是否有趣味性及其程度的认定；后者绝大多数甚至是百分之百（除作文等主观性测试内容）的评价内容都有客观标准，即答案的唯一性。尽管如此，教材评估还是可以从语言测试的两大根本要求——信度和效度——获得借鉴的，其核心就是力求使教材评估的结论客观公正、可靠可信。我们认为，明确教材评估的原则，不仅可以使教材评估有原则可遵循、有目标可追求，从而使教材评估工作更加有序、有效，同时也有利于教材评估者制订更加有针对性和实际效用的教材评估体系及相应的评估标准。具体来说，评估标准的确立必须符合教材评估的信度原则和效度原则。

教材评估的信度原则，要求评估的标准应该具体明确，并且是教材编写必然要涉及的内容，这样的评估标准才能够反映出教材编写的实际情况。比如，在课文语言方面提出的评估标准（如“句子长短适度”、“短文或会话语言真实、自然”）就属于这类标准。因为第二语言教学，特别是基础阶段，必然要涉及“语句的长短”、“语言真实、自然与否”的问题，而且这类问题直接影响语言学习的质量和效率，因此在课文语言方面提出的评估标准能够反映出教材编写的实际情况和实际水平。

教材评估的效度原则，要求评估的标准不但应该具体明确，并且应该有针对性——是某类教材编写必然要涉及的内容及其应有的评估标准，这样的评估标准才能够反映出教材的实际水平。比如，评估听说类专项技能训练的教材跟评估综合技能训练的教材，其评估体系和具体标准应该有所不同。而同是综合类教材，基础阶段和中高级阶段的教材其具体的评估标准也应该有所不同。这样评估结果才可能更可信更有价值。

就实然性评估来说，评估标准主要来自教材的设计方案或教材的“编写说明”中，教材评估者首先应从编写方案或编写说明中详细列出评估标准，包括教材的总体目标和具体目标（如果有的话）、教材编写原则、语言要素和功能意念项目等的编写范围和数量、实现教材目标的措施、课文的编写或选择标准，等等，然后一一对照检查，看是否以及能否达到这些标准及其达到的程度。

应然性评估的标准则不仅限于从教材的设计方案或“编写说明”中确立，

并一一对照检查其是否或能否实现;还要在教材评估原则的指导下,根据所编教材的性质和特点来确定这类教材应有的评估标准,以保证评估的针对性和准确性,甚至还要确立教材有无特色和创新之类的评估标准,以体现这类评估所具有的评优性特点。毫无疑问,教材编写的各项通用性原则,如教材编写的目标原则、特色原则、认知原则、时代原则、语体原则、文化原则、趣味原则、实用原则等,都应该成为制订应然性评估标准的主要依据。

需要特别指出的是,无论是实然性评估还是应然性评估,都需要教材有比较周详而实用的"编写说明(或前言)",大致应包括这样一些内容:适用对象、教材目标、理论基础(或教学法)、编写原则、教材内容、体例设计、特色安排、练习设计、配套设计、使用建议等。然而,令人遗憾的是,现有的许多教材,包括一些总体上很出色、使用范围较广的教材,也都缺乏应有的设计和实施说明,或者不够全面,或者比较空洞,或者是不着边际的一通议论,有的甚至就是个应景摆设,等等不一。这不但给教材评估特别是实然性评估带来不便,甚至无法操作,更重要的是,给教材的选择和使用带来不便。造成这种不重视编写说明的撰写,或者随心所欲撰写编写说明的原因可能是多方面的,对教材评估工作重视不够、研究不够、开展得不够,是其中的重要原因。实然性评估和应然性评估的实施,本身就将对教材编写者不重视编写说明的现象进行强有力的"扭转"。此外,如果说是编教者忽略了"编写说明"这个环节,那么"忽略"本身就足以说明很多问题。连"编写说明"也敢忽略,也能疏忽,也可以应付了事,那么还有什么不敢忽略、不能疏忽、不可以应付了事呢?教材编写的规范性和教材编写的质量,又如何来体现和保证呢?

小结与余言

教材评估就是根据特定的标准或原则,对教材设计和实施的各个方面或某一方面进行达标鉴定或优劣鉴定。其根本目的是更好地规范教材编写设计和实施工作,促进教材编写质量和水平的提高。当然,教材评估的研究和实施，毫无疑问也将推动对教材本身的研究，更好地服务于教学过程中对教材的选择。

教材评估研究和实施具有多方面的重要意义和功用。然而，教材评估是一项涉及多方面因素的复杂的工作，其中，评估标准的选定，特别是标准的运用，都难以避免评估者的主观性因素。因此，不必把评估的结论或分值绝对化。但是，规范的评估所得出的结论或倾向性意见，特别是基于对多数评估者的评估意见或分值统计得出的结论，还是具有很高的可信性和参考价值的。

评估的目的不同、对象不同，标准就会不尽相同。比如，评价为成人编写的汉语教材与评价为儿童编写的汉语教材，评价普通汉语教材与评价专门用途汉语教材、评价商务汉语教材与评价中医汉语教材，其评估指标体系会有所不同，甚至很不相同。因此，应该制订用于不同教学对象和不同教学内容的、多种多样的评价标准和体系。遗憾的是，目前对外汉语教学界在教材评估研究以及体系建立方面还相当薄弱，只有少数学者做了些开创性的研究工作。教材评估研究和实施滞后，是教材质量难以上一个新的台阶的重要原因。

本章提出并初步讨论了教材评估的两种角度、两种类型，即实然性评估和应然性评估。并讨论了这两个评估模式的特点、作用和要求等。这可以看作是两种具有普遍性意义的评估方式。但是，评估研究和实施的深入开展，需要加强各种更具有针对性的评估研究。比如，在实然性评估方式的基础上，探讨教材创新设计的评估方式。因为这种评估主要是依据教材自身的设计意图、设计要求及其各项标准进行验收性评估。这种评估有利于教材的创新设计，有利于多元化评估标准和体系的形成，有利于使评估更具有针对性。当然，实然性评估虽然可以"摆脱"评估者的主观因素，因为评估的标准主要来自于教材本身，应用于评估该教材的实施情况，可谓"以子之矛攻子之盾"。但是，实然评估者还是不能忘记，在评估标准的选定过程中，要站在第二语言教学的学科理论、教材编写基本原理的角度和高度，对评估标准加以衡量和认定，而不能完全"撒手不管"。换言之，这种评估鼓励的是符合学科及其教材编写的基本原理的教材创新，而不是无边无际的创新。

本章还详细介绍了四种第二语言教学界学者制订的教材评估体系，意在能使我们对教材评估研究的现状和评估指标体系的建立提供参考范本，以便更好地促进汉语教材的评估研究和评估实施工作的开展。当然汉语教材编写和汉语教师在借鉴这些系统的、完备的评估体系来设计、修改、评估和选择教材的同时，也可以根据某些公认的教材评估原则，如针对性、实用性等，来对现有的教材和正在编写中的教材进行评估，这也是一种比较切合实际的做法。

事实上，教材编者只要时时处处都有一个自我评估的意识，掌握一些必要的评估标准，如所谓教材编写的针对性、科学性、实用性、趣味性、跨文化性等原则及其要求，那么教材的编写设计和实施，就会有一个基本的保证。与此相类似，所谓印象评价一般是不能作为对教材的定性评估的，只能作为一种参考性的评估，因为这种评估随意性和主观性太强，而且也不够系统。但是，一位教学经验、教材编写和使用经验都非常丰富的教师，的确可以凭着印象性评估对教材做出“我可以选用”或“我不能选用”的判断，而且这种印象性判断往往八九不离十。当然，前提必须是有经验的教师，而且是用于是否选用某一教材的实用性评估。

思考与练习

1. 谈谈教材评估的含义及范围，以及教材评估的用途。

2. 为什么说教材评估是一项复杂的工作？如何尽可能地避免教材评估的主观因素？

3. 教材评估主要有几种类型？各自的主要用途是什么？

4. 实然性评估和应然性评估各自的性质、要求和功用如何？

5. 谈谈教材评估的信度原则和效度原则。

6. 参考本章内容，结合你现有的认识，谈谈教材评估对教材编写的意义。

7. 参照本章介绍的英语教材和汉语教材的评估标准体系，拟订一份口语教材的评估标准体系，并对一两部汉语或英语口语教材进行评估。

参考文献

白乐桑　1996　汉语教材中的文、语领土之争：是合并，还是自主，抑或分离？《世界汉语教学》第4期。

卞觉非　1991　《汉语交际语法》的构思，《第三届国际汉语教学讨论会论文选》，北京语言学院出版社。

卞觉非　1992　论"汉语・文化圈"跟对外汉语教学的基本策略，《语言文字应用》第2期。

曹秀玲　2007　对韩商务汉语教材建设问题的思考，《对外汉语研究》第3期，商务印书馆。

陈　绂　2006　五个"C"和AP汉语与文化课教材编写，《语言文字应用》2006年增刊。

陈　莉　1997　试论教学模式的建立及意义，《北大海外教育》第1辑，北京大学出版社。

陈贤纯　1999　对外汉语中级阶段教学改革构想——词语的集中强化教学，《世界汉语教学》第4期。

陈亚川　1991　"地方普通话"的性质特征及其他，《世界汉语教学》第1期。

程　棠　1989　对外汉语教学的一项基本建设——《汉语水平等级标准和等级大纲》读后，《语言教学与研究》第2期。

程　棠　1996　对外汉语语音教学中的几个问题，《语言教学与研究》第3期。

程乐乐、朱德君　2008　医学汉语教材编写刍议，《海外华文教育》第2期。

程相文　2001　对外汉语教材的创新，《语言文字应用》第4期。

褚福章　1991　大学理科教材语言现象探悉,《语言教学与研究》第 4 期。

褚佩如　2004　《外交公务汉语》的编写特点,《世界汉语教学》第 2 期。

崔永华　1999　基础汉语教学模式的改革,《世界汉语教学》第 1 期。

邓恩明　1983　语言教材要有趣,《语言教学与研究》第 2 期。

邓恩明　1998　编写对外汉语教材的心理学思考,《语言文字应用》第 2 期。

丁金国　1998　对外汉语教学中的语体意识,《汉语言文化研究》(第 6 辑),天津人民出版社。

丁金国　1999　再论对外汉语教学中的语体意识,《语言文字应用》第 2 期。

丁启阵　2003　论汉语方言与对外汉语教学的关系,《语言教学与研究》第 6 期。

杜厚文　1981　汉语科技文体的语言特点,《语言教学与研究》第 2 期。

杜厚文　1986　关于外国留学生科技汉语教学体制和教材问题,《语言教学与研究》第 4 期。

杜厚文　1993　《普通汉语教程》和《科技汉语教程》的编写原则和设计方法,《世界汉语教学》第 2 期。

关道雄　2007　商务汉语教材的范围、内容和开放式架构设计,《第八届国际汉语教学讨论会论文选》,高等教育出版社。

郭振华　1991　中级阶段对外汉语教学的几个问题,国家对外汉语教学领导小组办公室教学业务部编《中高级对外汉语教学论文选》,北京语言学院出版社。

郭志良、杨惠元、高彦德　1995　《速成汉语初级教程·综合课本》的总体构想及编写原则,《世界汉语教学》第 4 期。

何宝璋　2007　对外汉语教材浅谈,崔希亮主编《汉语教学:海内外的互动与互补》,商务印书馆。

洪　芸　1998　速成汉语教学模式设计,《北京第二外国语学院学报》第 2 期。

洪材章　1991　《大学医用汉语》的特点,《第三届国际汉语教学讨论会论文选》,北京语言学院出版社。

胡文仲　1985　不同文化之间的交际与外语教学,《外语教学与研究》第 1 期。

黄　立　1997　图片在基础汉语教学中的应用——兼谈基础汉语教材的趣味性问题,《北大海外教育》第 1 辑,北京大学出版社。

黄皇宗　1988　教材针对性浅论,广东省对外汉语教学研究会编《对外汉语教学论文集》(内部资料)。

黄慰平　1987　科技汉语教材的“五性”,中国高等教育学会对外汉语教学研究会编《对外汉语教学研究会第二次学术讨论会论文选》,北京语言学院出版社。

黄慰平　1990　浅谈科技汉语教材的编写,中国对外汉语教学学会编《中国对外汉语教学学会第三次学术讨论会论文选》,北京语言学院出版社。

黄政澄、崔永华、郭树军、张　凯　1991　“核心汉语”第一阶段选材和编写原则,《第三届国际汉语教学讨论会论文选》,北京语言学院出版社。

汲传波　2006　论对外汉语教学模式的构建,《汉语学习》第 4 期。

季羡林　2000　我们要奉行“送去主义”,张德鑫主编《对外汉语教学:回眸与思考》,外语教学与研究出版社。

姜德梧　2004　关于《汉语水平词汇与汉字等级大纲》的思考,《世界汉语教学》第 1 期。

金　兰　1999　针对性教材初探,《语言文字应用》第 4 期。

劲　松　1989　北京口语的语体,《中国语文》第 5 期。

靳洪刚　2011　现代语言教学的十大原则,《世界汉语教学》第 1 期。

李　泉、黄政澄、赵燕琬、马燕华　1996　《新编汉语教程》的设计、实施及特点,《语言教学与研究》第 2 期。

李　泉　1997　第二语言教学中的功能及相关问题,《中国人民大学学报》第 6 期。

李　泉、杨　瑞　1999　《汉语文化双向教程》的设计与实施,《中国对外汉语教学学会第六次学术讨论会论文选》,华语教学出版社。

李　泉　2001　试论对外汉语教学的教学原则,《中国对外汉语教学学会北京分会第二届学术年会论文集》,北京语言文化大学出版社。

李　泉　2002a　对外汉语教学的学科理论基础,《海外华文教育》第 1 期。

李　泉　2002b　对外汉语教学的学科基本理论(上、下),《海外华文教育》第3、4期。

李　泉　2002c　近20年对外汉语教材编写和研究的基本情况述评,《语言文字应用》第3期。

李　泉　2002d　论对外汉语教材的趣味性,《中国对外汉语教学学会第七次学术讨论会论文选》,人民教育出版社。

李　泉　2004a　面向对外汉语教学的语体研究的范围和内容,《汉语学习》第1期。

李　泉　2004b　论对外汉语教材的针对性,《世界汉语教学》第2期。

李　泉　2004c　第二语言教材的属性、功能和基本分类,《汉语研究与应用》第2辑,中国社会科学出版社。

李　泉　2004d　第二语言教材编写的基本程序,《海外华文教育》第2期。

李　泉　2004e　第二语言教材编写的通用原则,中国应用语言学会编《第三届全国语言文字应用学术研讨会论文集》,香港科技联合出版社。

李　泉　2006　汉字研究与汉字教学研究综观,《汉语研究与应用》第4辑,中国社会科学出版社。

李　泉　2007a　对外汉语教材中文化偏误分析,袁博平主编 *Theoretical and Empirical Approach to Applied Chinese Language Studies*, Cypress Book Co.UK Ltd.。

李　泉　2007b　文化教学的刚性原则和柔性策略,《海外华文教育》第4期。

李　泉　2007c　论对外汉语教材的实用性,《语言教学与研究》第3期。

李　泉、金允贞　2008　论对外汉语教材的科学性,《语言文字应用》第4期。

李　泉　2009　教学模式与分技能设课教学模式思考,蔡昌卓主编《多维视野下的对外汉语教学研究——第七届国际汉语教学学术研讨会论文集》,广西师范大学出版社。

李　泉　2010　国际汉语教学学科建设若干问题,《第九届国际汉语教学研讨会论文选》,高等教育出版社。

李　杨　1992a　汉语教学技能训练问题,《汉语学习》第6期。

李 杨 1992b 中高级汉语教学理论研究述评,《语言教学与研究》第4期。
李 杨 1997 面向新世纪:关于对外汉语本科系列教材,《第六届国际汉语教学讨论会论文选》,北京大学出版社。
李宝贵 2004 语言文字规范与对外汉语教学,《云南师范大学学报(对外汉语教学与研究版)》第6期。
李更新等 1983 编写《高级汉语》的指导思想和原则,《语言教学与研究》第4期。
李建国 2000 普通话——方言的互动变异与对外汉语教学,《华侨大学学报》第2期。
李菊先 1992 关于中高级汉语教材的思考,《世界汉语教学》第4期。
李铭建 1990 中国文化介绍的取向,《中国对外汉语教学学会第三次学术讨论会论文选》,北京语言学院出版社。
李培元等 1980 编写《基础汉语课本》的若干问题,《语言教学与研究》第4期。
李清华 1999 《汉语水平词汇与汉字等级大纲》的词汇量问题,《语言教学与研究》第1期。
李世之 2001 对外汉语教学新模式刍议,《语言文化教学与研究》(2001年卷),人民教育出版社。
李晓亮 1996 对外汉语教材的几个问题,《世界汉语教学》第4期。
李晓琪 2004 关于建立词汇—语法教学模式的思考,《语言教学与研究》第1期。
李晓琪 2009 系列商务汉语教材编写探索,《对外汉语教学与研究》第1期,南京大学出版社。
李宇明 2005 语言学习需求与对外汉语教学,《汉语教学学刊》第1辑,北京大学出版社。
李增吉 2005 中级精读教材练习设计中的目的性和实用性,周小兵主编《对外汉语阅读研究》,北京大学出版社。
梁中贤 2002 美国外语教育改革,《外语界》第2期。

林　敏、吴勇毅　2006　对外汉语教材评估：学习者的视角，《汉语研究与应用》第4辑，中国社会科学出版社。

刘　珣、邓恩明、刘社会　1982　试谈基础汉语教科书的编写原则，《语言教学与研究》第4期。

刘　珣　1994　新一代对外汉语教材的展望——再谈汉语教材的编写原则，《世界汉语教学》第1期。

刘　珣　1997　试论汉语作为第二语言教学的基本原则，《世界汉语教学》第1期。

刘　珣　2003　为新世纪编写的《新实用汉语课本》，《暨南大学华文学院学报》第2期。

刘川平、萧　莉等　2001　提高对外汉语教学效率的有效模式，《外语与外语教学》第6期。

刘润清　1999　外语教学研究的发展趋势，《外语教学与研究》第1期。

刘颂浩　2000　论阅读教材的趣味性，《语言教学与研究》第3期。

刘英林、李景蕙　1987　试论对外汉语基础课程（教材）结构，《世界汉语教学》预刊第2期。

刘月华　1998　关于叙述体的篇章教学，《世界汉语教学》第1期。

刘月华　2004　关于中文教材课文的一些思考，《第七届国际汉语教学讨论会论文选》，北京大学出版社。

刘月华　2006　中文教材的课文和语法，姚道中等编《中文教材与教学研究：刘月华教授荣退纪念论文集》，北京语言大学出版社。

卢　伟　1993　功能和形式的关系及其处理原则——编写对外汉语功能教材的几点体会，《中国对外汉语教学学会第四届学术讨论会论文选》，北京语言学院出版社。

卢　伟　1996　对外汉语教学中的文化因素研究述评，《世界汉语教学》第2期。

鲁健骥　1983　基础汉语教学的一次新的尝试——教学实验报告，鲁健骥著《对外汉语教学思考集》，北京语言文化大学出版社，1999。

鲁健骥、杨石泉　1986　教材和教学实践,《第一届国际汉语教学讨论会论文选》,北京语言学院出版社。

鲁健骥　1990　对外汉语教学基础阶段处理文化因素的原则和做法,《语言教学与研究》第1期。

鲁健骥　2001　说"精读"和"泛读",《海外华文教育》第3期。

鲁健骥　2003　口笔语分科　精泛读并举——对外汉语教学改进模式构想,《世界汉语教学》第2期。

陆俭明　2007　要重视语言事实的挖掘与描写——以现代汉语语法研究为例,《汉藏语学报》第1期,商务印书馆。

陆俭明　2010　进一步以科学态度对待汉语教材编写,《第九届国际汉语教学研讨会论文选》,高等教育出版社。

陆效用　2001　美国21世纪的"5C"外语教育,《外语界》第5期。

路志英　2006　商贸汉语教材编写和研究的基本情况述评,《汉语研究与应用》第4辑,中国社会科学出版社。

罗守坤　1991　集成教材新策略,《世界汉语教学》第3期。

罗燕玲　2002　短期商贸汉语教学的总体设计及其教材的编写设计,《海外华文教育》第2期。

吕必松　1981　语言教学中的结构、意义和功能的结合,吕必松著《对外汉语教学探索》,华语教学出版社,1987。

吕必松　1985　基础汉语教学课型设计和教材编写的新尝试,《语言教学与研究》第1期。

吕必松　1997　汉语教学中技能训练的系统性问题,《语言文字应用》第3期。

吕必松　1988　关于制订对外汉语教材规划的几个问题,《世界汉语教学》第1期。

吕必松　1993　《对外汉语教学概论(讲义)》(续五),《世界汉语教学》第3期。

吕必松　2000　试论汉语书面语言教学,《暨南大学华文学院学报》第1期。

吕必松　2003　汉语教学路子研究,《暨南大学华文学院学报》第1期。

吕叔湘　1987　第二届国际汉语教学讨论会开幕式上的讲话,《世界汉语教学》第1期。

吕文华 1987 汉语教材中语法项目的选择和编排,《语言教学与研究》第3期。

马箭飞 2000 新模式——以交际任务为基础的短期汉语教学,《世界汉语教学》第3期。

马箭飞 2002 任务式大纲与汉语交际任务,《语言教学与研究》第2期。

马箭飞 2004 汉语教学的模式化研究初论,《语言教学与研究》第1期。

毛 文 1987 关于编写中高级汉语教材的原则,中国高等教育学会对外汉语教学研究会编《对外汉语教学研究会第二次学术讨论会论文选》,北京语言学院出版社。

美国纽约州教育厅 1986 现代语言交际大纲,张占一译,未刊。

倪明亮 1995 未来高级阶段汉语基础课教材的框架构想与设计——兼谈《高级汉语教程》得失及其他,北京语言学院教务处编《对外汉语教学论集》,北京语言学院出版社。

钱学烈 1997 关于中级汉语教材中的语言规范问题,《第五届国际汉语教学讨论会论文选》,北京大学出版社。

任 远 1985 基础汉语教材纵横谈,《语言教学与研究》第2期。

任 远 1987 评基础汉语"系列教材",《语言教学与研究》第1期。

任 远 1988 70年代以来北京语言学院对外汉语教学法之发展,《第二届国际汉语教学讨论会论文选》,北京语言学院出版社。

任 远 1995 新一代基础汉语教材编写理论与编写实践,《语言教学与研究》第2期。

盛 炎 1994 跨文化交际中的语体学问题,《语言教学与研究》第2期。

施光亨 1990 中高级汉语教学呼唤"航标",《语言教学与研究》第4期。

施光亨 1991 对外汉语教材编写的若干问题,《第三届国际汉语教学讨论会论文选》,北京语言学院出版社。

施光亨 1995 关于对外汉语教学的若干原理和思考,《汉语学习》第2期。

施光亨等 1988 文学作品与中高级汉语教材,《第二届国际汉语教学讨论会论文选》,北京语言学院出版社。

施光亨 2000 对外汉语教学也要转变观念——且说汉外比较,北京外国语大学国际交流学院编《汉日语言研究文集(三)》,北京出版社。

施正宇 2007 对外汉语教学各类大纲的统计分析,袁博平主编 *Theoretical and Empirical Approach to Applied Chinese Language Studies*, Cypress Book Co. UK Ltd.。

施正宇 2008 词·语素·汉字教学初探,《世界汉语教学》第 2 期。

石金才 1990 关于编写外交人员初级汉语教材的设想,《世界汉语教学》第 3 期。

宋永波 1992—1993 近年来部分规划教材评介、续一、续完,《世界汉语教学》1992 年第 1、2 期,1993 年第 3 期。

孙德坤 1996 组合式——教材编写的另一种思路,《世界汉语教学》第 1 期。

孙克文 2001 试论中高级汉语主干课的课文教学,国家对外汉语教学领导小组办公室教学业务处编《对外汉语教学语教材研究论文集》,华语教学出版社。

谭春健 2004 "听后理解"教学模式探讨,《云南师范大学学报(对外汉语教学与研究版)》第 4 期。

汤一介 2010 中国学问不能解决一切问题,《报刊文摘》4 月 28 日,第 2 版。

唐曙霞 2004 试论结构型语言教学大纲,《世界汉语教学》第 4 期。

陶　炼 2000 "结构—功能—文化"相结合教学法试说,《语言教学与研究》第 4 期。

陶红印 1999 试论语体分类的语法学意义,《当代语言学》第 3 期。

佟秉正 1991 初级汉语教材的编写问题,《世界汉语教学》第 1 期。

佟秉正 1996 从口语到书面语——中级汉语教学课题之一,《世界汉语教学》第 4 期。

王　静 2005 基于"需要分析"的特殊目标汉语教学设计,《语言教学与研究》第 5 期。

王　丽 1996 对外汉语教学的教材编写,赵贤州等主编《对外汉语教学通论》，上海外语教育出版社。
王德佩等　1984　教材的针对性——编写日生用基础汉语课本的几个原则，中国教育学会对外汉语教学研究会会刊《对外汉语教学》第4期（内部发行）。
王汉卫　2007a　精读课框架内相对独立的汉字教学模式初探，《语言文字应用》第1期。
王汉卫　2007b　对外汉语教材中的媒介语问题试说，《世界汉语教学》第2期。
王弘宇　2001　教材中词性标注的针对性原则，《语言教学与研究》第5期。
王弘宇　2003　中国大陆汉语教材出版的成就与不足，《世界汉语教学》第1期。
王建勤　1995　跨文化研究的新维度——学习者的中介文化行为系统，《世界汉语教学》第3期。
王建勤　2000　对外汉语教材现代化刍议，《语言文字应用》第2期。
王路江　2003　从对外汉语教学到国际汉语教学，《世界汉语教学》第3期。
王若江　2000　由法国“字本位”汉语教材引发的思考，《世界汉语教学》第3期。
王清源　1991　美国大学的初级汉语教学，《第三届国际汉语教学讨论会论文选》，北京语言学院出版社。
王晓钧　2005　互动汉语教学策略及教材编写，《世界汉语教学》第3期。
王砚农　1992　谈谈中医汉语系列教材，《世界汉语教学》第4期。
吴勇毅、徐子亮　1987　建国以来我国对外汉语教学法研究述评，中国高等教育学会对外汉语教学研究会编《对外汉语教学研究会第二次学术讨论会论文选》，北京语言学院出版社。
吴勇毅　2004　功能大纲的理论研究与基本框架——对外汉语教学功能—意念大纲研制的前期调研，吴勇毅著《对外汉语教学探索》，学林出版社。
吴中伟　2002　语音、文字、日常会话教学三线并进，逐步汇合，朱立元主编《新世纪　新视野——华东地区对外汉语教学研究论文集》，山西人民出版社。

肖　路　2005　从学习者的视角谈高级精读教材编写，《语言教学与研究》第1期。

辛　平　2007　面向商务汉语教材的商务领域词语等级参数研究，《语言文字应用》第3期。

徐　弘、冯　睿　2007　北美汉语教材的使用，《第八届国际汉语教学讨论会论文选》，高等教育出版社。

徐家祯　1997　从海外使用者的角度评论大陆编写的初级汉语课本，《第五届国际汉语教学讨论会论文选》，北京大学出版社。

徐家祯　2000　基础语言课中语言教学与文化教学结合的问题，《世界汉语教学》第3期。

徐家祯　2007　从两次调查结果的分析看编写海外初级汉语教材的一些原则问题，《第八届国际汉语教学讨论会论文选》，高等教育出版社。

徐家祯　2008　谈谈对外汉语教学实践和课本编撰上语法教学的若干问题，《第九届国际汉语教学研讨会论文选》，高等教育出版社。

徐晶凝　1998　关于语言功能和言语功能，《北京大学学报(社科版)》第6期。

徐志韫　1986　在中国留学的美国学生因社会文化背景差异而产生的一些问题，《第一届国际汉语教学讨论会论文选》，北京语言学院出版社。

徐竹君　1992　关于对外汉语教材针对性的思考，中国对外汉语教学学会华东地区协作组编《面向世界的汉语教学》，复旦大学出版社。

许嘉璐　1997　汉语规范化和对外汉语教学，《语言文字应用》第1期。

亚历山大(L.G.Alexander)　1980　八十年代的教材设计问题——欧洲的看法，载盛炎《语言教学原理》，重庆出版社，1990。

杨　翼　2003　培养成段表达能力的对外汉语教材的结构设计，《世界汉语教学》第1期。

杨从洁　1990　一年制文科二级听力教材编写原则刍议，《中国对外汉语教学学会第三次学术讨论会论文选》，北京语言学院出版社。

杨德峰　1997　试论对外汉语教材的规范化，《语言教学与研究》第3期。

杨德峰　2001　初级汉语教材语法点确定、编排存在的问题——兼议语法点确定、编排的原则,《世界汉语教学》第 2 期。

杨惠元　2000　第二语言教学的新模式(实验设计),《汉语学习》第 6 期。

杨寄洲　1993　功能项目与功能大纲,《中国对外汉语教学学会第四届学术讨论会论文选》,北京语言学院出版社。

杨寄洲　1996　编写新一代基础汉语教材的构想,北京语言学院汉语学院编《语言文化教学研究》,华语教学出版社。

杨寄洲　2001　编写《汉语教程》的理论总结,国家对外汉语教学领导小组办公室教学业务处编《对外汉语教学与教材研究论文集》,华语教学出版社。

杨寄洲　2003　编写初级汉语教材的几个问题,《语言教学与研究》第 4 期。

杨寄洲　2004　课堂教学中怎样进行近义词语用法对比,《世界汉语教学》第 3 期。

杨金华　1999　关于对外汉语中级精读教材的思考,《汉语学习》第 4 期。

杨靖轩　1991　《医学汉语教程》功能项目的选择和编排,《世界汉语教学》第 3 期。

杨庆华　1995　新一代对外汉语教材的初步设想——在全国对外汉语教学基础汉语推荐教材问题讨论会上的发言,《语言教学与研究》第 4 期。

杨石泉　1991　教材语料的选择,《世界汉语教学》第 1 期。

杨志棠　1997　关于中高级阶段书面语教学,《第五届国际汉语教学讨论会论文选》,北京大学出版社。

印京华　2003　美国大学汉字初级阶段教学效率的问题与对策,《云南师范大学学报(对外汉语教学与研究版)》第 1 期。

印京华　2005　近五年来美国汉语教学状况与发展趋势,《国际汉语教学动态与研究》第 1 期。

印京华　2006a　探寻美国汉语教学的新路:分进合击,《世界汉语教学》第 1 期。

印京华　2006b　提高美国学生汉语文化水平要走好第一步,《国际汉语教学动态与研究》第 3 期。

袁建民 2004 关于“商务汉语”课程、教学和教材的设想，《云南师范大学学报(对外汉语教学与研究版)》第2期。

于树华 1989 谈语言对比在对外汉语教材编写中的运用，《语言教学与研究》第4期。

张 凯 1997 汉语构词基本字的统计分析，《语言教学与研究》第1期。

张 黎 2006 商务汉语教学需求分析，《语言教学与研究》第3期。

张 宁 1990 标准语与对外汉语教学，《汉语学习》第5期。

张 英 1999 语义与文化——兼析日本汉语教材，《汉语学习》第6期。

张 英 2007 对外汉语文化教学及研究综述，《汉语研究与应用》第5辑，中国社会科学出版社。

张宝林 2007 关于对外汉语教学大纲的思考，《第八届国际汉语教学讨论会论文选》，高等教育出版社。

张德鑫 1988 汉语的地域差异与对外汉语教学，《世界汉语教学》第2期。

张和生 1997 美国明德大学的汉语教学，《中国高等教育》第1期。

张宁志 2000 汉语教材语料难度的定量分析，《世界汉语教学》第3期。

张朋朋 1999 语文分开、集中识字的思路和具体做法，北京语言文化大学汉语速成学院编《汉语速成教学研究》(第2辑)，华语教学出版社。

张起旺 1996 1983—1993对外汉语教材综述，鲁健骥主编《中国对外汉语教学学会成立十周年纪念论文选》，北京语言学院出版社。

张晓慧、李 扬 2010 关于研制商务汉语教学功能大纲的思考，《第九届国际汉语教学研讨会论文选》，高等教育出版社。

张孝忠 1987 功能、结构和情景的结合及其他——浅谈口语教材编写中的几个问题，中国高等教育学会对外汉语教学研究会编《对外汉语教学研究会第二次学术讨论会论文选》，北京语言学院出版社。

张伊娜 2000 外语教育中跨文化交际教学的重点及其内涵，《国外外语教学》第3期。

张占一 1984 汉语个别教学及其教材，《语言教学与研究》第3期。

张占一 1990 试议交际文化和知识文化，《语言教学与研究》第3期。

张占一等　1991　如何理解和揭示对外汉语教学中的文化因素,《语言教学与研究》第 4 期。

张振兴　1999　方言研究与对外汉语教学,《语言教学与研究》第 4 期。

赵　新、李　英　2006　中级精读教材的分析与评估,《语言文字应用》第 2 期。

赵　悦　2007　基于目标与对象差异的商务汉语课程体系框架设计,《国际汉语教学动态与研究》第 4 辑,外语教学与研究出版社。

赵金铭　1996　对外汉语语法的三个阶段及其教学主旨,《世界汉语教学》第 3 期。

赵金铭　1997a　对外汉语教材创新略论,《世界汉语教学》第 2 期。

赵金铭　1997b　论汉语作为外语教学中的文化取向,陈恩泉主编《双语双方言》第 5 辑,香港汉学出版社。

赵金铭　1998　论对外汉语教材评估,《语言教学与研究》第 3 期。

赵金铭、张　博、程　娟　2003　关于修订《(汉语水平)词汇等级大纲》的若干意见,《世界汉语教学》第 3 期。

赵金铭　2004　跨越与会通——对外汉语教材研究与开发,《语言文字应用》第 3 期。

赵金铭　2005　汉语的世界性与世界汉语教学,赵金铭著《汉语与对外汉语研究文录》,外语教学与研究出版社。

赵金铭　2006　从对外汉语教学到汉语国际推广,《汉语研究与应用》第 4 辑,中国社会科学出版社。

赵金铭　2007a　对外汉语教学模式创新与教材编写,《第八届国际汉语教学讨论会论文选》,高等教育出版社。

赵金铭　2007b　对外汉语教学理念管见,《语言文字应用》第 3 期。

赵金铭　2008　汉语作为第二语言教学:理念与模式,《世界汉语教学》第 1 期。

赵金铭　2009a　教学环境与汉语教材,《世界汉语教学》第 2 期。

赵金铭　2009b　商务汉语论文标题的内容与词语分析,《国际汉语教育》第 2

辑，外语教学与研究出版社。
赵贤州 1988 建国以来对外汉语教材研究报告，《第二届国际汉语教学讨论会论文选》，北京语言学院出版社。
赵贤州 1989 文化差异与文化导入论略，《语言教学与研究》第1期。
赵贤州 1992 关于文化导入的再思考，《语言教学与研究》第3期。
赵燕皎 1986 用生动活泼的形式反映广泛而严肃的内容——谈《话说中国》的编写，《第一届国际汉语教学讨论会论文选》，北京语言学院出版社。
甄德山 1984 教学模式及其管理浅议，《天津师大学报》第5期。
郑　玉 1988 如何设计《大学科技汉语》，《第二届国际汉语教学讨论会论文选》，北京语言学院出版社。
郑　玉 1991 《科技汉语教程》中级课本的主要特点，《第三届国际汉语教学讨论会论文选》，北京语言学院出版社。
郑艳群 2000 关于建立对外汉语教学多媒体素材库的若干问题，《语言文字应用》第3期。
钟　梫 1965 十五年汉语教学总结，《语言教学与研究》(试刊)1997年第4期(内部资料)，又收入盛炎、砂砾编《对外汉语教学论文选评》，北京语言学院出版社1993年版。
中国对外汉语教学学会等 1995 对外汉语教学的定性、定位、定量问题座谈会纪要，《世界汉语教学》第1期。
周　健 2001 论突出以目标为导向的交际能力训练，《世界汉语教学》第3期。
周　健等 2004 对外汉语教材练习设计的考察与思考，《语言教学与研究》第4期。
周利芳 2002 对外汉语精读课教学中的语体观和语境观，《天津外国语学院学报》第3期。
周明朗等 1998 教师在语言课堂中的作用，《世界汉语教学》第1期。
周守晋 2007 《欧洲共同框架：语言学习、教学、测试参考标准》与对外汉语教学，《汉语教学学刊》第3辑，北京大学出版社。

周思源　1992　论对外汉语教学的文化观念,《语言教学与研究》第 3 期。

周小兵等　1999　中级汉语精读教材的现状分析及新型教材的编写,《汉语学习》第 1 期。

周小兵　2007　汉语国际推广形势下的教材编写与汉语研究,《海外华文教育》第 1 期。

周小兵、罗　宇、张　丽　2010　基于中外对比的汉语文化教材系统考察,《语言教学与研究》第 5 期。

周雪林　1996　浅谈外语教材评估标准,《外语界》第 2 期。

周质平　2004　美国汉语教学的隐忧,《国外汉语教学动态》第 1 辑,外语教学与研究出版社。

朱德君　2009　《实用医学汉语·基础篇》编写刍议,蔡昌卓主编《多维视野下的对外汉语教学研究——第七届国际汉语教学学术研讨会论文集》,广西师范大学出版社。

朱瑞平　2006　汉语国际推广中的文化问题,《语言文字应用》2006 年增刊。

朱志平　2002　对新世纪汉语教材的思考——从加拿大中学汉语教材编写所想到的,《第七届国际汉语教学讨论会论文选》,北京大学出版社。

毕继万　2009　《跨文化交际与第二语言教学》,北京语言大学出版社。

蔡雅薰　2009　《华语文教材分级研制原理之建构》,台北正中书局股份有限公司。

陈　申　2001　《语言文化教学策略研究》,北京语言文化大学出版社。

陈莉萍　2000　《专门用途英语研究》,复旦大学出版社。

程　棠　2000　《对外汉语教学目的原则方法》,华语教学出版社。

程　棠　2007　《对外汉语教学理论和实践关系问题综论》,北京语言大学出版社。

程晓堂　2002　《英语教材分析与设计》,外语教学与研究出版社。

程晓堂　2004　《任务型语言教学》,高等教育出版社。

崔永华　2005　《对外汉语教学的教学研究》,外语教学与研究出版社。

道格拉斯·布朗(H.Douglas Brown)　2003　《原则导向教学法——教学互动的终极指南》,施玉惠等译,台湾培生教育出版股份有限公司。

丁安琪　2010　《汉语作为第二语言学习者研究》,世界图书出版公司北京公司。

冯　禹　2000　《现代汉语书面语学习手册》,香港中文大学出版社。

冯胜利等　2005　《对外汉语书面语教学与研究的最新进展》,北京语言大学出版社。

高等学校外语专业教学指导委员会英语组　2000　《高等学校英语专业英语教学大纲》,外语教学与研究出版社。

龚亚夫、罗少茜　2003　《任务型语言教学》,人民教育出版社。

国家汉办　2002　《高等学校外国留学生汉语言专业教学大纲》,北京语言大学出版社。

国家汉办　2002　《高等学校外国留学生汉语教学大纲(长期进修)》,北京语言大学出版社。

国家汉办、北京大学商务汉语考试研发办　2006　《商务汉语考试大纲》,北京大学出版社。

国家汉办　2008　《国际汉语教学通用课程大纲》,外语教学与研究出版社。

胡文仲　1999　《跨文化交际学概论》,外语教学与研究出版社。

胡文仲　2006　《胡文仲英语教育自选集》,外语教学与研究出版社。

胡壮麟、朱永生等　2005　《系统功能语言学概论》,北京大学出版社。

皇甫全、王本陆(主编)　1998　《现代教学论学程》,教育科学出版社。

教育部高等教育司　2007　《大学英语课程教学要求》,上海外语教育出版社。

黎天睦(Timotuy Light)　1987　《现代外语教学法——理论与实践》,北京语言学院出版社。

李　泉(主编)　2006　《对外汉语课程、大纲与教学模式研究》,商务印书馆。

李　泉(主编)　2006　《对外汉语教材研究》,商务印书馆。

李　杨　1993　《中高级对外汉语教学论》,北京大学出版社。

李　杨　2000　《对外汉语本科教育研究》,北京语言文化大学出版社。

李秉德(主编) 1991 《教学论》,人民教育出版社。
李筱菊 1997 《语言测试科学与艺术》,湖南教育出版社。
李晓琪(主编) 2006 《对外汉语文化教学研究》,商务印书馆。
李宇明 2005 《中国语言规划论》,东北师范大学出版社。
林汝昌(主编) 1995 《外语教学多学科研究》,北京理工大学出版社。
刘 珣 2000 《对外汉语教育学引论》,北京语言文化大学出版社。
刘润清、吴一安等 2000 《中国英语教育研究》,外语教学与研究出版社。
陆俭明 2005 《作为第二语言的汉语本体研究》,外语教学与研究出版社。
吕必松 1990 《对外汉语教学发展概要》,北京语言学院出版社。
吕必松 2005 《语言教育与对外汉语教学》,外语教学与研究出版社。
吕必松 2007 《汉语和汉语作为第二语言教学》,北京大学出版社。
吕文华 1994 《对外汉语教学语法探索》,语文出版社。
孟 国 1997 《高级汉语听力——汉语的原声和实况》,语文出版社。
孟 国 2008 《对外汉语实况教学研究》,线装书局。
欧洲理事会文化合作教育委员会编 2001/2008 《欧洲语言共同参考框架:学习、教学、评估》(中译本),外语教学与研究出版社。
皮特·科德 1983 《应用语言学导论》(中译本),上海外语教育出版社。
全国大学英语教学研讨会学术委员会编 2000 《中国大学英语教学论丛》(1999年卷,上、下),外语教学与研究出版社。
盛 炎 1990 《语言教学原理》,重庆出版社。
束定芳、庄智象 1996 《现代外语教学》,上海外语教育出版社。
束定芳 2004 《外语教学改革:问题与对策》,上海外语教育出版社。
陶 炼 2009 《交际优先于内容优先——对外汉语教学与测试论稿》,光明日报出版社。
吴立岗 1998 《教学的原理、模式和活动》,广西教育出版社。
夏纪梅 2003 《现代外语课程设计理论与实践》,上海外语教育出版社。
徐子亮、吴仁甫 2005 《实用对外汉语教学法》,北京大学出版社。
亚历山大(L.G.Alexander) 1982 《语言教学法十讲》,张道一等翻译,北京语言学院编印。
杨寄洲 1999 《对外汉语教学初级阶段教学大纲》,北京语言文化大学出版社。
姚道中等 2006 《中文教材与教学研究:刘月华教授荣退纪念论文集》,北京语言大学出版社。
曾天山 1997 《教材论》,江西教育出版社。
张 黎 2007 《经贸汉语课程研究》,商务印书馆。
张岱年、方克立(主编) 2004 《中国文化概论(修订版)》,北京师范大学出版社。
张德禄等 2005 《功能语言学与外语教学》,外语教学与研究出版社。
张亚军 1990 《对外汉语教学法》,现代出版社。
章兼中(主编) 1983 《国外外语教学法主要流派》,华东师范大学出版社。
赵建华等 1999 《对外汉语教学中高级阶段功能大纲》,北京语言文化大学出版社。
赵贤州、李卫民 1990 《对外汉语教材教法论》,上海外语教育出版社。
赵贤州、陆有仪(主编) 1996 《对外汉语教学通论》,上海外语教育出版社。
钟启泉 2001 《学科教学论基础》,华东师范大学出版社。
中华人民共和国教育部 2003 《普通高中英语课程标准》,人民教育出版社。
周淑清 2004 《初中英语教学模式研究》,北京语言大学出版社。
周思源(主编) 1997 《对外汉语教学与文化》,北京语言文化大学出版社。
周小兵 1996 《第二语言教学论》,河北教育出版社。
左焕琪 2002 《外语教育展望》,华东师范大学出版社。

后　　记

这本《对外汉语教材通论》，以汉语作为外语或第二语言教学学科理论为依托，以对外汉语教学和教材编写研究成果为基础，借鉴和吸收国内外外语或第二语言教学的相关理论，结合个人在对外汉语教学与教材编写中的经验和体会，来探讨对外汉语教材的基本问题、基本理论和基本原理。这样一种资源取向和论题界定，主要基于如下认识和考量：

(1)对外汉语教材研究与建设，是对外汉语教学作为一门学科研究和建设的重要组成部分。对外汉语教学的学科理论对教材理论和编写实践有着全面的指导作用和深刻的影响。教材研究应与学科理论联系起来、结合起来，而不能孤立地就教材研究教材。比如，对教材性质和功能的认识、对教材编写原则的研究，以及教材的设计和编写、评价和选择，等等，都离不开外语教学理论的支撑、指导和约束。又如，教材编写中对语言要素的选择、编排和阐释，往往不是教材本身的理论所能解决的，而是需要学科的语言理论、教学理论、习得理论、跨文化交际理论以及学科应用理论来给予指导。可见，教材的问题绝不仅仅是教材自身的问题。因此，对外汉语教材的研究应置于对外汉语教学学科理论与实践的大背景中。

(2)教材是教学理论与教学实践联系最为直接和密切的一个领域，教学理论和教学法、教学思潮和教学理念，大都要通过教材得以体现和传播。同时，就汉语教材编写与研究来看，不仅涉及汉语作为外语教学的学科理论问题，也涉及汉语和汉字的特点和教学与习得规律，当然，更涉及汉语教材自身的基本属性与功能以及编写理论和编写实践等问题。因此，对外汉语教材是一个相对独立的研究领域,有其确定的研究对象和内容。着眼于汉语教材编写与研究的历史和现状,展望教材编写与研究的发展趋势,我们认为,当下很有必要系统地探讨对外汉语教材及其编写的一些基本理论问题,当然必不可少地要涉及教材编写实践中的问题。实际上,对外汉语教材研究完全可以成为对外汉语教育学科的一个分支学科,或曰"对外汉语教材学"。

(3)教材编写绝不仅仅是方法、技术和技巧的问题,而是需要有更广泛的外语教学的理论、理念、教学法、教学大纲,以及语言学、教育学、跨文化交际学等相关学科的理论和资源的支持。教材编写根本上说是理论和理念的问题,而主要不是具体的编写设计与编写方法的问题。因为没有恰当、新颖的理论和理念的指导,教材的设计与编写方法也不可能有新意。所谓理论和理念,主要指外语教学观、语言观、学生观、教法观、教材观,也即编教者在这些方面是否具备恰当而科学、创新而先进、突破而合理的思想与观念。

具体来说,是否符合外语教学的基本目标、基本理论与基本方法,是否符合语言规律、语言学习规律和语言教学规律,是否全面体现了外语教材的基本属性、基本功能和编写原则,是否遵循了教材设计和编写的基本程序、基本原理和相关要求,是衡量教材是否合格与优秀的一些根本性的标准。比如,教材内容的选择不利于语言技能的训练,或内容的编排忽难忽易而不是难易适度、循序渐进,这样的教材就不是好教材。又如,是把教材当作一种金科玉律的范本来教教材,并只限于教教材;还是把教材当作一种资源性的范本,既学教材也通过教材学语言,把语言学习跟语言社会联系起来。这两种不同的教材观,其教材的设计、编写和使用的指导思想,以及教学的方式方法和效果是很不相同的。因此,对外汉语教材的设计与编写应该主要着眼于教材编写的"思想凝炼",注重思想与观念的集成和创新,而不应该仅限于教材编写方法的整合与创新。

(4)随着对外汉语教学事业与学科建设的发展,教材研究与建设也取得了令人瞩目的成就。迄今海内外编写的各类汉语及文化教材不下数千种,就中国国内来看,已经初步形成多种层次、多种类型、可以基本满足多种需求的教材体系。1980 年至今,仅国内各类期刊和文集上发表的对外汉语教材编写研究的文章就有六七百篇。教材数量的大量增加，品种的多样化，理论研究的不断深入，标志着教材建设所取得的成就。可以预见，随着海内外汉语教学的不断发展，教材的数量还要增加，品种还需进一步丰富。但是，从教材研究与建设的角度看，我们现在急需的可能不是进一步增加教材的数量和品种，而是结合对外汉语教学和教材研究的成果，借鉴国际上外语教学与教材研究的成果和理念，对汉语教材编写理论与实践加以科学的探讨和总结，为进一步的教材编写提供系统性的理论支持和指导。否则，我们不断编写出的教材就难以有质量上的全面提高。

(5)在几十年的对外汉语教学发展历程中有过不少经典的教材，近些年来在不断增加的各类教材中，又出现了一批堪称优秀的汉语教材，不少教材从范文(对话)语言、呈现形式到版式设计都有了很大的提高，教材反映当代中国社会生活的广度不断拓宽，有些编创或改编自电视剧的视听说(或口语)教材，语言生动鲜活、真实地道。总体上说，教材编写水平和质量在不断提高。但是，毫无疑问，我们的教材还存在很多问题，高质量的优秀教材数量还不够多。一些教材还存在“意识形态因素过重”、“弘扬倾向过强”、“前期研究不足”、“精心设计与精心实施不够”、“细节打磨不够”、“语境真实性不够”、“虚假语言交际”等现象，这其中的原因是多方面的。但是，缺乏外语教学理论和教材编写理论的指导，是其中的重要原因。

基于以上五个方面的考量，我们将这本“通论”讨论的内容确定为：教材的基本问题、基本理论和基本原理以及教材编写实践中的一些问题。具体而言：

第一章“教材含义与属性”、第二章“教材功能与分类”是对教材“基本问题”的讨论。希望有助于教材编写者和使用者更好地把握教材的含义与属性、功能与类型，以便在教材的设计、实施和使用中充分而恰当地把握不同类型教材的特性和功能。

第三章“教材与教学理论”、第四章“教材与教学大纲”、第六章“教材编写的基本原则”和第八章“第二语言教材评估”是对教材“基本理论”的探讨。希望有助于教材编写者和使用者了解汉语教学理论、教学法和教学模式对汉语教材编写的指导、支持和制约原理；掌握诸如“语法大纲”、“功能大纲”等主要而实用的外语教学大纲的基本特色和价值；了解现有汉语教学大纲的种类与功能及其在国际汉语教学和教材编写中的应用价值；尤其希望能从诸如任务型语言教学大纲、欧洲语言共同参考框架等新型的语言教学流派和语言教学标准中所体现出的新思潮、新理念、新方法，以及对语言教学目标、外语人才观、语言能力观等的新认识中，获得多方面的启发和灵感，并运用到汉语教学特别是教材编写中去。同时，希望有助于教材编写者和使用者全面了解教材编写的各项基本原则及其理据，在教材编写设计、实施与使用中，编出或上出诸如针对性、科学性、实用性和趣味性等要求和特色来。此外，教材评估是教材设计、编写、使用和评价这样一个"循环"系统中的必要环节，评估的含义与用途、类型与要求、标准与体系、评估原则等，也应该为教材编写者和使用者所熟悉。因为评估的一些指标和项目往往就是教材编写优劣的指南和要求，而评估的类型、要求与原则等往往也就是选用教材的一些标准和方法。

第五章"教材编写相关问题探讨"以及其他各章涉及的教材编写实践的问题或要求，都可视为是对"教材编写实践中的问题"的讨论。第五章里我们讨论了教材编写不可逾越的几个问题：语言标准和规范问题、教材的语体呈现问题、教材内容特别是文化内容的取向和选择问题，并案例性地探讨了教材中文化内容选择和阐释的偏误现象。此外，还特别提出和讨论了国际汉语教学的一个重要领域——专门用途汉语教学及教材编写问题，并大胆地提出了一些设想和建议，意在引起业界重视。

第七章"教材编写的基本程序"以及其他各章的相关内容，可算作对教材编写的"基本原理"的说明。"程序"可以保证工作进行得科学、合理和有效。因此，一定意义上说，教材编写的程序就是教材编写的"制度"、"规范"和"原理"，它可以很好地保证教材编写的质量。遗憾的是，一些教材编写者在编教前，对这些"编写程序"往往了解不够、重视不够、准备不够，执行不力，乃至根本就不执行，差不多是"上来就编"，这是一些教材质量不高的根本原因。本书主要讨论了教材编写的思想准备、理论准备、资料准备和编写方案的制订，供编教者参考。此外，诸如教材编写的针对性、科学性、实用性和趣味性等核心原则，以及目标原则、认知原则、文化原则、特色原则等基本原则，虽不属于"程序”上的问题，但它们却是编教设计和实施中不可忽视的工序，因此，教材设计与编写的基本原理中，毫无疑问也包含对这些编写原则的设计与实施。

以上对本书的编写意图以及各章节内容取向做了简要的说明，[①]希望能对读者有所帮助。下面举个简单的例子，来讨论其中的问题，借以呼应和印证上面的一些看法，并期望通过实例来进一步强调加强汉语教材基本理论及相关问题研究的必要性和迫切性。

一部短期初级口语教材的第一课，有一段练习是这样设计的：

(1) A：你这件衣服真漂亮！

B：哪儿的话，不太好。

(2) A：你的成绩不错啊！

B：哪儿的话，还差得远呢。

不难看出，编者是想教学生用“哪儿的话”来回答对方的夸赞。可是，这一练习设计是很值得商榷的。其一，初级汉语口语的第一课就编这样的内容，以我们的教学经验肯定难，甚至没法教。其二，这个练习没有任何语境设计，在什么样的场合，什么人说的，什么人回答的，完全不得而知。学习者能否真正掌握“哪儿的话”的意义和用法，颇值得怀疑。其三，孤零零地给出这么两个对话，不仅难教难学，而且即使学会了，可能学习者一用反而会让一些汉语母语者感到别扭。

然而，在一本对外汉语教学研究的学术著作中却对上面这个例子做了如下评价：认为这是“汉语教学从一开始，语言与文化就同时起步”的一个例子，

① 实际上也是对本书“目录”及书中各章节题目为什么没有冠以“对外汉语教材”字样的一个注解。毫无疑问，本书的出发点、着眼点和根本目的都是为了更好地认识对外汉语教材的属性、功能，把握教材及其编写与教学理论、教学大纲的关系，以及对外汉语教材编写的基本问题、基本原则和基本程序等。但是，本书试图在第二语言教学理论与实践和第二语言教材理论与编写实践的大背景下来思考和探讨对外汉语教材的理论与编写实践问题，并尽可能地吸收以英语作为第二语言为代表的第二语言教学界成熟的理论和最新的成果，同时我们坚信对外汉语教材的编写绝不仅仅是方法和技巧的问题，根本上说是理论、理念以及教学法、教学模式、教学大纲等是否恰当、成熟、丰富、科学与先进的问题，更多的是语言学、汉语语言学、教育学、心理学、跨文化交际学等相关学科成果和资源的吸收与利用问题。基于上述考量，本书的目录和章节标题中没有标识“对外汉语教材”的字样，当然，也有不想画蛇添足的考虑。

并进一步阐释道:“中国人谦虚谨慎,即使受到夸赞,也会言不符实地予以否定。西方人则偏向尊重自我价值,在受到夸赞时,一定用表示感谢的话语来回答。我所引用的这段话,不正鲜明地显示出汉语礼貌规范的文化特征么?”

这个例子,如果允许较真儿和放大问题的话,就可以提出许多值得进一步思考和讨论的问题。比如:

(1)不要说初级口语的第一课,就是整个初级口语要不要教“哪儿的话”这种俗语套子都很值得商榷。

(2)不管在哪一阶段,如果要教这类自谦性的交际用语,如何解释其语义内涵、文化内涵和语用规约?教的目的是让留学生也来用,还是仅限于了解中国人在某些场合下有这样一种说法?要不要与时俱进,同时介绍当今中国人也在用感谢的方式回答对方的夸赞?

(3)“汉语教学从一开始,语言与文化就同时起步”这一观点是否成立?如果成立,那么在多大程度上、对哪些交际文化的教学是可行的?

(4)用“哪儿的话”这个例子来说明“中国人谦虚谨慎,即使受到夸赞,也会言不符实地予以否定”,这种解释是否合适?异文化汉语学习者会对中国人和中国文化产生什么样的认知心理?“言不符实地予以否定”会不会让他们产生“中国人很虚伪”的印象?

(5)说“西方人在受到夸赞时,一定用表示感谢的话语来回答”对方,是“西方人偏向尊重自我价值”的表现,这样解释是否全面和准确?用“感谢”来回答是否也显示出对对方的尊重,而不仅仅是对自我价值的尊重?与此相关,中国人在言语形式上“否定”对方的称赞,是否就是谦虚的体现?背后的文化心理为何?

(6)这两个“对话”对中国人来说是否真实?在什么情境下、什么人会这样对话?这是否算作“课本语言”、“虚假交际”,是否属于为了练习而练习的语言游戏?教学效果,特别是在初级阶段,能保证吗?进一步来说,如何设计练习,如何进行语境设计,如何设计有文化差异的交际性练习?

(7)再进一步说,究竟教外国学生说什么样的汉语?外国人学了这样的对话方式,特别是用否定来回答对方的夸赞,是否就算学了地道的汉语?是否越中国化、越俗，就越应该教、越应该练，外国学习者就越应该学、越应该说？

(8)是否存在这样的现象：有时外国人的目的语越地道、越拿腔拿调、越“胡同话”，特别是在他整体语言水平并不高的情况下，目的语国的某些人是否会反而觉得别扭，甚至心理上会不舒服、不接受，而希望外国人说适合他“身份”的目的语？如果有这样的情况，那么这是否也是跨文化交际的一条“奇怪”的规约？如果确有这么一条规约，那么对教材内容的编选，特别是对俗文化性质的内容选编和阐释有什么要求和启示？

(9)教材在初级口语中就急急忙忙地教“哪儿的话”这样的中国话，其理念肯定是出于“以学习者为中心”。编者一定认为学习者需要这样有文化内涵的、地道的话语交际套子，才在课文中来教、练习中去练。可是，就学习的阶段性及学习者的水平看，就这句话使用的频率以及对使用者和使用场合等的要求来看，就现有的练习方式及练习语句本身来看，编者实际上是否真正做到了“以学生为中心”呢？

必须申明：上面由关于“哪儿的话”的练习及前辈学者的相关评论而生发的诸多思考和质疑，实在说，有些过于吹毛求疵，有些联想过度。实际的问题恐怕没有那么多，也不一定就有那么严重，并且显然许多问题跟这个练习的设计者和相关评论的专家完全不相干。对此，还请前辈和时贤给我些谅解。实在说，我这里就是想拿这个例子来“说事”。我们想说明的是：假如上述问题都还算个问题的话，那么对其中许多问题的回答无论是肯定还是否定的，抑或是另有诠释，其所需要的理论、理据和理念，不仅超出了问题本身，甚至也超出了教材的范畴，而需要运用更多的外语教学、语言学、教育学、文化学、跨文化交际学等方面的理论来解释和回答。这正是我们认为教材编写绝不仅仅是方法和技巧的问题，更多的是“思想和理论”问题的重要原因。可以说，教材编写的方方面面都需要有理论和理念来支撑。

以上“五个方面的考量”和“对一个例子的泛化分析”，就是本书试图奢谈“理论”，并呼吁重视对教材本身、对教材编写进行理论研究和理论建设的主要理据。我们相信，教材编写者和使用者，如果能对教材的基本问题、基本理论和基本原理有一个全面的了解和把握，那么将会大大提高教材设计和编写的水平与质量，大大提高对教材的使用和发挥能力，从而提高教材的使用效益和教学效果。

需要指出的是，本书虽名曰《对外汉语教材通论》，并且上面也展示了我们的编写意图，但对我们来说，这只是一种理想化的想法。因为目前在对外汉语教学界和国内外语教学界都还没见到这类教材，“通论”不仅在内容上，就是在构成框架上可资借鉴的成果都比较有限，而我们的知识和能力更加有限。因此，书中所讨论与提出的一些问题和观点，所强调的一些主张和看法，所论述和阐释的一些问题，不仅有多少理论含量值得怀疑，连是否“是那么回事”我们也不敢稍有自恃。因此，把这本书定性为“商榷版”的对外汉语教材通论更为恰当。事实上，读者能把这本“通论”当作一本商讨性的、学术讨论性的读物来看待，我们已然心满意足。当然，如果本书能给某些读者一些启发，并对编写和使用汉语教材有些参考价值，那也是“吾固所愿也”。

感谢商务印书馆和本套丛书各位主编给我这个学习与交流的机会，感谢业师赵金铭先生给予我的关怀和指导。书中尚存的问题、不足和谬误都归属于本人，欢迎读者批评指正。

李　泉

2011 年 4 月 17 日